**互联网+高等教育精品课程**
**"十三五"规划教材（财经类）**

# 财务管理

**CAIWU GUANLI**

田瑞　张楠　主编

西安交通大学出版社
XI'AN JIAOTONG UNIVERSITY PRESS

## 内容简介

本教材以企业财务管理活动为主线,包括六个单元,十四个工作任务,按照突出职业能力培养,体现基于职业岗位分析和具体工作过程的课程设计理念。以财务管理相关业务操作为主体,让学生在完成具体项目的过程中构建财务管理理论知识与操作技能,提高财务管理职业能力。在体例设计上,将每个单元划分为若干个任务,以任务为驱动,明确单元学习目标,配套理论测试和拓展实训,强化实践教学,旨在培养学生财务管理的工作能力。本教材既可以作为高等职业院校会计专业的财务管理教材,又可以作为本科或专科院校的辅助教材,同时也可以作为在职人员的岗位培训用书。

**图书在版编目(CIP)数据**

财务管理 / 田瑞,张楠主编. —— 西安:西安交通大学出版社,2017.12(2020.8重印)
ISBN 978-7-5693-0329-2

Ⅰ.①财… Ⅱ.①田… ②张… Ⅲ.①财务管理-教材 Ⅳ.①F275

中国版本图书馆CIP数据核字(2017)第307978号

| 书　　名 | 财务管理 |
|---|---|
| 主　　编 | 田　瑞　张　楠 |
| 责任编辑 | 史菲菲 |
| 出版发行 | 西安交通大学出版社<br>(西安市兴庆南路1号　邮政编码 710048) |
| 网　　址 | http://www.xjtupress.com |
| 电　　话 | (029)82668357　82667874(发行中心)<br>(029)82668315(总编办) |
| 传　　真 | (029)82668280 |
| 印　　刷 | 西安日报社印务中心 |
| 开　　本 | 787mm×1092mm　1/16　印张　12.875　字数　311千字 |
| 版次印次 | 2018年8月第1版　2020年8月第3次印刷 |
| 书　　号 | ISBN 978-7-5693-0329-2 |
| 定　　价 | 39.80元 |

读者购书、书店添货,如发现印装质量问题,请与本社发行中心联系、调换。
订购热线:(029)82665248　(029)82665249
投稿热线:(029)82668133
读者信箱:xj_rwjg@126.com

**版权所有　侵权必究**

# 前　言

任何经济组织都需要财务管理,财务管理是企业管理的重要组成部分。随着社会主义市场经济的发展、市场竞争的加剧,企业财务管理显得越来越重要,企业对财务管理人才的需求愈加迫切。依据财务管理工作实践,按照"体系完整、内容清楚、立足岗位"的原则构建教材内容。本教材的特色主要有以下三点:

1. 在教材设计、开发上,体现校企结合。本教材依据高职高专财经类人才培养目标和定位要求,由学院骨干教师、兼职教师、行业企业专家共同完成。通过对财经类专业所涵盖的岗位和职业能力进行分析,按照财务管理岗位的典型工作任务设计学习单元,培养学生财务管理相关的筹资、投资决策能力及财务分析能力。教材开发紧紧围绕"校企合作、工学结合",重点解决财务管理课程应该"学什么"和"如何学"的问题,着重培养学生实践能力、就业能力,突出职业能力培养。

2. 在内容上,基于财务管理岗位的工作任务。教材内容基于财务管理岗位典型工作任务设置了六个学习单元。单元一:财务预算管理;单元二:筹资管理;单元三:投资管理;单元四:营运资金管理;单元五:利润分配管理;单元六:财务分析。彻底打破原有课程学科体系,并且以真实企业实际发生的经济业务事项为背景,突出财务管理技能的培养,大大提高了职业性和实践性。

3. 在人才培养目标确定上,创新人才培养目标。通过职业院校在校学生的课堂学习任务与毕业后的工作任务有机结合,引导学生在"工作中学习",实现毕业后顺利顶岗就业或自主创业。

本书由哈尔滨职业技术学院田瑞、哈尔滨职业技术学院张楠担任主编,德州职业技术学院纪淑青、哈尔滨职业技术学院高璇、黑龙江农垦职业学院徐颖、辽宁商贸职业学院张力成、南岗区人民医院于帮新担任副主编。具体分工如下:张楠编写单元一,田瑞编写单元二,纪淑青编写单元三,高璇编写单元四,徐颖编写单元五,张力成编写任务十三,于帮新编写任务十四,田瑞教授负责对教材进行修改、总纂和定稿等工作。

本书在编写过程中得到了行业企业专家指导和帮助,得到了学院领导和相关部门的大力支持,在此向这些作者、行业企业专家、学院领导和部门表示衷心的感谢。

由于作者水平有限,书中难免会出现错误和疏漏等不足之处,恳请广大读者和同仁批评指正,以便我们在今后加以完善。在此一并致谢!

编　者<br>
2018 年 2 月 2 日

# 目 录

单元一 财务预算管理……………………………………………………………(1)
    任务一 财务管理认知………………………………………………………(1)
    任务二 财务预算编制………………………………………………………(16)

单元二 筹资管理…………………………………………………………………(46)
    任务三 筹资方式管理………………………………………………………(46)
    任务四 筹资结构决策………………………………………………………(51)

单元三 投资管理…………………………………………………………………(71)
    任务五 基本价值观念………………………………………………………(72)
    任务六 项目投资决策………………………………………………………(80)
    任务七 证券投资决策………………………………………………………(98)

单元四 营运资金管理……………………………………………………………(115)
    任务八 现金管理……………………………………………………………(116)
    任务九 应收账款管理………………………………………………………(121)
    任务十 存货管理……………………………………………………………(126)

单元五 利润分配管理……………………………………………………………(138)
    任务十一 利润分配概述……………………………………………………(138)
    任务十二 股利分配政策……………………………………………………(142)

单元六 财务分析…………………………………………………………………(158)
    任务十三 一般公司财务分析………………………………………………(159)
    任务十四 上市公司财务分析………………………………………………(175)

附录 资金时间价值系数表………………………………………………………(187)

参考文献……………………………………………………………………………(199)

# 单元一　财务预算管理

**知识目标**

- ●熟悉财务管理内容
- ●掌握财务管理目标
- ●了解财务预算编制流程
- ●学会财务预算的编制方法

**能力目标**

- ●能够客观分析财务管理环境对企业财务活动的影响
- ●能够根据企业实际情况正确制定财务管理目标
- ●能够对企业风险进行分析
- ●能够为企业选择合理收益分配方案
- ●会编制企业财务预算

**单元描述**

财务管理是商品经济条件下企业最基本、最重要的管理活动,特别是市场经济条件下,企业生产经营规模不断扩大,经济关系日趋复杂,市场竞争日益激烈,财务管理更是企业生存和发展的重要环节。财务预算是一系列专门反映企业未来一定期限内预计财务状况和经营成果,以及现金收支等价值指标的各种预算的总称。其具体包括现金预算、预计资产负债表、预计现金流量表等。预算编制以后必须进行预算的执行和调整,最好开展预算的分析和考核。

## 任务一　财务管理认知

【任务布置】

王佳怡同学是刚从厨师学院毕业的学生,她决定自主创业。她根据所学的专业知识,结合自己积累的一些实习经验,通过请教老师经过反复可行性论证后,决定开设一家快餐店。

王佳怡在实习期间考察过几家快餐店,对经营有一定的了解,但创建快餐店她认为需要解决以下几个问题:快餐店的选址与设计;快餐店筹建期间的费用预算;如何筹集快餐店所需的资金;如何经营快餐店;如何协调快餐店未来发展规划问题。

假设你是快餐店的财务管理者,应如何规划、管理与财务相关的问题?请课下收集我国中、小企业目标的相关资料,根据收集的资料总结提炼适合企业发展的财务管理目标,分析制定的财务管理目标的优点和局限性。

**【知识准备】**

## 1.1 财务管理的认知

财务管理是企业管理的一个组成部分,它是根据财经法规制度,按照财务管理的原则,组织企业财务活动,处理财务关系的一项经济管理工作。

企业财务是指企业在生产经营过程中客观存在的资金运动及其所体现的经济利益关系。前者称为财务活动,后者称为财务关系。

### 1.1.1 财务活动

企业的财务活动包括筹资、资金营运、投资和资金分配等一系列行为。

(1) 筹资活动

筹资是指企业为了满足投资和资金营运的需要,筹集所需资金的行为。企业通过筹资通常形成两种资金来源:一是企业权益资金;二是企业债务资金。

在筹资过程中,一方面,企业需要根据战略发展的需要和投资计划来确定各个时期企业总体的筹资规模,以保证投资所需的资金;另一方面,通过筹资渠道、筹资方式或工具的选择合理确定筹资结构,降低筹资成本和风险,提高企业价值。

(2) 资金营运活动

企业在日常生产经营活动中,会发生一系列的资金收付行为。首先,企业需要采购材料或商品,从事生产和销售活动,同时,还要支付工资和其他营业费用;其次,当企业把商品或产品售出后,便可取得收入、收回资金;最后,如果资金不能满足企业经营需要,还要采取短期借款方式来筹集所需资金。为满足企业日常营业活动的需要而垫支的资金,称为营运资金。因企业日常经营而引起的财务活动,称为资金营运活动。在一定时期内,营运资金周转速度越快,资金的利用效率就越高,企业就可能生产出更多的产品,取得更多的收入,获取更多的利润。

(3) 投资活动

投资是指企业根据项目资金需要投出资金的行为。

企业投资可分为广义的投资和狭义的投资两种。广义的投资包括对外投资(如:购买其他公司股票、债券,或与其他企业联营)和对内投资(如:购置固定资产、无形资产、流动资产等)。狭义的投资仅指对外投资。

(4) 利润分配活动

企业通过投资和资金营运活动可以取得相应的收入,并实现资金的增值。企业取得的各种收入在补偿成本、缴纳税金后,还应依据有关法律对剩余收益进行分配。广义的分配是指企业各种收入进行分割和分派的行为;狭义的分配仅指对企业净利润的分配。

### 1.1.2 财务关系

企业在处理各项财务活动的过程中,会与有关各方发生经济利益关系,称为财务关系。主要包括以下几个方面：

(1) 企业与投资者之间的财务关系

企业与投资者之间的财务关系主要是指企业的投资者向企业投入资金，企业向其投资者支付投资报酬所形成的经济关系。企业与投资者之间的财务关系实质上是一种所有权与经营权的关系。

(2) 企业与债权人之间的财务关系

企业与债权人之间的财务关系主要是指企业向债权人借入资金，并按合同的规定支付利息和归还本金所形成的经济关系。企业与债权人之间的财务关系在性质上属于债务与债权的关系。

(3) 企业与受资者之间的财务关系

企业与受资者之间的财务关系主要是指企业以购买股票或直接投资的形式向其他企业投资所形成的经济关系。企业与受资者之间的财务关系体现的是投资与受资之间的关系。

(4) 企业与债务人之间的财务关系

企业与债务人之间的财务关系主要是指企业将其资金以购买债券、提供借款或商业信用等形式出借给其他单位所形成的经济关系。企业与债务人之间的财务关系体现为债权与债务之间的关系。

(5) 企业与供货商、企业与客户之间的财务关系

企业与供货商、企业与客户之间的财务关系主要是指企业购买供货商的商品或接受其服务，以及企业向客户销售商品或提供服务过程中形成的经济关系。

(6) 企业与政府之间的财务关系

企业与政府之间的财务关系是指政府作为社会管理者，通过收缴各种税款的方式与企业形成的经济关系。企业与政府之间的财务关系体现为依法纳税和依法征税的关系。

(7) 企业与内部各单位之间的财务关系

企业与内部各单位之间的财务关系是指企业内部各单位之间在生产经营各环节中互相提供产品或劳务所形成的经济关系。企业与内部各单位之间的财务关系体现为企业与内部各单位之间的关系。

(8) 企业与职工之间的关系

企业与职工之间的关系主要是指企业向职工支付劳动报酬过程中所形成的经济利益关系。企业与职工之间的关系体现为劳动成果的分配关系。

### 1.1.3 财务管理的内容

企业的筹资活动、投资活动、资金营运活动和利润分配活动相互联系、互相依存，构成了企业财务活动的完整过程，同时也成为财务管理的基本内容。因此，财务管理的内容包括：筹资管理、投资管理、资金营运管理和利润分配管理。

(1) 筹资管理

筹资管理的目标就是采取适当的筹资方式进行筹资决策，以较低的资金成本和财务风险，筹集到企业正常经营和投资所需要的资金。筹资管理的主要内容是：筹资渠道和筹资方式的

选择;筹资数量的确定;最佳资本结构的决策与运用。

(2)投资管理

投资管理的目标是合理权衡投资收益与投资风险,选择最佳的投资方向与投资方案,合理配置资金,优化资产结构,以获取最大投资收益。投资管理的主要内容是:项目投资管理、债券投资管理等。

(3)资金营运管理

资金营运管理的目标是对企业的营运资金进行控制与决策。资金营运管理的主要内容是:确定流动资产的投资规模、流动资产的合理融资等。

(4)利润分配管理

利润分配管理的目标是正确制定股利分配政策和分配原则,合理进行利润分配。

## 1.2 财务管理的目标

一般而言,企业财务管理的目标就是为企业创造价值服务。鉴于财务主要是从价值方面反映企业的商品或者服务提供过程,因而财务管理可为企业的价值创造发挥重要作用。

### 1.2.1 利润最大化

利润最大化目标就是以实现企业利润最大为目标。

(1)利润最大化目标的优点

反映企业实际实现的利润总额。人类从事生产经营活动的目的是为了创造更多的剩余产品,而剩余产品的多少可以用利润这个指标来衡量。在自由竞争的资本市场中,资本的使用权最终属于获利最多的企业。只有每个企业都最大限度地创造利润,整个社会的财富才可能实现最大化,从而带来社会的进步和发展。

(2)利润最大化目标的不足

没有考虑资金的时间价值。没有反映创造的利润与投入资本之间的关系。没有考虑风险因素,高额利润往往要承担过大的风险。片面追求利润最大化,可能导致企业短期行为,与企业发展的战略目标相背离。

### 1.2.2 股东财富最大化

股东财富最大化目标是以股东财富最大为目标。上市公司中,股东财富是由其所拥有的股票数量和股票市场价格两方面所决定的。在股票数量一定时,股票价格达到最高,股东财富也就达到最大。

(1)股东财富最大化目标的优点

考虑了风险因素,因为通常股价会对风险作出比较敏感的反应。在一定程度上能够避免企业在追求利润上的短期行为。对于上市公司而言,股东财富最大化比较容易量化,更于考核和奖惩。

(2)股东财富最大化目标的不足

通常只适用于上市公司,非上市公司难于应用。股价由于受多种因素影响,不能完全准确反映企业财务管理状况。股东财富最大化强调的更多的是股东利益,而对其他相关者的利益重视不够。

### 1.2.3　企业价值最大化

企业价值最大化目标是以企业价值最大为目标。企业价值是指企业全部资产的市场价值，即企业资产所能创造的预计未来现金流量的现值，该目标反映了企业潜在或预期的获利能力和成长能力。

(1) 企业价值最大化目标的优点

①该目标考虑了资金的时间价值和风险价值。
②该目标反映了对企业资产保值增值的要求。
③该目标有利于克服管理上片面性和短期行为。
④该目标有利于社会资源的合理配置。

(2) 企业价值最大化目标的不足

①企业的价值过于理论化，不易操作。尽管对于上市公司而言，股票价格的变动在一定程度上揭示了企业价值的变化，但是股价并非为企业所控制，其价格受多种因素影响产生的波动也并非与企业财务状况的实际变动相一致。

②对于非上市公司，只有对企业进行专门的评估才能真正确定其价值，而资产估价不易做到客观和准确，也导致企业价值确定困难。

企业价值最大化是目前公认的最佳财务管理目标，也是本教材主张的观点。

### 1.2.4　相关者利益最大化

在现代企业是多边契约关系的总和的前提下，要确立科学的财务管理目标，首先就要考虑哪些利益关系会对企业发展产生影响。在市场经济中，企业的理财主体更加细化和多元化。股东作为企业所有者，在企业中承担着最大的权力、义务、风险和报酬，但是债权人、员工、企业经营者、客户、供应商和政府也为企业承担着风险。

随着举债经营的企业越来越多，举债比例和规模也不断扩大，使得债权人的风险大大增加。在社会分工细化的今天，由于简单劳动越来越少，复杂劳动越来越多，职工的再就业风险不断增加。在现代企业制度下，企业经理人受所有者委托，作为代理人管理和经营企业，在激烈的市场竞争和复杂多变的形势下，代理人所承担的责任越来越大，风险也随之加大。随着市场竞争和经济全球化的影响，企业与客户以及企业与供应商之间不再是简单的买卖关系，更多的情况下是长期的伙伴关系，处于一条供应链上，并共同参与同其他供应链的竞争，因而也与企业共同承担一部分风险。政府不管是作为出资人，还是作为监管机构，都与企业各方的利益密切相关。

综上所述，企业的利益相关者不仅包括股东，还包括债权人、企业经营者、客户、供应商、员工、政府等。因此，在确定企业财务管理目标时，不能忽视这些相关利益群体的利益。

相关者利益最大化目标的具体内容包括如下几个方面：
①强调风险与报酬的均衡，将风险限制在企业可以承受的范围内。
②强调股东的首要地位，并强调企业与股东之间的协调关系。
③强调对代理人即企业经营者的监督和控制，建立有效的激励机制以便企业战略目标的顺利实施。
④关心本企业普通职工的利益，创造优美和谐的工作环境和提供合理恰当的福利待遇，培

养职工长期努力为企业工作。

⑤不断加强与债权人的关系,培养可靠的资金供应者。

⑥关心客户的长期利益,以便保持销售收入的长期稳定增长。

⑦加强与供应商的协作,共同面对市场竞争,并注重企业形象的宣传,遵守承诺,讲究信誉。

⑧保持与政府部门的良好关系。

以相关者利益最大化作为财务管理目标,具有以下优点:

①有利于企业长期稳定发展。这一目标注重企业在发展过程中考虑并满足各利益相关者的利益关系。在追求长期稳定发展的过程中,站在企业的角度上进行投资研究,避免只站在股东的角度进行投资可能导致的一系列问题。

②体现了合作共赢的价值理念,有利于实现企业经济效益和社会效益的统一。由于兼顾了企业、股东、政府、客户等的利益,企业就不仅仅是一个单纯牟利的组织,还承担了一定的社会责任,企业在寻求其自身的发展和利益最大化过程中,由于客户及其他利益相关者的利益,就会依法经营,依法管理,正确处理各种财务关系,自觉维护和确实保障国家、集体和社会公众的合法权益。

③这一目标本身是一个多元化、多层次的目标体系,较好地兼顾了各利益主体的利益。这一目标可使企业各利益主体相互作用、相互协调,并在使企业利益、股东利益达到最大化的同时,也使其他利益相关者利益达到最大化。也就是将企业财富这块"蛋糕"做到最大化的同时,保证每个利益主体所得的"蛋糕"更多。

④体现了前瞻性和现实性的统一。比如,企业作为利益相关者之一,有其一套评价指标,如未来企业报酬贴现值;股东的评价指标可以使用股票市价;债权人可以寻求风险最小、利息最大;工人可以确保工资福利;政府可考虑社会效益等。不同的利益相关者有各自的指标,只要合理合法、互利互惠、相互协调,就可以实现所有相关者利益最大化。

## 1.3 财务管理环节

财务管理环节是企业财务管理的工作步骤与一般工作程序。一般而言,企业财务管理包括以下几个环节:

### 1.3.1 计划与预算

(1)财务预测

财务预测是根据企业财务活动的历史资料,考虑现实的要求和条件,对企业未来的财务活动作出较为具体的预计和测算的过程。财务预测可以测算各项生产经营方案的经济效益,为决策提供可靠的依据;可以预测财务收支的发展变化情况,以确定经营目标;可以测算各项定额和标准,为编制计划、分解计划指标服务。

财务预测的方法主要有定性预测和定量预测两类。定性预测法,主要是利用直观材料,依靠个人的主观判断和综合分析能力,对事物未来的状况和趋势作出预测的一种方法;定量预测法,主要是根据变量之间存在的数量关系建立数学模型来进行预测的方法。

(2)财务计划

财务计划是根据企业整体战略目标和规划,结合财务预测的结果,对财务活动进行规划,并以指标形式落实到每一计划期间的过程。财务计划主要通过指标和表格,以货币形式反映在一定的计划期内企业生产经营活动所需要的资金及其来源、财务收入和支出、财务成果及其分配的情况。

确定财务计划指标的方法一般有平衡法、因素法、比例法和定额法等。

(3)财务预算

财务预算是根据财务战略、财务计划和各种预测信息,确定预算期内各种预算指标的过程。它是财务战略的具体化,是财务计划的分解和落实。

财务预算的方法通常包括固定预算与弹性预算、增量预算与零基预算、定期预算和滚动预算等。

### 1.3.2 决策与控制

(1)财务决策

财务决策是指按照财务战略目标的总体要求,利用专门的方法对各种备选方案进行比较和分析,从中选出最佳方案的过程。财务决策是财务管理的核心,决策的成功与否直接关系到企业的兴衰成败。

财务决策的方法主要有两类:一类是经验判断法,是根据决策者的经验来判断选择,常用的方法有淘汰法、排队法、归类法等;另一类是定量分析方法,常用的方法有优选对比法、数学微分法、线性规划法、概率决策法等。

(2)财务控制

财务控制是指利用有关信息和特定手段,对企业的财务活动施加影响或调节,以便实现计划所规定的财务目标的过程。

财务控制的方法通常有前馈控制、过程控制、反馈控制几种。

### 1.3.3 分析与考核

(1)财务分析

财务分析是指根据企业财务报表等信息资料,采用专门方法,系统分析和评价企业财务状况、经营成果以及未来趋势的过程。

财务分析的方法通常有比较分析、比率分析、综合分析等。

(2)财务考核

财务考核是指将报告期实际完成数与规定的考核指标进行对比,确定有关责任单位和个人完成任务的过程。财务考核与奖惩紧密联系,是贯彻责任制原则的要求,也是构建激励与约束机制的关键环节。

财务考核的形式多种多样,可以用绝对指标、相对指标、完成百分比考核,也可采用多种财务指标进行综合评价考核。

## 1.4 财务管理体制

企业财务管理体制是明确企业各财务层级财务权限、责任和利益的制度,其核心问题是如何配置财务管理权限,企业财务管理体制决定着企业财务管理的运行机制和实施模式。

### 1.4.1 企业财务管理体制的一般模式

企业财务管理体制概括地说,可分为三种类型:

(1)集权型财务管理体制

集权型财务管理体制是指企业对各所属单位的所有财务管理决策都进行集中统一,各所属单位没有财务决策权,企业总部财务部门不仅参与决策和执行决策,在特定情况下还直接参与各所属单位的执行过程。

集权型财务管理体制下企业内部的主要管理权限集中于企业总部,各所属单位执行企业总部的各项指令。它的优点在于:企业内部的各项决策均由企业总部制定和部署,企业内部可充分展现其一体化管理的优势,利用企业的人才、智力、信息资源,努力降低资金成本和风险损失,使决策的统一化、制度化得到有力的保障。采用集权型财务管理体制,有利于在整个企业内部优化配置资源,有利于实行内部调拨价格,有利于内部采取避税措施及防范汇率风险,等等。它的缺点是:集权过度会使各所属单位缺乏主动性、积极性,丧失活力,也可能因为决策程序相对复杂而失去适应市场的弹性,丧失市场机会。

(2)分权型财务管理体制

分权型财务管理体制是指企业将财务决策权与管理权完全下放到各所属单位,各所属单位只需对一些决策结果报请企业总部备案即可。

分权型财务管理体制下企业内部的管理权限分散于各所属单位,各所属单位在人、财、物、供、产、销等方面有决定权。它的优点是:由于各所属单位负责人有权对影响经营成果的因素进行控制,加之身在基层,了解情况,有利于针对本单位存在的问题及时作出有效决策,因地制宜地搞好各项业务,也有利于分散经营风险,促进所属单位管理人员和财务人员的成长。它的缺点是:各所属单位大都从本位利益出发安排财务活动,缺乏全局观念和整体意识,从而可能导致资金管理分散、资金成本增大、费用失控、利润分配无序。

(3)集权与分权相结合型财务管理体制

集权与分权相结合型财务管理体制,其实质就是集权下的分权,企业对各所属单位在所有重大问题的决策与处理上实行高度集权,各所属单位则对日常经营活动具有较大的自主权。

集权与分权相结合型财务管理体制意在以企业发展战略和经营目标为核心,将企业内重大决策权集中于企业总部,而赋予各所属单位自主经营权。其主要特点是:

在制度上,企业内应制定统一的内部管理制度,明确财务权限及收益分配方法,各所属单位应遵照执行,并根据自身的特点加以补充。

在管理上,利用企业的各项优势,对部分权限集中管理。

在经营上,充分调动各所属单位的生产经营积极性。各所属单位围绕企业发展战略和经营目标,在遵守企业统一制度的前提下,可自主制订生产经营的各项决策。为避免配合失误,明确责任,凡需要由企业总部决定的事项,在规定时间内,企业总部应明确答复,否则,各所属单位有权自行处置。

正因为具有以上特点,因此集权与分权相结合型的财务管理体制,吸收了集权型和分权型财务管理体制各自的优点,避免了二者各自的缺点,从而具有较大的优越性。

### 1.4.2 集权与分权的选择

企业的财务特征决定了分权的必然性,而企业的规模效益、风险防范又要求集权。集权和分权各有特点，各有利弊。对集权与分权的选择、分权程度的把握历来是企业管理的一个难点。

从聚合资源优势、贯彻实施企业发展战略和经营目标的角度，集权型财务管理体制显然是最具保障力的。但是，企业意欲采用集权型财务管理体制，除了企业管理高层必须具备高度的素质能力外，在企业内部还必须有一个能及时、准确地传递信息的网络系统，并通过信息传递过程的严格控制以保障信息的质量。如果这些要求能够达到的话，集权型财务管理体制的优势便有了充分发挥的可能性。但与此同时，信息传递及过程控制有关的成本问题也会随之产生。此外，随着集权程度的提高，集权型财务管理体制的复合优势可能会不断强化，但各所属单位或组织机构的积极性、创造性与应变能力却可能在不断削弱。

分权型财务管理体制实质上是把决策管理权在不同程度上下放到比较接近信息源的各所属单位或组织机构，这样便可以在相当程度上缩短信息传递的时间，减小信息传递过程中的控制问题，从而使信息传递与过程控制等的相关成本得以节约，并能大大提高信息的决策价值与利用效率。但随着权力的分散，就会产生企业管理目标换位问题，这是采用分权型财务管理体制通常无法完全避免的一种成本或代价。集权型或分权型财务管理体制的选择，本质上体现着企业的管理决策，是企业基于环境约束与发展战略考虑顺势而定的权变性策略。

依托环境预期与战略发展规划，要求企业总部必须根据企业的不同类型、发展的不同阶段以及不同阶段的战略目标取向等因素，对不同财务管理体制及其权力的层次结构作出相应的选择与安排。

财务决策权的集中与分散没有固定的模式，同时选择的模式也不是一成不变的。财务管理体制的集权与分权，需要考虑企业与各所属单位之间的资本关系和业务关系的具体特征，以及集权与分权的"成本"和"利益"。作为实体的企业，各所属单位之间往往具有某种业务上的联系，特别是那些实施纵向一体化战略的企业，要求各所属单位保持密切的业务联系。各所属单位之间业务联系越密切，就越有必要采用相对集中的财务管理体制。反之，则相反。如果说各所属单位之间业务联系的必要程度是企业有无必要实施相对集中的财务管理体制的一个基本因素，那么，企业与各所属单位之间的资本关系特征则是企业能否采取相对集中的财务管理体制的一个基本条件。只有当企业掌握了各所属单位一定比例有表决权的股份（如50%以上）之后，企业才有可能通过指派较多董事去有效地影响各所属单位的财务决策，也只有这样，各所属单位的财务决策才有可能相对"集中"于企业总部。

事实上，考虑财务管理体制的集中与分散，除了受制于以上两点外，还取决于集中与分散的"成本"和"利益"差异。集中的"成本"主要是各所属单位积极性的损失和财务决策效率的下降，分散的"成本"主要是可能发生的各所属单位财务决策目标及财务行为与企业整体财务目标的背离以及财务资源利用效率的下降。集中的"利益"主要是容易使企业财务目标协调和提高财务资源的利用效率，分散的"利益"主要是提高财务决策效率和调动各所属单位的积极性。

此外，集权和分权应该考虑的因素还包括环境、规模和管理者的管理水平。由管理者的素质、管理方法和管理手段等因素所决定的企业及各所属单位的管理水平，对财权的集中和分散也具有重要影响。较高的管理水平，有助于企业更多地集中财权，否则，财权过于集中只会导致决策效率的低下。

### 1.4.3 企业财务管理体制的设计原则

一个企业如何选择适应自身需要的财务管理体制，如何在不同的发展阶段更新财务管理

模式,在企业管理中占据重要地位。从企业的角度出发,其财务管理体制的设定或变更应当遵循如下四项原则:

(1) 与现代企业制度的要求相适应的原则

现代企业制度是一种产权制度,它是以产权为依托,对各种经济主体在产权关系中的权利、责任、义务进行合理有效的组织、调节的制度安排,它具有"产权清晰、责任明确、政企分开、管理科学"的特征。

企业内部相互间关系的处理应以产权制度安排为基本依据。企业作为各所属单位的股东,根据产权关系享有作为终极股东的基本权利,特别是对所属单位的收益权、管理者的选择权、重大事项的决策权等,但是企业各所属单位往往不是企业的分支机构或分公司,其经营权是其行使民事责任的基本保障,它以自己的经营与资产对其盈亏负责。

企业与各所属单位之间的产权关系确认了两个不同主体的存在,这是现代企业制度特别是现代企业产权制度的根本要求。在西方,在处理母子公司关系时,法律明确要求保护子公司权益,其制度安排大致如下:①确定与规定董事的诚信义务与法律责任,实现对子公司的保护;②保护子公司不受母公司不利指示的损害,从而保护子公司权益;③规定子公司有权向母公司起诉,从而保护自身利益与权利。

按照现代企业制度的要求,企业财务管理体制必须以产权管理为核心,以财务管理为主线,以财务制度为依据,体现现代企业制度特别是现代企业产权制度管理的思想。

(2) 明确企业对各所属单位管理中的决策权、执行权与监督权三者分立原则

现代企业要做到管理科学,必须首先要求从决策与管理程序上做到科学、民主,因此,决策权、执行权与监督权三权分立的制度必不可少。这一管理原则的作用就在于加强决策的科学性与民主性,强化决策执行的刚性和可考核性,强化监督的独立性和公正性,从而形成良性循环。

(3) 明确财务综合管理和分层管理思想的原则

现代企业制度要求管理是一种综合管理、战略管理,因此,企业财务管理不是也不可能是企业总部财务部门的财务管理,当然也不是各所属单位财务部门的财务管理,它是一种战略管理。这种管理要求:①从企业整体角度对企业的财务战略进行定位;②对企业的财务管理行为进行统一规范,做到高层的决策结果能被低层战略经营单位完全执行;③以制度管理代替个人的行为管理,从而保证企业管理的连续性;④以现代企业财务分层管理思想指导具体的管理实践(股东大会、董事会、经理人员、财务经理及财务部门各自的管理内容与管理体系)。

(4) 与企业组织体制相对应的原则

企业组织体制大体上有U型组织、H型组织和M型组织三种形式。U型组织仅存在于产品简单、规模较小的企业,实行管理层级的集中控制。H型组织实质上是企业集团的组织形式,子公司具有法人资格,分公司则是相对独立的利润中心。由于在竞争日益激烈的市场环境中不能显示其长期效益和整体活力,因此在20世纪70年代后它在大型企业的主导地位逐渐被M型结构所代替。M型结构由三个相互关联的层次组成。第一个层次是由董事会和经理班子组成的总部,它是企业的最高决策层。它既不同于U型结构那样直接从事各所属单位的日常管理,又不同于H型结构那样基本上是一个空壳。它的主要职能是战略规划和关系协调。第二个层次是由职能和支持、服务部门组成的。其中计划部是公司战略研究和执行部门,

它应向企业总部提供经营战略的选择和相应配套政策的方案,指导各所属单位根据企业的整体战略制定中长期规划和年度的业务计划。M型结构的财务是中央控制的,负责整个企业的资金筹措、运作和税务安排。第三个层次是围绕企业的主导或核心业务,互相依存又相互独立的各所属单位,每个所属单位又是一个U型结构。可见,M型结构集权程度较高,突出整体优化,具有较强的战略研究、实施功能和内部关系协调能力。它是目前国际上大的企业管理体制的主流形式。M型的具体形式有事业部制、矩阵制、多维结构等。

M型组织中,在业务经营管理下放权限的同时,更加强化财务部门的职能作用。事实上,西方多数控股型公司,在总部不对其子公司的经营过分干预的情况下,其财务部门的职能更为重要,它起到指挥资本运营的作用。有资料表明,英国的控股性公司,财务部门的人数占到管理总部人员的60%~70%,而且主管财务的副总裁在公司中起着核心作用。他一方面是母子公司的"外交部长",行使对外处理财务事务的职能;另一方面,又是各子公司的财务主管,各子公司的财务主管是"外交部长"的派出人员,充当"外交部长"的当地代言人角色。

### 1.4.4 集权与分权相结合型财务管理体制的一般内容

总结中国企业的实践,集权与分权相结合型财务管理体制的核心内容是企业总部应做到制度统一、资金集中、信息集成和人员委派。具体应集中制度制定权,筹资、融资权,投资权,用资、担保权,固定资产购置权,财务机构设置权,收益分配权;分散经营自主权、人员管理权、业务定价权、费用开支审批权。

(1) 集中制度制定权

企业总部根据国家法律、法规和《企业会计准则》、《企业财务通则》的要求,结合企业自身的实际情况和发展战略、管理需要,制定统一的财务管理制度,在全企业范围内统一施行。各所属单位只有制度执行权,而无制度制定和解释权。但各所属单位可以根据自身需要制定实施细则和补充规定。

(2) 集中筹资、融资权

资金筹集是企业资金运动的起点,为了使企业内部筹资风险最小、筹资成本最低,应由企业总部统一筹集资金,各所属单位有偿使用。如需银行贷款,可由企业总部办理贷款总额,各所属单位分别办理贷款手续,按规定自行付息;如需发行短期商业票据,企业总部应充分考虑企业资金占用情况,并注意到期日存足款项,不要因为票据到期不能兑现而影响企业信誉;如需利用海外兵团筹集外资,应统一由企业总部根据国家现行政策办理相关手续,并严格审查贷款合同条款,注意汇率及利率变动因素,防止出现损失。企业总部对各所属单位进行追踪审查现金使用状况,具体做法是各所属单位按规定时间向企业总部上报"现金流量表",动态地描述各所属单位现金增减状况和分析各所属单位资金存量是否合理。遇有部分所属单位资金存量过多、运用不畅,而其他所属单位又急需资金时,企业总部可调动资金,并应支付利息。企业内部应严禁各所属单位之间放贷,如需临时拆借资金,在规定金额之上的,应报企业总部批准。

(3) 集中投资权

企业对外投资必须遵守的原则为:效益性、分散风险性、安全性、整体性及合理性。无论企业总部还是各所属单位的对外投资都必须经过立项、可行性研究、论证、决策的过程,其间除专业人员外,必须有财务人员参加。财务人员应会同有关专业人员,通过仔细调查了解,开展可行性分析,预测今后若干年内市场变化趋势及可能发生风险的概率、投资该项目的建设期、投资回收期、投资回报率等,写出财务报告,报送领导参考。

为了保证投资效益实现,分散及减少投资风险,企业内对外投资可实行限额管理,超过限额的投资,其决策权属企业总部。被投资项目一经批准确立,财务部门应协助有关部门对项目进行跟踪管理,对出现的与可行性报告的偏差,应及时报有关部门予以纠正。对投资收益不能达到预期目标的项目应及时清理解决,并应追究有关人员的责任。同时应完善投资管理,企业可根据自身特点建立一套具有可操作性的财务考核指标体系,规避财务风险。

(4) 集中用资、担保权

企业总部应加强资金使用安全性的管理,对大额资金拨付要严格监督,建立审批手续,并严格执行。这是因为各所属单位财务状况的好坏关系到企业所投资本的保值和增值问题,同时各所属单位因资金受阻导致获利能力下降,会降低企业的投资回报率。因此,各所属单位用于经营项目的资金,要按照经营规划范围使用,用于资本项目上的资金支付,应履行企业规定的报批手续。

担保不慎,会引起信用风险。企业内部对外担保权应归企业总部管理,未经批准,各所属单位不得为外企业提供担保,企业内部各所属单位相互担保,应经企业总部同意。同时企业总部为各所属单位提供担保应制定相应的审批程序,可由各所属单位与银行签订贷款协议,企业总部为各所属单位做贷款担保,同时要求各所属单位向企业总部提供"反担保",保证资金的使用合理及按期归还,使贷款得到监控。

同时,企业对逾期未收货款,应作硬性规定。对过去的逾期未收货款,指定专人,统一步调,积极清理,谁经手,谁批准,由谁去收回货款。

(5) 集中固定资产购置权

各所属单位需要购置固定资产必须说明理由,提出申请报企业总部审批,经批准后方可购置。各所属单位资金不得自行用于资本性支出。

(6) 集中财务机构设置权

各所属单位财务机构设置必须报企业总部批准,财务人员由企业总部统一招聘,财务负责人或财务主管人员由企业总部统一委派。

(7) 集中收益分配权

企业内部应统一收益分配制度,各所属单位应客观、真实、及时地反映其财务状况及经营成果。各所属单位收益的分配,属于法律、法规明确规定的按规定分配,剩余部分由企业总部本着长远利益与现实利益相结合的原则,确定分留比例。各所属单位留存的收益原则上可自行分配,但应报企业总部备案。

(8) 分散经营自主权

各所属单位负责人主持本企业的生产经营管理工作,组织实施年度经营计划,决定生产和销售,研究和考虑市场周围的环境,了解和注意同行业的经营情况和战略措施,按所规定时间向企业总部汇报生产管理工作情况。对突发的重大事件,要及时向企业总部汇报。

(9) 分散人员管理权

各所属单位负责人有权任免下属管理人员,有权决定员工的聘用与辞退,企业总部原则上不应干预,但其财务主管人员的任免应报经企业总部批准或由企业总部统一委派。一般财务人员必须获得"上岗证",才能从事财会工作。

(10) 分散业务定价权

各所属单位所经营的业务均不相同,因此,业务的定价应由各所属单位经营部门自行拟订,但必须遵守加速资金流转、保证经营质量、提高经济效益的原则。

(11) 分散费用开支审批权

各所属单位在经营中必然发生各种费用,企业总部没必要进行集中管理,各所属单位在遵守财务制度的原则下,由其负责人批准各种合理的用于企业经营管理的费用开支。

## 1.5 财务管理的环境

财务管理环境又称理财环境,是对企业财务活动和财务管理产生影响作用的企业内外各种条件的统称,主要包括经济环境、法律环境和金融环境。

### 1.5.1 经济环境

经济环境影响因素包括:经济体制、经济周期、经济发展水平、宏观经济政策和通货膨胀等。

(1) 经济体制

不同经济体制下,企业财务管理有显著区别。经济体制是制约企业财务管理的重要环境因素之一。在计划经济体制下,财务管理活动内容比较单一,财务管理方法比较简单。在市场经济体制下,企业成为"自主经营、自负盈亏"的经济实体,有独立的经营权和理财权,保证企业财务活动自始至终根据自身条件和外部环境作出各种财务管理决策并组织实施。

(2) 经济周期

市场经济条件下,经济发展与运行带有一定的波动性。经济运行经历复苏、繁荣、衰退和萧条几个阶段的循环,这种循环叫作经济周期。在不同的经济周期,企业应采用不同的财务管理策略。

(3) 经济发展水平

财务管理的发展水平是和经济发展水平密切相关的,经济发展水平越高,财务管理水平也越好。

(4) 宏观经济政策

经济政策包括产业政策、金融政策、财税政策、价格政策等。不同的宏观经济政策,对企业财务管理影响不同。金融政策中的货币发行量、信贷规模会影响企业投资的资金来源和投资的预期收益;财税政策会影响企业的资金结构和投资项目的选择等;价格政策会影响资金的投向和投资的回收期及预期收益;会计制度的改革会影响会计要素的确认和计量,进而对企业财务活动的事前预测、决策及事后的评价产生影响;等等。

(5) 通货膨胀水平

在通货膨胀初期,货币面临着贬值的风险,这时企业进行投资可以避免风险,实现资本保值;与客户应签订长期购货合同,以减少物价上涨造成的损失;取得长期负债,保持资本成本的稳定。在通货膨胀持续期,企业可以采用比较严格的信用条件,减少企业债权;调整财务政策,防止和减少企业资本流失;等等。

### 1.5.2 法律环境

法律环境是企业和外部发生经济关系时所应遵守的各种法律、法规和规章。影响企业筹资的各种法规有公司法、证券法、金融法、证券交易法、合同法等。影响企业投资的各种法规有公司法、证券交易法、企业财务通则等。影响企业收益分配的各种法规有税法、公司法、企业财务通则等。

### 1.5.3 金融环境

金融环境是企业最为主要的环境因素之一。影响财务管理的主要金融环境因素有金融机构、金融市场、金融工具和利率。

(1)金融机构

金融机构包括银行和非银行金融机构。

①银行。银行是指经营存款、放款、汇兑、储蓄等金融业务,承担信用中介的金融机构。我国银行主要包括各种商业银行和政策性银行。商业银行,包括国有商业银行(如中国工商银行、中国农业银行、中国银行和中国建设银行)和其他商业银行(如交通银行、广东发展银行、招商银行、光大银行等);政策性银行主要包括国家开发银行、中国进出口银行、中国农业发展银行等。

②非银行金融机构。非银行金融机构包括金融资产管理公司、信托投资公司、财务公司和金融租赁公司等。

(2)金融工具

金融工具是证明债权债务关系并据以进行货币资金交易的合法凭证,是融通资金的双方在金融市场上进行资金交易、转让的工具。金融工具具体分为基本金融工具和衍生金融工具两大类。金融工具的特征是:期限性、流动性、风险性、收益性。

(3)金融市场

金融市场是指融通资金的双方通过一定的金融工具进行交易而融通资金的场所。

①金融市场按交易期限可划分为短期资金市场和长期资金市场。短期资金市场也叫货币市场,是指期限不超过一年的资金交易市场。长期资金市场也叫资本市场,是指期限在一年以上的股票和债券交易市场。

②金融市场按交割的时间可划分为现货市场和期货市场。现货市场是买卖双方成交后,当场或几天之内买方付款、卖方交出证券的交易市场。期货市场是买卖双方成交后,在双方约定的未来某一特定的时日才交割的交易市场。

③金融市场按交易的方式和次数可分为初级市场和次级市场。初级市场也叫发行市场或一级市场,是指从事新金融工具买卖的转让市场。次级市场也叫流通市场或二级市场,是指从事旧金融工具买卖的转让市场。

④金融市场按金融工具的属性可分为基础性金融市场和金融衍生品市场。

(4)利率

从资金的借贷关系看,利率是一定时期内运用资金资源的交易价格。

①利率的类型。按利率之间的变动关系,利率可分为基准利率和套算利率。基准利率是

利率市场化机制形成的核心。我国以中国人民银行对各专业银行的贷款利率为基准利率。套算利率是各金融机构根据基准利率和借贷款项的特点而换算出的利率。

按利率与市场资金供求情况的关系,利率可分为固定利率和浮动利率。固定利率是指借贷期内不作调整的利率。浮动利率是一种在借贷期内可定期调整的利率。

按利率形成机制不同,利率可分为市场利率和法定利率。市场利率是指根据资金市场的供求关系,随着市场而自由变动的利率。法定利率是指由政府金融管理部门或中央银行确定的利率。

②利率的构成。

$$利率＝纯利率＋通货膨胀补偿率＋风险报酬率$$

A. 纯利率。纯利率是指无通货膨胀、无风险情况下的平均利率。通常,在没有通货膨胀时,国库券的利率可以视为纯利率。纯利率的高低,受平均利润率、资金供求关系和国家调节的影响。

B. 通货膨胀补偿率。通货膨胀补偿率是指由于持续的通货膨胀会不断降低货币的实际购买力,为补偿其购买力损失而要求提高的利率。

C. 风险报酬率。风险报酬率是投资者要求的除纯利率和通货膨胀之外的风险补偿,包括违约风险报酬率、流动性风险报酬率和期限风险报酬率三种。

【任务实施】

作为财务管理者需要解决的问题有:首先筹集资金获得权益资金和负债资金,其次进行投资,然后是资金的营运,最后是资金的分配。财务管理的内容主要包括组织四大财务活动,处理七大财务关系。财务活动和财务关系既相互独立又相互联系。

我国企业财务管理目标主要有利润最大化、股东财富最大化、企业价值最大化和相关者利益最大化四种观点,每种观点的特征、优缺点和局限性已在相关知识中阐述过,在此不再重复。

**拓展案例**

## 雷曼兄弟公司破产对企业财务管理目标选择的启示

2008年9月15日,拥有158年悠久历史的美国第四大投资银行——雷曼兄弟(Lehman Brothers)公司正式申请依据以重建为前提的美国联邦《破产法》第11章所规定的程序破产,即所谓破产保护。雷曼兄弟公司,作为曾经在美国金融界叱咤风云的巨人,在此次爆发的金融危机中也无奈破产,这不仅与过度的金融创新和乏力的金融监管等外部环境有关,也与雷曼兄弟公司本身的财务管理目标有着某种内在的联系。

雷曼兄弟公司正式成立于1850年,在成立初期,公司的性质为家族企业,且规模相对较小,其财务管理目标自然是利润最大化。在雷曼兄弟公司从经营干洗、兼营小件寄存的小店组件转型为金融投资公司的同时,公司的性质也从一个地道的家族企业逐渐成长为美国乃至世界都名声显赫的上市公司。由于公司性质的变化,其财务管理的目标也随之由利润最大化转变为股东财富最大化。因为以股东财富最大化为财务管理目标能够获得更好的企业外部环境支持;与利润最大化的财务管理目标相比,股东财富最大化考虑了不确定性、时间价值和股东资金的成本,无疑更为科学和合理;与企业价值最大化的财务管理目标相比,股东财富最大化可以直接通过资本市场股价来确定,比较容易量化,操作上显得更为便捷。但同时,由于股东财富最大化的财务管理目标主体单一(仅强调了股东的利益)、适用范围狭窄(仅适用于上市公司)、目标导向错位(仅关注现实的股价)等原因,雷曼兄弟公司最终也无法在此百年一遇的金融危机中幸免于难。股东财富最大化对于雷曼兄弟公司来说,颇有"成也萧何,败也萧何"的意味。

企业财务管理目标是企业从事财务管理活动的根本指导,是企业财务管理活动所要达到的根本目的,是企业财务管理活动的出发点和归宿。财务管理目标决定了企业建立什么样的财务管理组织,遵循什么样的财务管理原则,运用什么样的财务管理方法和建立什么样的财务指标体系。财务管理目标是财务决策的基本准则,每一项财务管理活动都是为了实现财务管理目标,因此,无论从理论意义还是从实践需要的角度看,制定并选择合适的财务管理目标是十分重要的。

(资料来源:刘胜强,卢凯,程惠峰.雷曼兄弟破产对企业财务管理目标选择的启示[J].财务与会计,2009(12):18-19.)

# 任务二 财务预算编制

【任务布置】

龙利公司 2018 年 2 月份现金收支的预计资料如下:

(1)预计 2018 年 2 月初现金余额为 9 000 元。

(2)月初应收账款 40 000 元,预计可收回 60%。

(3)本月销售收入 200 000 元,预计现销比例为 40%。

(4)本月采购材料 40 000 元,预计现付比例为 50%。

(5)月初应付账款 30 000 元,需在月内全部付清。

(6)月内需支付的工资为 35 000 元、制造费用 18 000 元、营业费用 13 000 元、管理费用 36 000 元。

(7)购置设备需支付现金 20 000 元。

(8)企业现金不足时,可向银行借款,借款金额为 2 000 元的倍数;现金多余时可购买有价证券。

(9)企业月末现金余额不低于 8 000 元。

要求:

(1)计算 2018 年 2 月经营现金收入。

(2)计算 2018 年 2 月经营现金支出。

(3)计算 2018 年 2 月现金收支差额。

(4)确定最佳资金筹措或运用数。

(5)确定 2018 年 2 月末现金余额。

**【知识准备】**

## 2.1 预算的认知

### 2.1.1 预算的特征

"凡事预则立,不预则废。"预算是企业在预测、决策的基础上,以数量和金额的形式反映企业未来一定时期内经营、投资、财务等活动的具体计划,是为实现企业目标而对各种资源和企业活动的详细安排。

预算具有两个特征:首先,编制预算的目的是促成企业以最经济有效的方式实现预定目标,因此,预算必须与企业的战略或目标保持一致;其次,预算作为一种数量化的详细计划,它是对未来活动的细致、周密安排,是未来经营活动的依据,数量化和可执行性是预算最主要的特征。因此,预算是一种可据以执行和控制经济活动的、最为具体的计划,是对目标的具体化,是将企业活动导向预定目标的有力工具。

### 2.1.2 预算的作用

预算的作用主要表现在以下几个方面:

(1)预算通过引导和控制经济活动,使企业经营达到预期目标

通过预算指标可以控制实际活动过程,随时发现问题,采取必要的措施,纠正不良偏差,避免经营活动的漫无目的、随心所欲,通过有效的方式实现预期目标。因此,预算具有规划、控制、引导企业经济活动有序进行、以最经济有效的方式实现预定目标的功能。

(2)预算可以实现企业内部各个部门之间的协调

从系统论的观点来看,局部计划的最优化,对全局来说不一定是最合理的。为了使各个职能部门向着共同的战略目标前进,它们的经济活动必须密切配合,相互协调,统筹兼顾,全面安排,搞好综合平衡。通过各部门预算的综合平衡,各部门管理人员能清楚地了解本部门在全局中的地位和作用,尽可能地做好部门之间的协调工作。各级各部门因其职责不同,往往会出现相互冲突的现象。各部门之间必须协调一致,才能最大限度地实现企业整体目标。例如,企业的销售、生产、财务等各部门可以分别编制出对自己来说是最好的计划,而该计划在其他部门却不一定能行得通。销售部门根据市场预测提出了一个庞大的销售计划,生产部门可能没有那么大的生产能力。生产部门可能编制一个充分利用现有生产能力的计划,但销售部门可能无力将这些产品销售出去。销售部门和生产部门都认为应该扩大生产能力,财务部门却认为无法筹到必要的资金。全面预算经过综合平衡后可以提供解决各级各部门冲突的最佳办法,代表企业的最优方案,可以使各级各部门的工作在此基础上协调地进行。

(3)预算可以作为业绩考核的标准

预算作为企业财务活动的行为标准,使各项活动的实际执行有章可循。预算标准可以作为各部门责任考核的依据。经过分解落实的预算规划目标能与部门、责任人的业绩考评结合起来,成为奖勤罚懒、评估优劣的准绳。

### 2.1.3 预算的分类

企业预算可以按不同标准进行多种分类:

(1)根据预算内容不同,企业预算可分为业务预算(即经营预算)、专门决策预算和财务预算

业务预算是指与企业日常经营活动直接相关的经营业务的各种预算。它主要包括销售预算、生产预算、材料采购预算、直接材料消耗预算、直接人工预算、制造费用预算、产品生产成本预算、经营费用和管理费用预算等。专门决策预算是指企业不经常发生的、一次性的重要决策预算。专门决策预算直接反映相关决策的结果,是实际中选方案的进一步规划。如资本支出预算,其编制依据可以追溯到决策之前搜集到的有关资料,只不过预算比决策估算更细致、更准确一些。例如,企业对一切固定资产购置都必须在事先做好可行性分析的基础上来编制预算,具体反映投资额需要多少,何时进行投资,资金从何筹得,投资期限多长,何时可以投产,未来每年的现金流量多少。财务预算是指企业在计划期内反映有关预计现金收支、财务状况和经营成果的预算。财务预算作为全面预算体系的最后环节,它是从价值方面总括地反映企业业务预算与专门决策预算的结果,也就是说,业务预算和专门决策预算中的资料都可以用货币金额反映在财务预算内,这样一来,财务预算就成为了各项业务预算和专门决策预算的整体计划,故亦称为总预算,其他预算则相应称为辅助预算或分预算。显然,财务预算在全面预算中占有举足轻重的地位。

(2)从预算指标覆盖的时间长短划分,企业预算可分为长期预算和短期预算

通常将预算期在1年以内(含1年)的预算称为短期预算,预算期在1年以上的预算则称为长期预算。预算的编制时间可以视预算的内容和实际需要而定,可以是1周、1月、1季、1年或若干年等。在预算编制过程中,往往应结合各项预算的特点,将长期预算和短期预算结合使用。一般情况下,企业的业务预算和财务预算多为1年期的短期预算,年内再按季或月细分,而且预算期间往往与会计期间保持一致。

### 2.1.4 预算体系

各种预算是一个有机联系的整体。一般将由业务预算、专门决策预算和财务预算组成的预算体系,称为全面预算体系。其结构如图2-1所示。

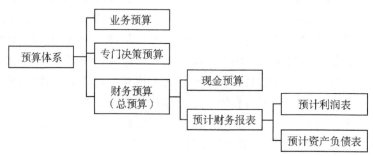

图2-1 全面预算体系结构图

### 2.1.5 预算工作的组织

预算工作的组织包括决策层、管理层、执行层和考核层,具体如下:

①企业董事会或类似机构应当对企业预算的管理工作负总责。企业董事会或者经理办公会可以根据情况设立预算委员会或指定财务管理部门负责预算管理事宜,并对企业法人代表负责。

②预算委员会或财务管理部门主要拟订预算的目标、政策,制定预算管理的具体措施和办法,审议、平衡预算方案,组织下达预算,协调解决预算编制和执行中的问题,组织审计、考核预算的执行情况,督促企业完成预算目标。

③企业财务管理部门具体负责企业预算的跟踪管理,监督预算的执行情况,分析预算与实际执行的差异及原因,提出改进管理的意见与建议。

④企业内部生产、投资、物资、人力资源、市场营销等职能部门具体负责本部门业务涉及的预算编制、执行、分析等工作,并配合预算委员会或财务管理部门做好企业总预算的综合平衡、协调、分析、控制与考核等工作。其主要负责人参与企业预算委员会的工作,并对本部门预算执行结果承担责任。

⑤企业所属基层单位是企业预算的基本单位,在企业财务管理部门的指导下,负责本单位现金流量、经营成果和各项成本费用预算的编制、控制、分析工作,接受企业的检查、考核。其主要负责人对本单位财务预算的执行结果承担责任。

### 2.1.6 预算的编制方法

企业可以根据不同的预算项目,分别采用固定预算、弹性预算、增量预算、零基预算、定期预算和滚动预算等方法编制各种预算。

(1)固定预算与弹性预算编制方法

固定预算,又称静态预算,是根据预算期内正常的、可实现的某一既定业务量水平为基础来编制的预算。其一般适用于固定费用或者数额比较稳定的预算项目。

固定预算的缺点表现在:一是过于呆板,因为编制预算的业务量基础是实现假定的某个业务量。在这种方法下,不论预算期内业务量水平实际可能发生哪些变动,都只按事先确定的某一个业务量水平作为编制预算的基础。二是可比性差。当实际的业务量与编制预算所依据的业务量发生较大差异时,有关预算指标的实际数与预算数就会因业务量基础不同而失去可比性。例如,某企业预计业务量为销售 100 000 件产品,按此业务量给销售部门的预算费用为 5 000 元。如果该销售部门实际销售量达到 120 000 件,超出了预算业务量,固定预算下的费用预算仍为 5 000 元。

弹性预算是在按照成本(费用)习性分类的基础上,根据量、本、利之间的依存关系,考虑到计划期间业务量可能发生的变动,编制出一套适应多种业务量的费用预算,以便分别反映在不同业务量的情况下所应支出的成本费用水平。该方法是为了弥补固定预算的缺陷而产生的。编制弹性预算所依据的业务量可能是生产量、销售量、机器工时、材料消耗量和直接人工工时等。

弹性预算的优点表现在:一是预算范围宽;二是可比性强。弹性预算一般适用于与预算执行单位业务量有关的成本(费用)、利润等预算项目。

弹性预算的编制,可以采用公式法,也可以采用列表法。

①公式法。公式法是假设成本和业务量之间存在线性关系,成本总额、固定成本总额、业务量和单位变动成本之间的变动关系可以表示为:

$$Y = a + bx$$

式中:$Y$ 是成本总额;$a$ 表示不随业务量变动而变动的那部分固定成本;$b$ 是单位变动成本;$x$ 是业务量。某项目成本总额 $Y$ 是该项目固定成本总额和变动成本总额之和。这种方法要求按上述成本与业务量之间的线性假定,将企业各项目成本总额分解为变动成本和固定成本两部分。

腾越公司的制造费用项目单位变动费用和固定费用资料如表 2-1 所示。

表 2-1 腾越公司制造费用项目单位变动费用和固定费用资料

| 费用明细项目 | 单位变动费用(元/工时) | 费用明细项目 | 固定费用(元) |
| --- | --- | --- | --- |
| 变动费用: | | 固定费用: | |
| 间接人工 | 0.5 | 维护费用 | 12 000 |
| 间接材料 | 0.6 | 折旧费用 | 30 000 |
| 维护费用 | 0.4 | 管理费用 | 20 000 |
| 水电费用 | 0.3 | 保险费用 | 10 000 |
| 机物料 | 0.2 | 财产税 | 5 000 |
| 小 计 | 2.0 | 小 计 | 77 000 |

假设该企业预算期可能的预算工时变动范围为 49 000～51 000 工时,则制造费用弹性预算如表 2-2 所示。

表 2-2 腾越公司制造费用弹性预算表(公式法)

工时变动范围:49 000～51 000 小时　　　　　　　　　　　　　　　　　　　　单位:元

| 项 目 | a | b |
| --- | --- | --- |
| 固定部分 | | |
| 维护费用 | 12 000 | — |
| 折旧费用 | 30 000 | — |
| 管理费用 | 20 000 | — |
| 保险费用 | 10 000 | — |
| 财产税 | 5 000 | — |
| 小 计 | 77 000 | — |
| 变动部分 | | |
| 间接人工 | — | 0.5 |
| 间接材料 | — | 0.6 |
| 维护费用 | — | 0.4 |
| 水电费用 | — | 0.3 |
| 机物料 | — | 0.2 |
| 小 计 | — | 2.0 |
| 总 计 | 77 000 | 2.0 |

公式法的优点是在一定范围内预算可以随业务量变动而变动,可比性和适应性强,编制预算的工作量相对较小;缺点是按公式进行成本分解比较麻烦,对每个费用子项目甚至细目逐一进行成本分解,工作量很大。

②列表法。列表法是指通过列表的方式,将与各种业务量对应的预算数列示出来的一种弹性预算编制方法。

假定有关资料同表 2-1。预算期企业可能的直接人工工时分别为 49 000 工时、49 500 工时、50 000 工时、50 500 工时和 51 000 工时。用列表法编制制造费用弹性预算如表 2-3 所示。

表 2-3　腾越公司制造费用弹性预算表(列表法)　　　　　　　　　　　　　单位:元

| 费用明细项目 | 单位变动费用 | 业务量 | | | | |
|---|---|---|---|---|---|---|
| | | 49 000 | 49 500 | 50 000 | 50 500 | 51 000 |
| 变动费用： | | | | | | |
| 　间接人工 | 0.5 | 24 500 | 24 750 | 25 000 | 25 250 | 25 500 |
| 　间接材料 | 0.6 | 29 400 | 29 700 | 30 000 | 30 300 | 30 600 |
| 　维护费用 | 0.4 | 19 600 | 19 800 | 20 000 | 20 200 | 20 400 |
| 　水电费用 | 0.3 | 14 700 | 14 850 | 15 000 | 15 150 | 15 300 |
| 　机物料 | 0.2 | 9 800 | 9 900 | 10 000 | 10 100 | 10 200 |
| 　小　计 | 2.0 | 98 000 | 99 000 | 100 000 | 101 000 | 102 000 |
| 固定费用： | | | | | | |
| 　维护费用 | | 12 000 | 12 000 | 12 000 | 12 000 | 12 000 |
| 　折旧费用 | | 30 000 | 30 000 | 30 000 | 30 000 | 30 000 |
| 　管理费用 | | 20 000 | 20 000 | 20 000 | 20 000 | 20 000 |
| 　保险费用 | | 10 000 | 10 000 | 10 000 | 10 000 | 10 000 |
| 　财产税 | | 5 000 | 5 000 | 5 000 | 5 000 | 5 000 |
| 　小　计 | | 77 000 | 77 000 | 77 000 | 77 000 | 77 000 |
| 制造费用合计 | | 175 000 | 176 000 | 177 000 | 178 000 | 179 000 |

列表法的主要优点是可以直接从表中查得各种业务量下的成本费用预算,不用再另行计算,因此直接、简便;其缺点是编制工作量较大,而且由于预算数不能随业务量变动而任意变动,弹性仍然不足。

(2)增量预算与零基预算编制方法

增量预算是指以基期成本费用水平为基础,结合预算期业务量水平及有关降低成本的措施,通过调整有关费用项目而编制预算的方法。增量预算以过去的费用发生水平为基础,主张不需在预算内容上作较大的调整,它的编制遵循如下假定:

第一,企业现有业务活动是合理的,不需要进行调整;

第二,企业现有各项业务的开支水平是合理的,在预算期予以保持;

第三,以现有业务活动和各项活动的开支水平,确定预算期各项活动的预算数。

腾越公司上年的制造费用为 50 000 元,考虑到本年生产任务增大 10%,按增量预算编制计划年度的制造费用。

计划年度制造费用预算=50 000×(1+10%)=55 000(元)

增量预算编制方法的缺陷是可能导致无效费用开支项目无法得到有效控制,因为不加分析地保留或接受原有的成本费用项目,可能使原来不合理的费用继续开支而得不到控制,使不必要开支合理化,造成预算上的浪费。

零基预算的全称为"以零为基础的编制计划和预算方法",它是在编制费用预算时,不考虑以往会计期间所发生的费用项目或费用数额,而是一切以零为出发点,从实际需要逐项审议预算期内各项费用的内容及开支标准是否合理,在综合平衡的基础上编制费用预算的方法。

零基预算的程序如下:

第一,企业内部各级部门的员工,根据企业的生产经营目标,详细讨论计划期内应该发生的费用项目,并对每一费用项目编写一套方案,提出费用开支的目的以及需要开支的费用数额。

第二,划分不可避免费用项目和可避免费用项目。在编制预算时,对不可避免费用项目必须保证资金供应;对可避免费用项目,则需要逐项进行成本与效益分析,尽量控制不可避免项目纳入预算当中。

第三,划分不可延缓费用项目和可延缓费用项目。在编制预算时,应根据预算期内可供支配的资金数额在各费用之间进行分配。首先,应优先安排不可延缓费用项目的支出。然后,再根据需要,按照费用项目的轻重缓急确定可延缓项目的开支。

零基预算的优点表现在:①不受现有费用项目的限制;②不受现行预算的束缚;③能够调动各方面节约费用的积极性;④有利于促使各基层单位精打细算,合理使用资金。

(3) 定期预算与滚动预算编制方法

定期预算是指在编制预算时,以不变的会计期间(如日历年度)作为预算期的一种编制预算的方法。这种方法的优点是能够使预算期间与会计期间相对应,便于将实际数与预算数进行对比,也有利于对预算执行情况进行分析和评价。但这种方法固定以1年为预算期,在执行一段时期之后,往往使管理人员只考虑剩下来的几个月的业务量,缺乏长远打算,导致一些短期行为的出现。

滚动预算又称连续预算,是指在编制预算时,将预算期与会计期间脱离开,随着预算的执行不断地补充预算,逐期向后滚动,使预算期始终保持为一个固定长度(一般为12个月)的一种预算方法。

滚动预算的基本做法是使预算期始终保持12个月,每过1个月或1个季度,立即在期末增列1个月或1个季度的预算,逐期往后滚动,因而在任何一个时期都使预算保持为12个月的时间长度,故又叫连续预算或永续预算。这种预算能使企业各级管理人员对未来始终保持整整12个月时间的考虑和规划,从而保证企业的经营管理工作能够稳定而有序地进行。

按月滚动的滚动预算编制方式如图2-2所示。

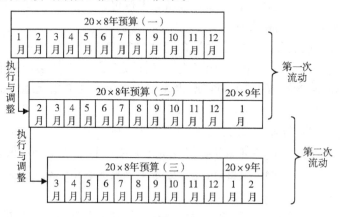

图2-2 滚动预算示意图

滚动预算的编制还采用了长期计划、短期安排的方法进行,那就是在基期编制预算时,先按年度分季,并将其中第一季度按月划分,建立各月的明细预算数字,以便监督预算的执行;至于其他三个季度的预算可以粗略一些,只列各季总数。到第一季度结束后,再将第二季度的预算按月细分,第三、四季度以及增列的下一年度的第一季度的预算只列出各季度的总数……如此类推。采用这种方法编制的预算有利于管理人员对预算资料作经常性的分析研究,并根据当时预算的执行情况及时加以调整。

## 2.2 预算编制

### 2.2.1 预算的编制程序

企业编制预算,一般应按照"上下结合、分级编制、逐级汇总"的程序进行。

(1)下达目标

企业董事会或经理办公会根据企业发展战略和预算期经济形势的初步预测,在决策的基础上,提出下一年度企业预算目标,包括销售或营业目标、成本费用目标、利润目标和现金流量目标,并确定预算编制的政策,由预算委员会下达各预算执行单位。

(2)编制上报

各预算执行单位按照企业预算委员会下达的预算目标和政策,结合自身特点以及预测的执行条件,提出详细的本单位预算方案,上报企业财务管理部门。

(3)审查平衡

企业财务管理部门对各预算执行单位上报的财务预算方案进行审查、汇总,提出综合平衡的建议。在审查、平衡过程中,预算委员会应当进行充分协调,对发现的问题提出初步调整意见,并反馈给有关预算执行单位予以修正。

(4)审议批准

企业财务管理部门在有关预算执行单位修正调整的基础上,编制出企业预算方案,报财务预算委员会讨论。对于不符合企业发展战略或者预算目标的事项,企业预算委员会应当责成有关预算执行单位进一步修订、调整。在讨论、调整的基础上,企业财务管理部门正式编制企业年度预算方案,提交董事会或经理办公会审议批准。

(5)下达执行

企业财务管理部门对董事会或经理办公室审议批准的年度总预算,一般在次年3月底以前,分解成一系列的指标体系,由预算委员会逐级下达各预算执行单位执行。

### 2.2.2 企业年度预算目标与目标利润预算

(1)年度预算目标

预算目标源于战略规划、受制于年度经营计划,是运用财务指标对企业及下属单位预算年度经营活动目标的全面、综合表述。通过预算目标,高层管理者可将战略和计划传达给整个组织,每个部门也可以明确在实现战略与计划中需要履行的预算方针与目标责任。

作为预算管理工作的起点,预算目标是预算机制发挥作用的关键。高质量的目标有利于预算管理工作的顺利推进,有利于日常管理的协调开展和有序进行。企业年度预算目标的确定必须解决以下两方面的问题:

①建立预算目标的指标体系。建立预算目标的指标体系,主要应解决以何种指标作为预

算导向、核心指标如何量化、指标间的权重如何确定等问题。预算目标的指标体系应能体现公司总体战略,突出企业战略管理重点,从而将年度经营计划深度细化,成为实现企业战略发展的直接"调控棒",它是企业年度经营业绩的指南针和行动纲领,是编制预算的基础和依据。从内容上说,预算目标指标体系应包括盈利指标、规模增长指标、投资与研发指标、风险控制(资本结构)指标、融资安排等。

②测量并确定预算目标的指标值。按照现代企业制度的要求,确定预算目标,从根本上说就是协调公司股东、董事会、经营者等各方利益的过程。从理论上分析,预算目标各指标的指标值是企业的预算标杆,它应当具有挑战性,并且必须保证企业及其各部门经过努力可以实现。如果预算目标遥不可及,就会失去目标的激励作用。因此,预算目标设定要以战略目标为依据,同时结合年度经营计划进程,合理确定年度经营任务,将企业发展战略和各经营单位实际情况融入预算管理体系,并构成预算考评指标体系的标准之一。

(2)目标利润预算方法

预算目标体系中的核心指标是预计目标利润。目标利润的测算,应在考虑企业出资人盈利要求及战略安排、企业发展对利润的需求等基础上,充分评判主客观条件,进而根据预算年度生产经营、财务活动进行确定。

为了能够确定一个既积极又可靠的利润目标,企业除全面考虑其经济上的合理性、技术上的可行性和生产经营上的可能性外,还应综合考虑生产经营的分项指标,根据总体指标和分项指标的关系进行综合平衡,制定正确的利润规划。

为了简便起见,本书只考虑产品销售利润预算问题,不涉及投资收益、营业外收支等项目,而且以利润总额为分析对象。在有关产品的销售价格、经营成本、产销结构等条件明确的情况下,企业未来预算期间的目标利润预算通常可用下列方法进行:

①量本利分析法。量本利分析法是根据有关产品的产销数量、销售价格、变动成本和固定成本等因素与利润之间的相互关系确定企业目标利润的方法。具体计算公式如下:

*目标利润=预计产品产销数量×(单位产品售价—单位产品变动成本)—固定成本费用*

②比例预算法。比例预算法是利用利润指标与其他经济指标之间存在的内在比例关系,来确定目标利润的方法。由于销售利润与产品销售收入的多少、产品成本的水平、企业资金总量有着密切的关系,所以可以分别采用以下比例预算法测定企业的目标利润:

a.销售收入利润率法。它是利用销售利润与销售收入的比例关系确定目标利润的方法。在其他条件不变的情况下,销售利润多少完全取决于销售收入的多寡,两者成正比例变动。企业可以在上期实际销售收入利润率(或前几期平均销售收入利润率)的基础上,确定目标利润。具体计算公式如下:

*目标利润=预计销售收入×测算的销售利润率*

b.成本利润率法。它是利用利润总额与成本费用的比例关系确定目标利润的方法。具体计算公式如下:

*目标利润=预计营业成本费用×核定的成本费用利润率*

式中:预计营业成本费用是按成本费用资料加以确定的,而核定的成本费用利润率则可按同行业平均先进水平确定。

c.投资资本回报率法。它是利用利润总额与投资资本平均总额的比例关系确定目标利润的方法。具体计算公式如下:

$$目标利润＝预计投资成本平均总额×核定的投资资本回报率$$

按投资成本回报率确定目标利润的实质,就是按要求的企业投资利润率测算目标利润。

腾越公司上年实际投资资本平均总额 3 800 万元。为扩大产品销售规模,计划年初追加 200 万元营运资本,企业预期投资资本回报率为 16％。

该企业的目标利润为:(3 800＋200)×16％＝640(万元)

d. 利润增长百分比法。它是根据有关产品上一期间实际获得的利润额和过去连续若干期间的平均利润率增长幅度(百分比),并全面考虑影响利润的有关因素的预期变动而确定企业目标利润的方法。具体计算公式如下:

$$目标利润＝上期利润总额×(1＋利润增长百分比)$$

(3)企业年度预算目标各指标值的确定举例

综合以上分析方法,根据产品价格、销量、成本之间的关系,确定目标利润的具体思路是:

预期目标利润＝预测可实现销售×(预期产品售价－预期产品单位成本)－期间费用

按照这一思路,企业年度预算目标各指标值的确定可具体化为如下步骤:

①根据销售预测,在假定产品售价和成本费用不变的情况下,确定可实现利润;

②根据企业投资总资本和同行业平均(或先进)投资资本回报率,确定期望目标利润,并与可实现利润比较,提出销售增长率、价格增长率或成本(费用降低率)目标;

③通过各分部及管理部门间的协调,最终落实目标利润的其他各项指标目标值。

腾越公司生产经营单一产品,下属三个分部均为成本中心,专司产品生产与协作。总部为了节约成本和统一对外,除拥有管理职能外,还兼营公司的材料采购与产品最终销售两大职能。经公司营销部门的销售预测,确定该企业预算年度营销目标为本企业产品的全国市场占有率达到 30％。

第一,假定价格不变,要求其销售额达到 5 亿元。如果当前销售成本率为 60％,可实现的毛利额为 2 亿元,扣除各项费用(销售费用率为 24％)1.2 亿元,可初步确定目标利润为 8 000 万元。

第二,假定公司现有投资资本平均总额为 15 亿元,按照同行业平均的投资资本回报率 8％这一基准,确认公司应该完成的目标利润为 1.2 亿元。

第三,在收入不可能增长的条件下,与可实现利润 8 000 万元比较,要实现 1.2 亿元的目标利润,只能通过降低成本费用这一途径。根据成本费用管理目标,公司要求生产性分部的成本必须在原有基础上降低 10％,即销售成本率由 60％降低到 50％,以此使毛利额由原来的 2 亿元提高到 2.3 亿元,此时目标利润总额与同行业的差异将由 4 000 万元(12 000－8 000)变为 1 000 万元[12 000－(23 000－12 000)]。

第四,为完全实现同行业的平均目标利润,费用总额须从原来的 12 000 万元降低到 11 000 万元,其费用降低率应达到(12 000－11 000)/12 000＝8.33％。

第五,经过协调,公司总部与分部按上述测算将最终目标明确下来,即目标销售额 5 亿元,目标利润 1.2 亿元,目标销售成本率 54％,目标费用总额 1.1 亿元。

### 2.2.3 主要预算的编制

通过目标利润预算确定利润目标以后,即可以此为基础,编制全面预算。全面预算的编制应以销售预算为起点,根据各种预算之间的勾稽关系,按顺序从前往后逐步进行,直至编制出预计财务报表。

(1) 销售预算

销售预算是在销售预测的基础上,根据企业年度目标利润确定的预计销售量、销售单价和销售收入等参数编制的,用于规划预算期销售活动的一种业务预算。在编制过程中,应根据年度内各季度市场预测的销售量和单价,确定预计销售收入,并根据各季现销收入与收回前期的应收账款反映现金收入额,以便为编制现金收支预算提供资料。根据销售预测确定的销售量和销售单价确定各期销售收入,并根据各期销售收入和企业信用政策确定每期的销售现金流量,是销售预算的两个核心问题。

由于企业其他预算的编制都必须以销售预算为基础,因此,销售预算是编制全面预算的起点。

腾越公司2017年(计划年度)只生产和销售一种产品,每季的产品销售货款有60%于当期收到现金,有40%属赊销于下一个季度收到现金。上一年(基期)年末的应收账款为175 000元。该公司计划年度的销售预算如表2-4所示。

表2-4 腾越公司销售预算表

2017年度　　　　　　　　　　　　　　　　　　　　　金额单位:元

| 项 目 | 1季度 | 2季度 | 3季度 | 4季度 | 全 年 |
| --- | --- | --- | --- | --- | --- |
| 预计销量(件) | 2 000 | 2 500 | 3 000 | 2 500 | 10 000 |
| 单价(元) | 250 | 250 | 250 | 250 | 250 |
| 预计销售收入 | 500 000 | 625 000 | 750 000 | 625 000 | 2 500 000 |
| 应收账款期初 | 175 000 | | | | 175 000 |
| 1季度销售实现 | 300 000 | 200 000 | | | 500 000 |
| 2季度销售实现 | | 375 000 | 250 000 | | 625 000 |
| 3季度销售实现 | | | 450 000 | 300 000 | 750 000 |
| 4季度销售实现 | | | | 375 000 | 375 000 |
| 现金收入合计 | 475 000 | 575 000 | 700 000 | 675 000 | 2 425 000 |

(2) 生产预算

生产预算是规划预算期生产数量而编制的一种业务预算,它是在销售预算的基础上编制的,并可以作为编制材料采购预算和生产成本预算的依据。编制生产预算的主要依据是预算期各种产品的预计销售量及存货期初期末资料。具体计算公式为:

$$预计生产量 = 预计销售量 + 预计期末结存量 - 预计期初结存量$$

生产预算的要点是确定预算期的产品生产量和期末结存产品数量,前者为编制材料预算、人工预算、制造费用预算等提供基础,后者是编制期末存货预算和预计资产负债表的基础。

腾越公司2017年年初结存产成品300件,本年各季末结存产成品分别为:一季度末500件,二季度末550件,三季度末500件,四季度末400件,预计销售量见表2-4。腾越公司生产预算如表2-5所示。

表 2-5　腾越公司生产预算表

2017 年度　　　　　　　　　　　　　　　　　　　　　　　单位：件

| 项　目 | 1 季度 | 2 季度 | 3 季度 | 4 季度 | 全　年 |
| --- | --- | --- | --- | --- | --- |
| 预计销量 | 2 000 | 2 500 | 3 000 | 2 500 | 10 000 |
| 加：预计期末结存 | 500 | 550 | 500 | 400 | 400 |
| 预计需要量 | 2 500 | 3 050 | 3 500 | 2 900 | 10 400 |
| 减：期初结存量 | 300 | 500 | 550 | 500 | 300 |
| 预计生产量 | 2 200 | 2 550 | 2 950 | 2 400 | 10 100 |

(3) 材料采购预算

材料采购预算是为了规划预算期材料消耗情况及采购活动而编制的，用于反映预算期各种材料消耗量、采购量、材料消耗成本和材料采购成本等计划信息的一种业务预算。依据预计产品生产量和材料单位耗用量，确定生产需要耗用量，再根据材料的期初期末结存情况，确定材料采购量，最后根据采购材料的付款，确定现金支出情况。

某种材料耗用量＝产品预计生产量×单位产品定额耗用量

某种材料采购量＝某种材料耗用量＋该种材料期末结存量－该种材料期初结存量

材料采购预算的要点是反映预算期材料消耗量、采购量和期末结存数量，并确定各预算期材料采购现金支出。材料期末结存量的确定可以为编制期末存货预算提供依据，现金支出的确定可以为编制现金预算提供依据。

腾越公司计划年度期初材料结存量 720 千克，本年各季末结存材料分别为：一季度末 820 千克，二季度末 980 千克，三季度末 784 千克，四季度末 860 千克，每季度的购料款于当季支付 40%，剩余 60% 于下一季度支付，应付账款年初余额为 120 000 元。其他资料如表 2-4 和表 2-5 所示。腾越公司计划年度材料采购预算如表 2-6 所示。

表 2-6　腾越公司材料采购预算表

2017 年度　　　　　　　　　　　　　　　　　　　　　　　金额单位：元

| 项　目 | 1 季度 | 2 季度 | 3 季度 | 4 季度 | 全　年 |
| --- | --- | --- | --- | --- | --- |
| 预计生产量（件） | 2 200 | 2 550 | 2 950 | 2 400 | 10 100 |
| 材料定额单耗（千克） | 5 | 5 | 5 | 5 | 5 |
| 预计生产需要量（千克） | 11 000 | 12 750 | 14 750 | 12 000 | 50 500 |
| 加：期末结存量 | 820 | 980 | 784 | 860 | 860 |
| 预计需要量合计 | 11 820 | 13 730 | 15 534 | 12 860 | 51 360 |
| 减：期初结存量 | 720 | 820 | 980 | 784 | 720 |
| 预计材料采购量 | 11 100 | 12 910 | 14 554 | 12 076 | 50 640 |
| 材料计划单价 | 20 | 20 | 20 | 20 | 20 |
| 预计购料金额 | 222 000 | 258 200 | 291 080 | 241 520 | 1 012 800 |
| 应付账款年初余额 | 120 000 | | | | 120 000 |
| 1 季度购料付现 | 88 800 | 133 200 | | | 222 000 |
| 2 季度购料付现 | | 103 280 | 154 920 | | 258 200 |
| 3 季度购料付现 | | | 116 432 | 174 648 | 291 080 |
| 4 季度购料付现 | | | | 96 608 | 96 608 |
| 现金支出合计 | 208 800 | 236 480 | 271 352 | 271 256 | 987 888 |

**(4) 直接人工预算**

直接人工预算是一种既反映预算期内人工工时消耗水平，又规划人工成本开支的业务预算。这项预算是根据生产预算中的预计生产量以及单位产品所需的直接人工小时和单位小时工资率进行编制的。在通常情况下，企业往往要雇用不同工种的人工，必须按工种类别分别计算不同工种的直接人工小时总数，然后将算得的直接人工小时总数分别乘以各该工种的工资率，再予以合计，即可求得预计直接人工成本的总数。

有关数据具体计算公式如下：

① 预计产品生产直接人工工时总数：

$$某种产品直接人工总工时 = 单位产品定额工时 \times 该产品预计生产量$$

产品定额工时是由产品生产工艺和技术水平决定的，由产品技术和生产部门提供定额标准；产品预计生产量来自生产预算。

② 预计直接人工总成本：

$$某种产品直接人工总成本 = 单位工时工资率 \times 该种产品直接人工工时总量$$

单位工时工资率来自企业人事部门工资标准和工资总额。

编制直接人工预算时，一般认为各预算期直接人工都是直接以现金发放的，因此不再特别列示直接人工的现金支出。另外，按照我国现行制度规定，在直接工资以外，还需要计提应付福利费，此时应在直接人工预算中根据直接工资总额进一步确定预算期的预计应付福利费，并估计应付福利费的现金支出。为简便，本处假定应付福利费包括在直接人工总额中并全部以现金支付。

直接人工预算的要点是确定直接人工总成本。

腾越公司单位产品耗用工时为 6 小时，单位工时的工资率为 5 元，腾越公司计划年度人工工资预算如表 2-7 所示。

表 2-7 腾越公司直接人工预算表

2017 年度　　　　　　　　　　　　　　　　　　　　　　　　　　金额单位：元

| 项 目 | 1 季度 | 2 季度 | 3 季度 | 4 季度 | 全 年 |
|---|---|---|---|---|---|
| 预计生产量(件) | 2 200 | 2 550 | 2 950 | 2 400 | 10 100 |
| 单耗工时(小时) | 6 | 6 | 6 | 6 | 6 |
| 直接人工小时数 | 13 200 | 15 300 | 17 700 | 14 400 | 60 600 |
| 单位工时工资率 | 5 | 5 | 5 | 5 | 5 |
| 预计直接人工成本 | 66 000 | 76 500 | 88 500 | 72 000 | 303 000 |

由于工资一般都要全部支付现金，因此，直接人工预算表中预计直接人工成本总额就是现金预算中的直接人工工资支付额。

**(5) 制造费用预算**

制造费用预算是反映生产成本中除直接材料、直接人工以外的一切不能直接计入产品制造成本的间接制造费用的预算。这些费用必须按成本习性划分为固定费用和变动费用，分别编制变动制造费用预算和固定制造费用预算。编制制造费用预算时，应以计划期的一定业务量为基础来规划各个费用项目的具体预算数字。另外，在制造费用预算表下还要附有预计现金支出表，以方便编制现金预算。

变动制造费用预算部分,应区分不同费用项目,逐一项目根据单位变动制造费用分配率和业务量(一般是直接人工总工时或机器工时等)确定各项目的变动制造费用预算数。其中:

$$某项目变动制造费用分配率 = \frac{该项目变动制造费用预算总额}{业务量预算总数}$$

固定制造费用预算部分,也应区分不同费用项目,逐一项目确定预算期的固定费用预算。

在编制制造费用预算时,为方便现金预算编制,还需要确定预算期的制造费用预算的现金支出部分。为方便,一般将制造费用中扣除折旧费后的余额,作为预算期内的制造费用现金支出。

制造费用预算的要点是确定各个变动和固定制造费用项目的预算金额,并确定预计制造费用的现金支出。

腾越公司根据前面所编各预算表的资料,编制腾越公司制造费用预算表如表2-8所示。

表2-8 腾越公司制造费用预算表

2017年度　　　　　　　　　　　　　　　　　　　　　　　金额单位:元

| 变动费用项目 | 金　额 | 固定费用项目 | 金　额 |
|---|---|---|---|
| 间接人工 | 0.2×60 600=12 120 | 维护费用 | 4 000 |
| 间接材料 | 0.1×60 600=6 060 | 折旧费用 | 73 200 |
| 维护费用 | 0.15×60 600=9 090 | 管理费用 | 35 000 |
| 水电费用 | 0.25×60 600=15 150 | 保险费用 | 6 000 |
| 机物料 | 0.05×60 600=3 030 | 财产税 | 3 000 |
| 小　计 | 0.75×60 600=45 450 | 小　计 | 121 200 |
| 变动费用现金支出 | | | 45 450 |
| 固定费用合计 | | | 121 200 |
| 减:折旧费用 | | | 73 200 |
| 固定费用现金支出 | | | 48 000 |
| 制造费用全年现金支出 | | | 93 450 |
| 制造费用第1季度现金支出 | | | 25 000 |
| 制造费用第2季度现金支出 | | | 25 000 |
| 制造费用第3季度现金支出 | | | 24 000 |
| 制造费用第4季度现金支出 | | | 19 450 |

(6)单位生产成本预算

单位生产成本预算是反映预算期内各种产品生产成本水平的一种业务预算。单位生产成本预算是在生产预算、直接材料消耗及采购预算、直接人工预算和制造费用预算的基础上编制的,通常反映各产品单位生产成本。

单位产品预计生产成本=单位产品直接材料成本+单位产品直接人工成本+单位产品制造费用

上述资料分别来自直接材料采购预算、直接人工预算和制造费用预算。

以单位产品成本预算为基础,还可以确定期末结存产品成本,公式如下:

期末结存产品成本=期初结存产品成本+本期产品生产成本-本期销售产品成本

公式中的期初结存产品成本和本期销售产品成本,应该根据具体的存货计价方法确定。确定期末结存产品成本后,可以与预计直接材料期末结存成本一起,一并在期末存货预算中予以反映。本章中期末存货预算略去不作介绍,期末结存产品的预计成本合并在单位产品生产成本中列示。

腾越公司采用制造成本法计算成本,生产成本包括变动生产成本和固定生产成本。根据前面已编制的各种业务预算表的资料,编制腾越公司单位产品生产成本预算表,如表 2-9 所示。

表 2-9　腾越公司单位生产成本预算表

2017 年度　　　　　　　　　　　　　　　　　　　　金额单位:元

| 成本项目 | 单位用量 | 单位价格 | 单位成本 |
|---|---|---|---|
| 直接材料 | 5 千克 | 20 元/千克 | 100 |
| 直接人工 | 6 小时 | 5 元/小时 | 30 |
| 变动制造费用 | 6 小时 | 0.75 元/小时 | 4.5 |
| 单位变动生产成本 | | | 134.5 |
| 单位固定成本 | (121 200÷60 600)×6=12 | | 12 |
| 单位生产成本 | | | 146.5 |
| 期末存货预算 | | 期末存货数量 | 400 件 |
| | | 单位生产成本 | 146.5 |
| | | 期末存货成本 | 58 600 |

(7) 销售及管理费用预算

销售及管理费用预算是以价值形式反映整个预算期内为销售产品和维持一般行政管理工作而发生的各项费用支出预算。该预算与制造费用预算一样,需要划分固定费用和变动费用,其编制方法也与制造费用预算相同。在该预算表下也应附列计划期间预计销售和管理费用的现金支出计算表,以便编制现金预算。

销售及管理费用预算的要点是确定各个变动及固定费用项目的预算数,并确定预计的现金支出。

腾越公司销售和行政管理部门根据计划期间的具体情况,合并编制销售与管理费用预算表,如表 2-10 所示。

表 2-10　腾越公司销售及管理费用预算表

2017 年度　　　　　　　　　　　　　　　　　　　　金额单位:元

| | 费用明细项目 | 预算金额 |
|---|---|---|
| 变动费用 | 销售佣金 0.3×60 600 | 18 180 |
| | 办公费用 0.2×60 600 | 12 120 |
| | 运输费用 0.2×60 600 | 12 120 |
| | 变动费用小计 | 42 420 |
| 固定费用 | 广告费用 | 80 000 |
| | 管理人员工资 | 125 000 |
| | 保险费用 | 8 000 |
| | 折旧费用 | 50 000 |
| | 财产税 | 4 000 |
| | 固定费用小计 | 267 000 |

续表 2-10

| 费用明细项目 | | 预算金额 |
|---|---|---|
| 预计现金支出计算表 | 销售及管理费用总额 | 329 420 |
| | 减:折旧费用 | 50 000 |
| | 销售及管理费用现金支出总额 | 279 420 |
| | 每季度销售及管理费用现金支出 | 23 285 |

(8) 专门决策预算

专门决策预算主要是长期投资预算,又称资本支出预算,通常是指与项目投资决策相关的专门预算,它往往涉及长期建设项目的资金投放与筹集,并经常跨越多个年度。编制专门决策预算的依据,是项目财务可行性分析资料以及企业筹资决策资料。

专门决策预算的要点是准确反映项目资金投资支出与筹资计划,它同时也是编制现金预算和预计资产负债表的依据。

腾越公司决定于 2018 年上马一条新的生产线,年内安装完毕,并于年末投入使用,有关投资与筹资预算如表 2-11 所示。

表 2-11 腾越公司专门决策预算表

2017 年度　　　　　　　　　　　　　　　　　　　　　金额单位:元

| 项　目 | 1 季度 | 2 季度 | 3 季度 | 4 季度 | 全年 |
|---|---|---|---|---|---|
| 投资支出预算 | 50 000 | 40 000 | 70 000 | 80 000 | 240 000 |
| 借入长期借款 | 40 000 | | | 80 000 | 120 000 |

(9) 现金预算

现金预算是以业务预算和专门决策预算为依据编制的、专门反映预算期内预计现金收入与现金支出,以及为满足理想现金余额而进行现金投融资的预算。

现金预算由期初现金余额、现金收入、现金支出、现金余缺、现金投放与筹措五部分组成。

$$期初现金余额+现金收入-现金支出=现金余缺$$

财务管理部门应根据现金余缺与期末现金余额的比较,来确定预算期现金投放或筹措。当现金余缺大于期末现金余额时,应将超过期末余额以上的多余现金进行投资;当现金余缺小于现金余额时,应筹措现金,直到现金总额达到要求的期末现金余额。

$$现金余缺+现金筹措(现金不足时)=期末现金余额$$
$$现金余缺-现金投放(现金多余时)=期末现金余额$$

根据前面编制的各业务预算表和决策预算表的资料,编制现金预算。腾越公司年初现金余额为 80 000 元,每季支付各种流转税 35 000 元,前三季度预交所得税 50 000 元,年末汇缴 89 440 元,年末支付股利 250 000 元。最低现金持有量为 50 000 元。腾越公司现金预算如表 2-12 所示。

表 2-12　腾越公司现金预算表

2017 年度　　　　　　　　　　　　　　　　　　　　　金额单位:元

| 项　目 | 1 季度 | 2 季度 | 3 季度 | 4 季度 | 全　年 |
|---|---|---|---|---|---|
| 期初现金余额 | 80 000 | 80 000 | 80 000 | 80 000 | 80 000 |
| 经营现金收入 | 475 000 | 575 000 | 700 000 | 675 000 | 2 425 000 |
| 可供支配的现金合计 | 555 000 | 655 000 | 780 000 | 755 000 | 2 505 000 |
| 经营性现金支出 | | | | | |
| 　直接材料采购 | 208 800 | 236 480 | 271 352 | 271 256 | 987 888 |
| 　直接人工支出 | 66 000 | 76 500 | 88 500 | 72 000 | 303 000 |
| 　制造费用 | 25 000 | 25 000 | 24 000 | 19 450 | 93 450 |
| 　销售及管理费用 | 69 855 | 69 855 | 69 855 | 69 855 | 279 420 |
| 　支付流转税 | 35 000 | 35 000 | 35 000 | 35 000 | 140 000 |
| 　预交所得税 | 50 000 | 50 000 | 50 000 | 89 440 | 239 440 |
| 　分配股利 | | | | 250 000 | 250 000 |
| 　资本性现金支出 | 50 000 | 40 000 | 70 000 | 80 000 | 240 000 |
| 现金支出合计 | 504 655 | 532 835 | 608 707 | 887 001 | 2 533 198 |
| 现金余缺 | 50 345 | 122 165 | 171 293 | (132 001) | (28 198) |
| 资金筹措与运用 | | | | | |
| 　长期借款 | 40 000 | | | 80 000 | 120 000 |
| 　支付利息 | (15 345) | (15 165) | (13 293) | (11 999) | (55 802) |
| 　取得短期借款 | 5 000 | | | 20 000 | 25 000 |
| 　偿还短期借款 | | (5 000) | | | (5 000) |
| 　进行短期投资 | | (22 000) | (78 000) | | (100 000) |
| 　出售短期投资 | | | | 100 000 | 100 000 |
| 期末现金余额 | 80 000 | 80 000 | 80 000 | 56 000 | 56 000 |

(10)预计利润表

预计利润表用来综合反映企业在计划期的预计经营成果,是企业最主要的财务预算表之一。编制预计利润表的依据是各业务预算、专门决策预算和现金预算。

腾越公司以前面所编制的各种预算为资料来源。每季预提的财务费用为 20 000 元。编制腾越公司预计利润表如表 2-13 所示。

表 2-13　腾越公司预计利润表

2017 年度　　　　　　　　　　　　　　　　　　　　　金额单位:元

| 项　目 | 1 季度 | 2 季度 | 3 季度 | 4 季度 | 全　年 |
|---|---|---|---|---|---|
| 销售收入 | 500 000 | 625 000 | 750 000 | 625 000 | 2 500 000 |
| 减:销售成本 | 293 000 | 366 250 | 439 500 | 366 250 | 1 465 000 |
| 销售毛利 | 207 000 | 258 750 | 310 500 | 258 750 | 1 035 000 |
| 减:销售及管理费用 | 82 355 | 82 355 | 82 355 | 82 355 | 329 420 |
| 财务费用 | 20 000 | 20 000 | 20 000 | 20 000 | 80 000 |

续表 2-13

| 项目 | 1 季度 | 2 季度 | 3 季度 | 4 季度 | 全年 |
|---|---|---|---|---|---|
| 营业利润 | 104 645 | 156 395 | 208 145 | 156 395 | 625 580 |
| 减:所得税 | 50 000 | 50 000 | 50 000 | 89 440 | 239 440 |
| 净利润 | 54 645 | 106 395 | 158 145 | 66 955 | 386 140 |

(11) 预计资产负债表

预计资产负债表用来反映企业在计划期末预计的财务状况。它的编制需以计划期开始日的资产负债表为基础,结合计划期间各项业务预算、专门决策预算、现金预算和预计利润表进行编制。它是编制全面预算的终点。

根据腾越公司期初资产负债表及计划期各项预算中的有关资料进行调整,编制出 2017 年末的预计资产负债表如表 2-14 所示。

表 2-14 腾越公司预计资产负债表

2017 年 12 月 31 日　　　　金额单位:元

| 资产 | 金额 | 负债及权益 | 金额 |
|---|---|---|---|
| 流动资产: | | 流动负债: | |
| 现金 | 56 000 | 短期借款 | 20 000 |
| 应收账款 | 250 000 | 应付账款 | 144 912 |
| 存货 | 75 800 | 应付税金 | 10 000 |
| 流动资产合计 | 381 800 | 预提费用 | 24 198 |
| 长期资产: | | 流动负债合计 | 199 110 |
| 固定资产 | 800 000 | 长期负债 | 120 000 |
| 减:累计折旧 | 200 000 | 股东权益: | |
| 固定资产净额 | 600 000 | 股本 | 500 000 |
| 在建工程 | 240 000 | 资本公积 | 100 000 |
| 无形资产 | 184 200 | 留存收益 | 486 890 |
| 长期资产合计 | 1 024 200 | 权益合计 | 1 086 890 |
| 资产总计 | 1 406 000 | 负债及权益总计 | 1 406 000 |

## 2.3 预算的执行

企业预算一经批复下达,各预算执行单位就必须认真组织实施,将预算指标层层分解,从横向到纵向落实到内部各部门、各单位、各环节和各岗位,形成全方位的预算执行责任体系。

企业应当将预算作为预期内组织、协调各项经营活动的基本依据,将年度预算细分为月份和季度预算,通过分期预算控制,确保年度预算目标的实现。

企业应当强化现金流量的预算管理,按时组织预算资金的收入,严格控制预算资金的支付,调节资金收付平衡,控制支付风险。

对于预算内的资金拨付,按照授权审批程序执行。对于预算外的项目支出,应当按预算管理制度规范支付程序。对于无合同、无凭证、无手续的项目支出,不予支付。

企业应当严格执行销售、生产和成本费用预算,努力完成利润指标。在日常控制中,企业应当健全凭证记录,完善各项管理规章制度,严格执行生产经营月度计划和成本费用的定额、定率标准,加强适时监控。对预算执行中出现的异常情况,企业有关部门应及时查明原因,提出解决办法。

企业应当建立预算报告制度,要求各预算执行单位定期报告预算的执行情况。对于预算执行中发现的新情况、新问题及出现偏差较大的重大项目,企业财务管理部门以至预算委员会应当责成有关预算执行单位查找原因,提出改进经营管理的措施和建议。

企业财务管理部门应当利用财务报表监控预算的执行情况,及时向预算执行单位、企业预算委员会以至董事会或经理办公会提供财务预算的执行进度、执行差异及其对企业预算目标的影响等财务信息,促进企业完成预算目标。

## 2.4 预算的调整

企业正式下达执行的预算,一般不予调整。预算执行单位在执行中由于市场环境、经营条件、政策法规等发生重大变化,致使预算的编制基础不成立,或者将导致预算执行结果产生重大偏差的,可以调整预算。

企业应当建立内部弹性预算机制,对于不影响预算目标的业务预算、资本预算、筹资预算之间的调整,企业可以按照内部授权批准制度执行,鼓励预算执行单位及时采取有效的经营管理对策,保证预算目标的实现。

企业调整预算,应当由预算执行单位逐级向企业预算委员会提出书面报告,阐述预算执行的具体情况、客观因素变化情况及其对预算执行造成的影响程度,提出预算指标的调整幅度。

企业财务管理部门应当对预算执行单位的预算调整报告进行审核分析,集中编制企业年度预算调整方案,提交预算委员会以至企业董事会或经理办公会审议批准,然后下达执行。

对于预算执行单位提出的预算调整事项,企业进行决策时,一般应当遵循以下要求:

①预算调整事项不能偏离企业发展战略;

②预算调整方案应当在经济上能够实现最优化;

③预算调整重点应当放在预算执行中出现的重要的、非正常的、不符合常规的关键性差异方面。

## 2.5 预算的分析与考核

企业应当建立预算分析制度,由预算委员会定期召开预算执行分析会议,全面掌握预算的执行情况,研究、解决预算执行中存在的问题,纠正预算的执行偏差。

开展预算执行分析,企业管理部门及各预算执行单位应当充分收集有关财务、业务、市场、技术、政策、法律等方面的信息资料,根据不同情况分别采用比率分析、比较分析、因素分析、平衡分析等方法,从定量与定性两个层面充分反映预算执行单位的现状、发展趋势及其存在的潜力。

针对预算的执行偏差,企业财务管理部门及各预算执行单位应当充分、客观地分析产生的原因,提出相应的解决措施或建议,提交董事会或经理办公会研究决定。

企业预算委员会应当定期组织预算审计,纠正预算执行中存在的问题,充分发挥内部审计的监督作用,维护预算管理的严肃性。

预算审计可以采用全面审计或者抽样审计。在特殊情况下,企业也可组织不定期的专项审计。审计工作结束后,企业内部审计机构应当形成审计报告,直接提交预算委员会以至董事会或经理办公会,作为预算调整、改进内部经营管理和财务考核的一项重要参考。

预算年度终了,预算委员会应当向董事会或者经理办公会报告预算执行情况,并依据预算完成情况和预算审计情况对预算执行单位进行考核。

企业内部预算执行单位上报的预算执行报告,应经本部门、本单位负责人按照内部议事规范审议通过,作为企业进行财务考核的基本依据。企业预算按调整后的预算执行,预算完成情况以企业年度财务会计报告为准。

企业预算执行考核是企业绩效评价的主要内容,应当结合年度内部经济责任制进行考核,与预算执行单位负责人的奖惩挂钩,并作为企业内部人力资源管理的参考。

【任务实施】

(1) 2018 年 2 月经营现金收入
$= 40\,000 \times 60\% + 200\,000 \times 40\% = 104\,000(元)$

(2) 2018 年 2 月经营现金支出
$= 40\,000 \times 50\% + 30\,000 + 35\,000 + 18\,000 + 13\,000 + 36\,000 = 152\,000(元)$

(3) 2018 年 2 月现金收支差额
$= 9\,000 + 104\,000 - 152\,000 - 20\,000 = -59\,000(元)$

(4) 确定最佳资金筹措或运用数

由于 $-59\,000$ 元 $+$ 贷款 $\geq 8\,000$ 元,那么贷款应该 $\geq 67\,000$ 元,又因为贷款为 2 000 元的倍数,所以应向银行贷款 68 000 元。

(5) 2018 年 2 月末现金余额 $= -59\,000 + 68\,000 = 9\,000(元)$

## 拓展案例

### 杭州钢铁集团公司的全面预算管理

杭州钢铁集团公司(以下简称杭钢集团)是目前浙江省最大的工业企业,拥有全资、控股企业 38 家,总资产 92 亿元,净资产 41 亿元,以钢为主业,并涉足国内外贸易、机械制造、建筑安装、工业设计、房地产、电子信息、环保、旅游餐饮、教育等产业。长期以来,公司坚持"企业管理以财务管理为中心,财务管理以资金管理为中心"的指导思想,紧紧抓住资金、成本两个管理中心环节,追求综合效益的最优化,近年来,通过对全面预算的不断探索和实践,为企业持续发展提供了可靠的保证,虽然规模在全国冶金行业中处于第 28 位,但实现利润连续四年名列前 10 位。

杭钢集团全面预算管理的主要内容包括损益预算、现金流量预算和投资预算。损益预算包括销售预算、生产预算、物资采购预算、人工费用预算、制造及期间预算以及其他项目预算。损益预算以销售预算为起点,按确定的利润目标倒挤出产品销售成本,然后以经济责任制形式分解、落实,达到对生产经营活动全过程的控制,以保证集团总目标的实现。

现金流量预算的主要内容有现金流入、现金流出、现金多余或不足的计算,以及对现金不足部分的筹措或多余部分的运用方案等。现金流量控制是集团预算管理的核心内容,资金集中管理为编制现金流量预算奠定了基础,"收支两条线、量入而出、确保重点、略有结余"是现金流量预算编制的原则。

投资预算是根据集团中长期发展规划的要求确定预算期投资项目所需的现金流出量。投资项目所需现金流量是集团整个现金流量预算的一部分，纳入集团预算综合平衡后最终确定。

（资料来源：http://wenku.baidu.com/view/866bfd4769eae009581bec6d.html.）

## 单元小结

- 企业的财务活动包括筹资、资金营运、投资和资金分配等一系列行为。
- 企业财务管理的内容包括：筹资管理、投资管理、资金营运管理和利润分配管理。
- 企业财务管理目标主要有利润最大化、股东财富最大化、企业价值最大化和相关者利益最大化四种观点。
- 财务管理环境又称理财环境，是对企业财务活动和财务管理产生影响作用的企业内外各种条件的统称，主要包括经济环境、法律环境和金融环境。
- 预算是一种可据以执行和控制经济活动的、最为具体的计划，是对目标的具体化，是将企业活动导向预定目标的有力工具。
- 企业预算可以按不同标准进行多种分类：根据预算内容不同，企业预算可分为业务预算（即经营预算）、专门决策预算和财务预算；根据预算指标覆盖的时间长短划分，企业预算可分为长期预算和短期预算。
- 各种预算是一个有机联系的整体。一般将由业务预算、专门决策预算和财务预算组成的预算体系，称为全面预算体系。
- 企业可以根据不同的预算项目，分别采用固定预算、弹性预算、增量预算、零基预算、定期预算和滚动预算等方法编制各种预算。
- 全面预算的编制应以销售预算为起点，根据各种预算之间的勾稽关系，按顺序从前往后逐步进行，直至编制出预计财务报表。

## 闯关考验

### 一、知识思考

1. 企业的财务关系主要有哪些？如何处理好企业与各方面的财务关系？
2. 利润最大化与股东权益最大化的根本区别是什么？
3. 企业组织形式对财务管理有何影响？
4. 试述财务管理的环节。
5. 什么是财务管理环境？它包括哪些内容？
6. 全面预算体系包括哪些内容？相互关系如何？
7. 什么是财务预算？企业为何要进行财务预算？

8. 财务预算的编制程序是什么?
9. 零基预算、滚动预算、弹性预算、固定预算各有什么特点?
10. 企业为何要编制现金预算?

## 二、技能测试

长城公司 2018 年 1 月份现金收支的预计资料如下:

1. 1 月 1 日的现金(包括银行存款)余额为 13 000 元,已收到未入账支票 36 000 元。

2. 产品售价 7.2 元/件。2017 年 11 月销售 18 000 件,2017 年 12 月销售 27 000 件,2018 年 1 月预计销售 36 000 件,2 月预计销售 22 500 件。根据经验,商品售出后当月可收回货款的 60%,次月收回 30%,再次月收回 8%,另外 2% 为坏账。

3. 进货成本为 4.5 元/件,当月付现 50%,下月付现 50%。月底存货为次月销售的 10% 加 500 件。2017 年 12 月底的实际存货为 3 600 件,应付账款余额为 69 750 元。

4. 1 月的费用预算为 76 500 元,其中折旧费为 10 800 元,其余费用须当月用现金支付。

5. 预计 1 月份将购置设备一台,支出 135 000 元,须当月付款。

6. 1 月份预交所得税 18 000 元。

7. 现金不足时可从银行借入,借款额为 10 000 元的整数倍,利息在还款时支付。期末现金余额不少于 5 000 元。

请帮助长城公司计算如下内容:
(1) 2018 年 1 月可供使用的现金。
(2) 2018 年 1 月现金支出合计。
(3) 2018 年 1 月现金余缺。
(4) 确定 2018 年 1 月银行借款。
(5) 确定 2018 年 1 月末现金余额。

## 三、理论测试

### (一)单项选择题

1. 下列选项中一般属于长期预算的是( )。
   A. 销售预算　　　B. 财务预算　　　C. 管理费用预算　　　D. 资本支出预算

2. 胜利公司销售的电子产品得到了消费者的广泛认可,由于在市场上供不应求,公司现决定追加投资一项专业设备来扩大生产量,购置该固定资产的预算属于( )。
   A. 业务预算　　　B. 专门决策预算　　　C. 财务预算　　　D. 短期预算

3. 已知某企业购货付现率为:当月付现 60%,下月付现 30%,再下月付现 10%。若该企业 2017 年 12 月份的购货金额为 200 万元,年末的应付账款余额为 128 万元。预计 2018 年第 1 季度各月购货金额分别为:220 万元、260 万元、300 万元,则 2018 年 1 月份预计的购货现金支出为( )万元。
   A. 240　　　B. 260　　　C. 212　　　D. 180

4. A 企业按弹性预算为方法编制费用预算,预算直接人工工时为 100 万小时,变动成本为 600 万元,固定成本为 300 万元,总成本费用为 900 万元;如果预算直接人工工时达到 120 万小时,则总成本费用为( )万元。

A. 960  B. 1080  C. 1020  D. 900

5. A公司董事会在预算工作研讨会上确定了该公司2018年的预算目标,将该预算目标下达给各预算执行单位的是(　　)。
   A. 企业董事会　　　　　　　　　　B. 企业经理办公会
   C. 企业预算委员会　　　　　　　　D. 企业财务管理部门

6. 东方公司编制预算的时候考虑到本年生产任务增长10%,所以制造费用就在去年30万的基础上编制为30×(1+10%)=33(万元),它所采用的预算编制方法是(　　)。
   A. 增量预算　　B. 零基预算　　C. 固定预算　　D. 弹性预算

7. 运用零基预算法编制预算,需要按照费用项目的轻重缓急分析的费用项目是(　　)。
   A. 可避免费用　B. 不可避免费用　C. 可延缓费用　D. 不可延缓费用

8. 在编制预算时,将预算期与会计期间脱离开,随着预算的执行不断地补充预算,逐期向后滚动,使预算期始终保持为一个固定长度的预算编制方法是(　　)。
   A. 连续预算编制方法　　　　　　　B. 滑动预算编制方法
   C. 定期预算编制方法　　　　　　　D. 增量预算编制方法

9. 已知某企业销售收款政策为:当月收现50%,下月收现30%,再下月收现20%。若该企业预计2017年第4季度各月销售收入(含增值税)分别为:50万元、80万元、70万元,则2017年预计资产负债表中年末应收账款项目的金额为(　　)万元。
   A. 55　　B. 64　　C. 51　　D. 46

10. 甲企业编制7月份A产品的生产预算,预计销售量是50万件,6月份A商品月末结存10万件,如果预计7月份月末结存12万件,那么7月份的A产品预计生产量是(　　)万件。
    A. 60　　B. 52　　C. 48　　D. 62

11. 下列关于专门决策预算的说法中,不正确的是(　　)。
    A. 主要是长期投资预算
    B. 经常跨越多个年度
    C. 是编制现金预算和预计资产负债表的依据之一
    D. 其要点是准确反映项目资金的筹资计划

12. 下列计算等式中,不正确的是(　　)。
    A. 本期生产数量=本期销售数量+期末产成品结存量-期初产成品结存量
    B. 本期购货付现=本期购货付现部分+以前期赊购本期付现的部分
    C. 本期材料采购数量=本期生产耗用数量+期末材料结存量-期初材料结存量
    D. 本期销售商品所收到的现金=本期的销售收入+期末应收账款-期初应收账款

13. 下列关于制造费用预算的说法中,不正确的是(　　)。
    A. 制造费用预算通常分为变动制造费用预算和固定制造费用预算两部分
    B. 固定制造费用,需要逐项进行预计,通常与本期产量无关,按每季度实际需要的支付额预计,然后求出全年数
    C. 制造费用都会导致现金的流出
    D. 为了便于以后编制现金预算,需要预计现金支出

14. 现金预算的内容不包括(　　)。

A. 经营现金收入 B. 经营现金支出
C. 预计实现的利润 D. 现金余缺

15. 下列预算中,只使用实物量作为计量单位的是( )。
A. 现金预算 B. 预计资产负债表
C. 生产预算 D. 销售预算

16. 下列各财务管理目标中,没有考虑风险因素的是( )。
A. 利润最大化 B. 相关者利益最大化
C. 股东财富最大化 D. 企业价值最大化

17. 下列关于企业价值最大化目标的说法正确的是( )。
A. 该目标是指企业通过合理经营,采用最优的财务政策,在保证企业长期稳定发展的基础上使企业总价值达到最大
B. 该目标没有考虑投资的风险价值
C. 该目标没有考虑资金的时间价值
D. 该目标认为企业价值是指企业的账面价值

18. 与利润最大化相比,股东财富最大化的优点不包括( )。
A. 在一定程度上可以避免短期行为 B. 考虑了风险因素
C. 对上市公司而言,比较容易衡量 D. 重视各利益相关者的利益

19. 甲乙两企业投入的资本额度一样,本年获利均为100万元,但甲企业的获利已经全部转化为现金,而乙企业则全部是应收账款。A投资者在分析两个企业时,认为它们的收益水平相同,请你判断,A投资者的观点不当之处是( )。
A. 没有考虑利润的取得时间 B. 没有考虑利润获得所承担风险的大小
C. 没有考虑所获利润和投入资本的关系 D. 没有考虑剩余产品的创造能力

20. 将企业长期稳定的发展放在首位,以便创造更多的价值是( )财务管理目标。
A. 利润最大化 B. 企业规模最大化
C. 企业价值最大化 D. 相关者利益最大化

(二)多项选择题

1. 企业与投资者之间的财务关系具体表现为,投资者按其出资比例对企业具有( )。
A. 管理控制权 B. 利润分配权
C. 净资产分配权 D. 优先分配剩余财产权

2. 以企业价值最大化作为理财目标的优点是( )。
A. 考虑了资金的时间价值和风险价值 B. 有利于社会资源的合理配置
C. 有利于克服管理上的短期行为 D. 反映了对资产保值增值的要求

3. 所有者通过经营者损害债权人利益的常见形式是( )。
A. 未经债权人同意发行新债券
B. 未经债权人同意向银行借款
C. 投资于比债权人预计风险要高的新项目
D. 不尽力增加企业价值

4. 协调所有者与经营者之间矛盾的措施包括( )。
A. 解聘 B. 接收

C. 股票选择权方式　　　　　　　　D. 规定借款的用途
5. 企业财务管理的内容包括(　　)。
A. 资金筹资管理　　　　　　　　B. 资金投放管理
C. 资金营运管理　　　　　　　　D. 资金分配管理
6. 最具有代表性的财务管理目标主要包括(　　)。
A. 经济效益最大化　　　　　　　B. 利润最大化
C. 资本利润率最大化　　　　　　D. 企业价值最大化
7. 以企业价值最大化作为财务管理的目标,其优点是(　　)。
A. 考虑资金的时间价值　　　　　B. 考虑风险因素的影响
C. 比较容易确定企业价值　　　　D. 充分体现了对企业保值增值的要求
8. 预测所要做的工作包括(　　)。
A. 明确预测目标　　　　　　　　B. 搜集相关资料
C. 建立预测模型　　　　　　　　D. 确定财务预测结果
9. 影响股票价格的主要外部因素包括(　　)。
A. 经济环境因素　　　　　　　　B. 法律环境因素
C. 社会环境因素　　　　　　　　D. 金融环境因素
10. 金融市场利率的决定因素有(　　)。
A. 纯利率　　　　　　　　　　　B. 通货膨胀补偿率
C. 风险报酬率　　　　　　　　　D. 借款利率
11. 下列不属于财务预算内容的是(　　)。
A. 现金预算　　　B. 日常业务预算　　　C. 专业预算　　　D. 弹性预算
12. 固定预算的缺点包括(　　)。
A. 远期预算的指导性差　　　　　B. 预算的编制难度大
C. 预算的灵活性差　　　　　　　D. 预算的连续性差
13. 下列关于弹性预算的说法,正确的是(　　)。
A. 是在固定预算模式基础上发展起来的
B. 依照预算期可预见的各种业务量水平,能编制适应多种情况的预算
C. 编制时,依据的业务量可以是产量、销量、人工工时等
D. 适用于全面预算中的各种预算
14. 生产预算中,在"预期生产量"的预测中,应考虑的因素有(　　)。
A. 预计销售量　　B. 预计期末存货　　C. 预计期初存货　　D. 前期实际销量
15. 产品成本预算,是(　　)预算的汇总。
A. 生产　　　　　B. 直接材料　　　　C. 直接人工　　　　D. 制造费用
16. 能够在现金预算中得到反映的有(　　)。
A. 现金收入和现金支出　　　　　B. 现金多余或不足
C. 期初现金余额　　　　　　　　D. 现金的筹集和运用
17. 对待现金余额的态度,以下意见正确的是(　　)。
A. 现金余额越大越好,防止出现支付困难
B. 企业应及时处理现金余额

C. 现金余额越小越好,以满足扩大投资的需要

D. 现金余额在偿还了利息和借款成本之后仍超过现金余额上限的部分,可用于投资有价证券

18. 下列关于财务预算的论述,正确的有( )。

A. 财务预算是企业全面预算体系中的最后环节,也称总预算

B. 财务预算是财务控制的先导

C. 具体内容包括现金预算、预计损益表、预计资产负债表等

D. 财务预算在全面预算体系中占有举足轻重的地位

19. 下列各项中,属于现金预算中现金支出内容的是( )。

A. 经营性现金支出　　　　　　　　B. 资本性现金支出

C. 缴纳税金　　　　　　　　　　　D. 股利与利息支出

20. 以下关于现金预算的论述,正确的有( )。

A. 现金预算实际上是其他预算有现金收支部分的总汇

B. 内容上包括现金流入、现金支出、现金多余或不足及不足部分的筹措方案等

C. 编制时要以其他各项预算为基础

D. 生产预算是现金预算的出发点

21. 下列各项中属于广义的投资的是( )。

A. 发行股票　　　　　　　　　　　B. 购买其他公司债券

C. 与其他企业联营　　　　　　　　D. 购买无形资产

22. 假定甲公司向乙公司赊销产品,并持有丙公司债券和丁公司的股票,且向戊公司支付公司债券利息。假定不考虑其他条件,从甲公司的角度看,下列各项中属于本企业与债务人之间财务关系的是( )。

A. 甲公司与乙公司之间的关系　　　B. 甲公司与丁公司之间的关系

C. 甲公司与丙公司之间的关系　　　D. 甲公司与戊公司之间的关系

23. 企业价值最大化的缺点包括( )。

A. 股价很难反映企业所有者权益的价值

B. 法人股东对股票价值的增加没有足够的兴趣

C. 片面追求利润最大化,可能导致企业短期行为

D. 对于非股票上市企业的估价不易做到客观和准确,导致企业价值确定困难

24. 下列属于所有者与债权人的矛盾协调措施的是( )。

A. 限制性借款　　　　　　　　　　B. 接收

C. "股票选择权"方式　　　　　　　D. 收回借款或停止借款

25. 金融市场的组成要素主要有( )。

A. 市场客体　　B. 金融工具　　C. 交易价格　　D. 组织方式

26. 随着预算执行不断补充预算,但始终保持一个固定预算期长度的预算编制方法不是( )。

A. 滚动预算法　　B. 弹性预算法　　C. 零基预算法　　D. 定期预算法

27. 为确保企业财务目标的实现,下列各项中用于协调使用者与经营者利益冲突的措施有( )。

A. 使用者解聘经营者 B. 使用者向企业派遣财务总监
C. 公司被其他公司接受和吞并 D. 使用者给经营者以"股票期权"

28. 某期现金预算中假定出现了正值的现金余缺数,且超过额定的期末现金余额,单纯从财务预算调剂现金余缺的角度看,该期可以采用的措施有( )。
A. 偿还部分借款利息 B. 偿还部分借款本金
C. 出售短期投资 D. 进行短期投资

29. 关于弹性预算方法,下列说法正确的有( )。
A. 以业务量、成本和利润之间的依存关系为依据
B. 以预算期可预见的各种业务量水平为基础
C. 克服了定期预算方法的缺点
D. 能够编制适应多种情况的预算

30. 现金预算中,计算现金余缺时,现金支出包括( )。
A. 经营现金支出 B. 归还借款本金
C. 购买设备支出 D. 支付借款利息支出

31. 下列预算中,能够既反映经营业务量又反映现金收支额内容的预算有( )。
A. 销售预算 B. 生产预算
C. 直接材料预算 D. 直接人工预算

32. 下列各项中,在销售预算表中可以反映的项目有( )。
A. 预计销售收入 B. 各季度现销收入
C. 收回前期的应收账款 D. 预计生产量

33. 下列各项中,可以纳入企业现金预算的有( )。
A. 制造费用 B. 销售费用
C. 直接人工支出 D. 资本性现金支出

34. 相对增量预算方法而言,零基预算方法的优点包括( )。
A. 不受现有费用项目的限制 B. 不受现行预算的束缚
C. 能够调动各方面节约费用的积极性 D. 减少了工作量,节省了人力、物力和财力

35. 下列各项中,属于现金筹措与运用内容的有( )。
A. 取得银行借款 B. 购买设备支出
C. 归还借款本息支出 D. 支付股利支出

36. 预计利润表预算编制的基础有( )。
A. 销售预算 B. 产品成本预算 C. 财务费用预算 D. 投资决策预算

37. 下列可以作为弹性预算所依据的业务量的有( )。
A. 产量 B. 销售量 C. 直接人工工时 D. 材料消耗量

(三)判断题

1. 企业的资金运动是钱和物的增减变动,与人与人之间的经济利益关系无关。( )
2. 财务管理主要内容是:筹资、投资、股利分配,因此财务管理不涉及成本问题。( )
3. 财务决策是财务管理的核心。( )
4. 财务关系是指企业在财务活动中与有关各方面发生的各种关系。( )
5. 资本利润率最大化或每股利润最大化虽然没有考虑风险因素,但考虑了资金时间价值

的因素。( )

6. 纯利率是指无通货膨胀、无风险情况下的平均利率,它的高低受平均利润率、资金供求关系、国家调节等因素的影响。( )

7. 股东财富的大小要看企业净利总额,而不是看企业投资报酬率。( )

8. 如果企业面临的风险较大,那么企业价值就有可能降低。( )

9. 利率是一定时期运用资金的交易价格,它由纯利率、通货膨胀补贴率和风险报酬率三部分构成。( )

10. 金融市场按组织方式的不同可划分为场内交易市场和场外交易市场。( )

11. 零基预算不是以现有费用为前提,而是一切从零做起。( )

12. 销售预算是整个预算的编制起点,其他预算的编制都以销售预算为基础。( )

13. 销售预算的编制依据是销售量、销售单价、销售方式、收款方式等资料。( )

14. 生产预算是所有日常业务预算中唯一只使用实物计量单位的预算。( )

15. 生产预算是在销售预算的基础上编制的。按照"以销定产"的原则,生产预算中各季度的预计生产量应该等于各季度的预期销售量。( )

16. 财务预算具体包括现金预算、预计利润表、预计资产负债表等内容。( )

17. 固定制造费用需要进行逐项预计,它通常与本期产量有关。( )

18. 销售费用及管理费用预算是以生产预算为基础编制出来的。( )

19. 预计利润表中的"所得税"项目与实际编制利润表时一样。( )

20. 编制生产预算的关键是销售预算的准确性。( )

(四)计算分析题

1. 某企业生产和销售甲产品,计划2017年4个季度的销售分别是100件、120件、150件、160件。甲产品预计单位售价300元,假定每季度的收入中,本季度内收到现金60%,余下40%在下季度收回,上年末应收账款余额为35 000元。

**要求:**

(1)编制2017年现金收入表。

(2)确定2017年末应收账款余额。

2. 茂名股份公司是西南地区一家拥有近4 000名职工的企业,主要生产棉纺织品。公司规模从小到大,经历了近60年的风风雨雨,为国家和地区经济发展作出了很大的贡献。进入20世纪90年代,由于企业内部管理不善和国际国内市场的变化等诸多原因,公司在资金及销售方面面临极大的困难。2013年,新领导班子带领企业一般人,经深入调查和分析,决定对公司经营战略进行调整:一是组建和加强销售公司,抽调一批懂技术、能吃苦、会营销的同志充实销售公司;二是加大新产品的研发力度;三是对公司现有纺织设备进行升级改造。这样,公司经营业绩有了长足的发展,职工收入及上缴国家税金不断增加。2015年完成销售收入1.8亿元,2016年达2.1亿元,2017年计划完成2.5亿元。2016年10月,公司各有关部门上下结合,分级编制,逐级汇总,形成了2017年度的主要预算指标,如下表所示。

### 2017年茂名股份公司主要预算指标

单位:万元

| 项目 | 一季度 | 二季度 | 三季度 | 四季度 |
|---|---|---|---|---|
| 销售现金收入 | 5 700 | 5 800 | 6 500 | 7 000 |
| 直接材料 | 3 600 | 3 700 | 3 850 | 4 000 |
| 直接人工 | 700 | 800 | 950 | 1 050 |
| 制造费用 | 440 | 450 | 480 | 500 |
| 销售及管理费用 | 300 | 310 | 330 | 350 |

其他预算指标如下:

(1)公司每季度预算缴纳所得税180万元,第一季度股利支付300万元,第四季度支付股利800万元。

(2)为保证生产经营正常进行,各期期末需有900万元余额的最低现金储备,2017年初现金余额预计为850万元。

(3)公司计划在2017年第二季度初进行纺织机械设备的更新与购买,为此需投入资金1 200万元,不足资金可通过银行借款解决,当现金充裕时偿还,预计第三季末还款500万元,余下部分年底偿还,银行借款利率为8%。

假定公司不存在应收应付账款。请根据案例提供的相关资料,为茂名股份公司编制2017年度现金预算及预计利润表。

3.成功股份有限公司2017年的现金预算简表如下(假定企业没有其他现金收支业务,也没有其他负债):

单位:万元

| 项目 | 第一季度 | 第二季度 | 第三季度 | 第四季度 |
|---|---|---|---|---|
| 期初现金余额 | 150 | | | |
| 本期经营性现金收入 | 5 000 | 5 200 | E | 4 500 |
| 本期经营性现金支出 | A | 5 350 | 6 000 | 4 000 |
| 现金余缺 | 650 | C | (650) | G |
| 取得短期借款 | | 100 | 900 | |
| 归还借款 | 450 | | | H |
| 期末现金余额 | B | D | F | 200 |

要求:根据表中资料填写表中字母表示的部分。

4.某公司生产和销售甲产品,6月份现金收支的预计资料如下:

(1)6月1日的现金余额为520 000元。

(2)产品售价117元/件,4月份销售10 000件,5月份销售12 000件,6月预计销售15 000件,7月预计销售20 000件。根据经验,商品售出后当月可收回货款的40%,次月收回30%,再次月收回25%,另外5%为坏账。

(3)材料采购单价为2.34元/千克,产品消耗定额为5千克;材料采购货款当月支付70%,下月支付30%。编制预算时月底产成品存货为次月销售量的10%。5月底的实际产成品存货为1 200件,应付账款余额为30 000元。5月底的材料库存量为2 000千克,预计6月末的材料库存量为1 500千克。

(4)6月份需要支付的直接人工工资为650 000元,管理人员工资280 000元,其中有60 000元是生产管理人员工资;需要支付其他的管理费用45 000元、制造费用12 000元;需要支付销售费用64 000元。

(5)支付流转税120 000元。

(6)预计6月份将购置设备一台,支出650 000元,须当月付款。

(7)预交所得税20 000元。

(8)现金不足时可以从银行借入,借款额为10 000元的倍数,利息在还款时支付。期末现金余额不少于500 000元。

**要求:**

(1)预计6月份的生产量;

(2)预计6月份材料需用量和材料采购量;

(3)预计6月份的采购金额;

(4)预计6月份的采购现金支出;

(5)预计6月份的经营现金收入;

(6)编制6月份的现金预算,填写下表:

6月份现金预算　　　　　　　　　　　　　　　　　　　　单位:元

| 项　目 | 金　额 |
|---|---|
| 期初现金余额 | |
| 经营现金收入 | |
| 可运用现金合计 | |
| 经营现金支出 | |
| 采购现金支出 | |
| 支付直接人工 | |
| 支付制造费用 | |
| 支付销售费用 | |
| 支付管理费用 | |
| 支付流转税 | |
| 预交所得税 | |
| 资本性现金支出 | |
| 购置固定资产 | |
| 现金支出合计 | |
| 现金余缺 | |
| 借入银行借款 | |
| 期末现金余额 | |

# 单元二　筹资管理

**知识目标**
- 掌握企业筹资的渠道和方式
- 掌握企业资金需要量预测方法
- 掌握不同筹资方式的资本成本的计算
- 掌握最佳资本结构的决策方法

**能力目标**
- 能对企业资金需要量准确预测
- 能够确定不同筹资方式的资本成本
- 能够为企业进行最佳资本结构决策
- 学会运用杠杆效应进行风险判别

**单元描述**

筹资就是企业从自身生产经营现状及资金运动情况出发,根据企业未来经营策略与发展需要,经过科学的预测和决策,通过一定渠道,采用一定的方式,向企业的投资者及债权人筹集资组织资金供应,以保证企业客观需要的一项理财活动。能否准确估算投资规模、正确选择筹资渠道、测算筹资成本,对于一个企业的成长起着极为关键的作用。资金筹集既是企业生产活动的前提,又是企业再生产顺利进行的保证。筹资为投资提供了基础和前提,没有资金筹集,就无法进行资金投放。从一定意义上来讲,筹资的数量和结构直接影响企业效益的好坏,进而影响企业收益分配。因此,筹资在财务管理中处于极其重要的地位。

## 任务三　筹资方式管理

2-3

**【任务布置】**

艾特力公司 2016 年销售收入为 20 000 万元,2016 年 12 月 31 日的资产负债表(简表)如表 3-1 所示。

表 3-1　艾特力公司资产负债表(简表)　　　　　　　　　　单位:万元

| 资产 | 期末余额 | 负债及所有者权益 | 期末余额 |
|---|---|---|---|
| 货币资金 | 1 000 | 应付账款 | 1 000 |
| 应收账款 | 3 000 | 应付票据 | 2 000 |
| 存货 | 6 000 | 长期借款 | 9 000 |
| 固定资产 | 7 000 | 实收资本 | 4 000 |
| 无形资产 | 1 000 | 留存收益 | 2 000 |
| 资产总计 | 18 000 | 负债与所有者权益合计 | 18 000 |

该公司 2017 年计划销售收入比上年增长 20%,为实现这一目标,公司需新增设备一台,需要 320 万元资金。据历年财务数据分析,公司流动资产与流动负债随销售额同比率增减。假定该公司 2017 年的销售净利率可达到 10%,净利润的 60% 分配给投资者。

**要求:**
(1)计算 2017 年流动资产增加额;
(2)计算 2017 年流动负债增加额;
(3)计算流动资产销售百分比、流动负债销售百分比和 2017 年公司需增加的营运资金;
(4)计算 2017 年增加的留存收益;
(5)预测 2017 年需要对外筹资的资金量。

**【知识准备】**

## 3.1　筹资的认知

企业筹资是指企业根据其生产经营、对外投资和调整资本结构的需要,通过筹资渠道,运用筹资方式,筹措所需资金的财务活动。企业筹资决策涉及筹资渠道与方式、筹资数量、筹资时机、筹资结构、筹资风险、筹资成本等。

### 3.1.1　创建企业

资金是企业进行生产经营活动的基本条件,只有具备一定的资金才能创建企业。比如按照我国《公司法》规定,建立有限责任公司时,应当遵守相应的法律法规的规定。因此,对于公司制的企业,只有筹集到必备的资金,并取得会计师事务所的验资证明后,才能到工商管理部门办理注册登记,开展正常的经营活动。

### 3.1.2　企业扩张

企业扩张表现为扩大生产经营规模或追加对外投资,这些都是以资金的不断投放作为保证的。一方面,具有良好发展前景、处于成长期的企业往往需要筹措大量资金,用于扩大生产经营规模、更新设备和改造技术,以利于提高产品的产量和质量,满足不断扩大的市场需要;另一方面,企业为了获得更高的对外投资效益,也需要筹集资金,用于扩大对外投资规模,开拓有发展前途的对外投资领域。

### 3.1.3　偿还债务

企业为了获得财务杠杆收益或自有资金不足时,往往利用负债进行经营。但负债都有一定的期限,到期必须偿还,如果企业现有支付能力不足以清偿到期债务,那么企业必须另外筹集资金来满足偿还债务的需要,这通常是企业在财务状况恶化的情况下被迫采取的措施。

### 3.1.4 调整资本结构

当企业的资本结构不合理时,可以通过不同的筹资方式、不同的渠道筹集资金来进行调整,使之趋之合理。

## 3.2 筹资的渠道与方式

### 3.2.1 企业筹资渠道

我国企业的筹资渠道主要有以下几种:

①政府财政资本。政府财政资本历来是国有企业筹资的主要来源,政策性很强,通常只有国有企业才能利用。

②银行信贷资本。银行信贷资本是各类企业筹资的重要来源。我国银行分为商业性银行和政策性银行两种。

③其他金融机构资金。其他金融机构也可以为企业提供一定的资金来源,其他金融机构主要指信托投资公司、保险公司、金融租赁公司、证券公司、财务公司等。

④其他企业资金。企业在生产经营过程中,往往形成部分暂时闲置的资金,并为一定的目的而进行相互投资。另外,企业间的购销业务可以通过商业信用方式来完成,从而形成企业间的债权债务关系,形成债务人对债权人的短期信用资金占用。企业间的相互投资和商业信用的存在,使其他企业资金也成为企业资金的重要来源。

⑤民间资本。我国企业和事业单位的职工和广大城乡居民持有大笔的货币资本,可以对一些企业直接进行投资,为企业筹资提供资本来源。

⑥企业内部资本。企业内部资本,又称企业自留资金,是指企业内部形成的资金,主要包括提取公积金和未分配利润等。

### 3.2.2 企业筹资方式

一般而言,企业筹资方式有以下七种:

(1)吸收直接投资

吸收直接投资(以下简称吸收投资)是指企业以协议等形式吸收国家、其他法人单位、个人等直接投入资金,形成企业资本金的一种筹资方式。吸收投资是非股份制企业筹集权益资本的一种基本方式。

(2)发行股票

股票是股份有限公司为筹集权益资本而发行的有价证券,是持股人在公司投资股份数额的凭证,它代表持股人在公司拥有的所有权。发行股票是股份有限公司筹措权益资本的一种主要方式。

(3)借款

借款是指企业根据借款合同向银行或非银行金融机构借入的、按规定期限还本付息的款项。借款是企业筹集长、短期借入资金的主要方式。

(4)发行公司债券

债券是企业为筹措资金而发行的、约定在一定期限向债权人还本付息的有价证券。发行债券是企业负债筹资的一种重要方式。

### (5) 商业信用

商业信用是指企业之间在商品交易中因延期付款或预收货款而形成的借贷关系,是企业之间的直接信用行为。商业信用是企业之间融通短期资金的一种主要方式。

### (6) 租赁

租赁筹资是企业按照租赁合同租入资产从而筹集资本的特殊筹资方式。各类企业都可以采用租赁筹资方式,租入所需资产,并形成企业的债权资本。

### (7) 留存收益

留存收益,是指企业按规定从税后利润中提取的盈余公积、根据投资人意愿和企业具体情况留存的应分配给投资者的未分配利润。利用留存收益筹资是指企业将留存收益转化为投资的过程,它是企业筹集权益性资本的一种重要方式。

## 3.3 资金需要量预测

### 3.3.1 因素分析法

因素分析法适用于品种繁多、规格复杂、资金用量小的项目。

资金需要量=(基期资金平均占用额-不合理资金占用额)×(1±预测期销售增减额)×(1±预测期资金周转速度变动率)

成功公司上年度资金平均占用额为 2 200 万元,经分析,其中不合理部分 200 万元,预计本年度销售增长 5%,资金周转加速 2%。则:

预测年度资金需要量=(2 200-200)×(1+5%)×(1+2%)=2 142(万元)

### 3.3.2 销售百分比法

对外界资金的需求量=(资产销售百分比-负债销售百分比)×销售增加额-销售净利率×留存比率×报告期销售收入

成功公司 2016 年 12 月 31 日的资产负债表如表 3-2 所示。

表 3-2 成功公司简要资产负债表(单位:元)　　　　2016 年 12 月 31 日

| 资产 | | 负债及所有者权益 | |
| --- | --- | --- | --- |
| 现金 | 50 000 | 应付费用 | 50 000 |
| 应收账款 | 150 000 | 应收账款 | 100 000 |
| 存货 | 300 000 | 短期借款 | 250 000 |
| 固定资产净值 | 300 000 | 长期借款 | 100 000 |
| | | 实收资本 | 200 000 |
| | | 留存收益 | 100 000 |
| 资产合计 | 800 000 | 负债与所有者权益合计 | 800 000 |

该公司 2016 年销售收入为 1 000 000 元,目前尚有剩余生产能力,即增加收入不需要进行固定资产方面的投资。假定销售净利率为 10%,如果 2017 年销售收入提高到 1 200 000 元,收益留存比例为 40%,预测 2017 年需要对外筹集的资金数额。

对外界资金的需求量=[(50 000+150 000+300 000)÷1 000 000-(50 000+100 000)÷1 000 000]×200 000-40%×10%×1 200 000=22 000(元)

### 3.3.3 资金习性法

回归直线方程表达式为：

$$y = a + bx$$

成功公司历年现金占用与销售额之间的关系如表 3-3 所示。

表 3-3　现金与销售额变化情况表　　　　　　　　　　　　　　单位：元

| 年　度 | 销售收入($x_i$) | 现金占用($y_i$) |
|---|---|---|
| 20×1 年 | 2 000 000 | 110 000 |
| 20×2 年 | 2 400 000 | 130 000 |
| 20×3 年 | 2 600 000 | 140 000 |
| 20×4 年 | 2 800 000 | 150 000 |
| 20×5 年 | 3 000 000 | 160 000 |

采用高低点法求 $a$ 和 $b$ 的值。

$$b = \frac{\text{最高收入期的资金占用量} - \text{最低收入期的资金占用量}}{\text{最高销售收入} - \text{最低销售收入}} = \frac{160\,000 - 110\,000}{3\,000\,000 - 2\,000\,000} = 0.05$$

$a = 160\,000 - 0.05 \times 3\,000\,000 = 10\,000(元)$

资金需要量预测如表 3-4 所示。

表 3-4　资金需要量预测表（分享预测）　　　　　　　　　　　单位：元

| 项　目 | 年度不变资金($a$) | 每1元销售收入所需变动资金($b$) |
|---|---|---|
| 流动资产 | | |
| 　货币资金 | 10 000 | 0.05 |
| 　应收账款 | 60 000 | 0.14 |
| 　存货 | 100 000 | 0.22 |
| 　小计 | 170 000 | 0.41 |
| 减：流动负债 | | |
| 　应付账款及应付费用 | 80 000 | 0.11 |
| 　净资金占用 | 90 000 | 0.30 |
| 固定资产 | | |
| 　厂房、设备 | 510 000 | 0 |
| 所需资金合计 | 600 000 | 0.30 |

预测模型为：$Y = 600\,000 + 0.30X$

如果 20×6 年的预计销售额为 3 500 000 元，则：

20×6 年的资金需要量 $= 600\,000 + 0.30 \times 3\,500\,000 = 1\,650\,000(元)$

**【任务实施】**

(1) 2017 年流动资产增加额 $=(1\,000 + 3\,000 + 6\,000) \times 20\% = 2\,000(万元)$

(2) 2017 年流动负债增加额 $=(1\,000 + 2\,000) \times 20\% = 600(万元)$

(3) 流动资产销售百分比 $=(1\,000 + 3\,000 + 6\,000)/20\,000 = 50\%$

　　流动负债销售百分比 $=(1\,000 + 2\,000)/20\,000 = 15\%$

　　2017 年公司需增加的营运资金 $=(50\% - 15\%) \times 20\,000 \times 20\% = 1\,400(万元)$

(4)2017年增加的留存收益=10%×(1-60%)×20 000×(1+20%)=960(万元)

(5)2017年需要对外筹集的资金量=1 400+320-960=760(万元)

## 拓展案例

### 中国移动(香港)公司的筹资案例

在2003年中央电视台的一期对话节目中,应邀嘉宾中国移动(香港)公司董事长兼总经理王晓初曾说,中国移动(香港)公司自成立以来,每年都采取了大规模的融资计划,利用多种多样的融资方式,为公司的业务发展和资本运作提供了充足的资金来源。

中国移动(香港)公司是中国移动通信集团下属的全资子公司,1997年成立,注册地为香港。在1997年10月,中国移动(香港)公司在香港和纽约上市,融资42.2亿美元;在1999年11月,公司增发新股,又融资20亿美元。

2000年11月,中国移动(香港)公司在中国香港、纽约增发新股并发行可转换债券,筹集资金75.6亿美元。2001年,中国移动(香港)公司通过其全资内地子公司中国移动(广东)公司发行50亿元人民币的10年期的浮动利率公司债券,创下了当时企业债券发行的规模新纪录。董事会认为,本期债券的发行,能使中国移动(香港)公司拓宽融资渠道及投资者基础,有助于优化融资结构,降低资金成本及规避风险。

2002年,中国移动(香港)公司又通过其全资子公司中国移动(广东)公司发行80亿元人民币、期限分别为5年和15年的公司债券,在短短不到3个月内,中国移动(香港)公司就顺利完成了从债券发行到上市的过程,并受到投资者追捧。此次80亿元的中国移动债券是国内最大规模的一次发债行动,它具有双重担保,中国移动(香港)公司担保发行人广东移动,中国移动集团公司再担保中国移动(香港)公司,这种方式在国内尚不多见。

值得我们深思的是,中国移动(香港)公司成功运用了哪些筹资方式?其灵活运用各种筹资方式的意义何在?

(资料来源:http://wenku.baidu.com/link?url=FGI5Torh5N8TTRWr.)

## 任务四　筹资结构决策

**【任务布置】**

丰茂公司年初资金结构如下:债券400万元,优先股200万元,普通股800万元,留存收益600万元,其中:长期债券利息率为9%,优先股股息率为10%,普通股每股市价为20元,第一年每股股利支出2.5元,股利年增长率为5%,所得税税率为25%。

要求:

(1)计算该公司年初综合资金成本。

(2)若该公司拟增资 500 万元,现有甲、乙两个方案可供选择。

甲方案:增发长期债券 300 万元,债券年利息率为 10%,增发普通股 200 万元,由于企业债务增加,财务风险加大,企业普通股预计每股股利为 3 元,以后每年增长 6%,普通股市价将跌至每股 18 元。

乙方案:增发长期债券 200 万元,债券年利息率为 10%,增发普通股 300 万元,预计每股股利为 3 元,以后每年增长 6%,普通股市价升至每股 24 元。

分别计算甲、乙两个方案的资金综合成本,并确定最优资本结构。

【知识准备】

## 4.1 资本成本

资本成本是指企业为筹集和使用资本而付出的代价,包括筹资费用和占用费用。资本成本是资本所有权与资本使用权分离的结果。对出资者而言,由于让渡了资本使用权,必须要求取得一定的补偿,资本成本表现为让渡资本使用权所带来的投资报酬。对筹资者而言,由于取得了资本使用权,必须支付一定代价,资本成本表现为取得资本使用权所付出的代价。

### 4.1.1 个别资本成本的计算

个别资本成本是指单一融资方式的资本成本,包括银行借款资本成本、公司债券资本成本、融资租赁资本成本、普通股资本成本和留存收益成本等。

资本成本通常不考虑时间价值,其一般通用模型计算用相对数即资本成本率表达。

资本成本计算的一般模式:

$$资本成本 = \frac{年用资费用}{筹资总额 \times (1-筹资费率)} \times 100\%$$

(1)银行借款资本成本

$$银行借款资本成本 = \frac{年利率 \times (1-所得税税率)}{1-筹资费率}$$

成功公司取得五年期借款 1 000 万元,年利率 10%,每年末付息一次,到期一次还本。已知企业所得税税率为 25%,筹资费用率为 0.5%,则该项银行借款的资本成本为:

$$银行借款资本成本 = \frac{10\% \times (1-25\%)}{1-0.5\%} \times 100\% = 7.54\%$$

(2)债券资本成本

$$债券资本成本 = \frac{债券年利息 \times (1-所得税税率)}{筹资总额 \times (1-筹资费率)} \times 100\%$$

成功公司发行 5 年期的债券,票面面值为 100 万元,票面年利率为 10%,每年付一次利息,到期还本。发行价为 150 万元,发行费用率为 5%,所得税税率为 25%,则该笔债券资本成本为:

$$债券资本成本 = \frac{100 \times 10\% \times (1-25\%)}{150 \times (1-5\%)} \times 100\% = 5.26\%$$

(3)优先股资本成本

$$优先股资本成本 = \frac{优先股每年的股利}{发行优先股总额 \times (1-筹资费率)} \times 100\%$$

(4) 普通股资本成本

① 固定股利增长率模型法。

$$普通股资本成本率 = \frac{预计第一年普通股股利}{普通股发行价格 \times (1-筹资费用率)} \times 100\% + 股利年增长率$$

成功公司准备发行普通股,面值发行,发行价格为 5 000 万元,预计第一年年末支付 10% 的股利,筹资费用率为 2%,预计未来股利增长率为 4%,其资本成本应为:

$$普通股资本成本 = \frac{5\,000 \times 10\%}{5\,000 \times (1-2\%)} \times 100\% + 4\% = 14.2\%$$

② 资本资产定价模型法。假定无风险利率为 $R_f$,市场平均报酬率为 $R_m$,某股票系统风险系数为 $\beta$,则普通股资本成本率为:

$$K = R_f + \beta \times (R_m - R_f)$$

成功公司普通股 $\beta$ 系数为 1.5,此时一年期国债利率为 5%,市场平均报酬率为 15%,则该普通股资本成本为:

普通股资本成本 $= 5\% + 1.5 \times (15\% - 5\%) = 20\%$

(5) 留存收益资本成本

$$留存收益资本成本率 = \frac{普通股股利}{留存收益总额} \times 100\% + 股利年增长率$$

成功公司留存收益资本为 850 万元,普通股股利率 10%。其留存收益资本成本为:

$$留存收益资本成本 = \frac{850 \times 10\%}{850} \times 100\% + 4\% = 14\%$$

#### 4.1.2 加权平均资本成本

加权平均资本成本是以各种资金所占的比重为权数,对各种资本成本进行加权平均计算出来的总资本成本率。其计算公式为:

$$加权平均资本成本 = \sum 个别资本成本 \times 资金所占比重$$

成功公司采用多种筹资方式,共筹资 7 000 万元,有关资料见表 4-1。计算加权平均资本成本。

表 4-1 加权平均资本成本计算表

| 筹资方式 | 筹资总额 | 所占比重(%) | 资本成本(%) |
|---|---|---|---|
| 银行借款 | 1 000 | 14.29 | 7.54 |
| 长期债券 | 150 | 2.14 | 5.26 |
| 普通股 | 5 000 | 71.43 | 14.20 |
| 留存收益 | 850 | 12.14 | 14 |
| 合 计 | 7 000 | 100 | |

加权平均资本成本 $= 14.29\% \times 7.54\% + 2.14\% \times 5.26\% + 71.43\% \times 14.20\% + 12.14\% \times 14\% = 13.03\%$

#### 4.1.3 边际资本成本

边际资本成本是指企业追加筹资时,资金增加一个单位而增加的成本。边际资本成本是企业追加筹资的决策依据。

实际工作中，企业无法以某一个固定的资本成本来筹措无限的资金，当企业筹集的资金超过一定限度时，原来的资本成本就会增加。确定不同追加筹资总额范围的关键是确定筹资突破点。其计算公式为：

$$筹资突破点=\frac{某种筹资方式的筹资限额}{该种方式追加的资金占全部追加的比重}$$

## 4.2 杠杆效应

杠杆效应是由于特定费用（如固定生产成本或固定的财务费用）的存在，而导致当某一财务变量以较少的幅度变动时另一相关变量会以较大幅度变动。财务管理中的杠杆效应形式有三种：经营杠杆、财务杠杆和复合杠杆。

### 4.2.1 杠杆基础

(1) 成本习性

成本习性是指成本总额与业务量之间在数量上的依存关系。成本按习性分类可分成固定成本、变动成本和混合成本。

固定成本是指其总额在一定时期和一定业务量范围内不随业务量的变化而发生变动的那部分成本，如直线法计提的折旧费、管理人员工资等。变动成本是指其总额在一定时期和一定业务量范围内随业务量成正比例变动的那部分成本，如直接材料、直接人工等。混合成本是随业务量的变动而变动，但不成正比例变动的成本，它又可以分解成固定部分和变动部分。

因此，总成本习性模型为：$y=a+bx$

(2) 边际贡献

边际贡献是指销售收入减去变动成本后的余额。

其计算公式为：$M=px-bx=(p-b)x=mx$

式中：$M$ 为边际贡献总额；$p$ 为单价；$b$ 为单位变动成本；$m$ 为单位边际贡献。

(3) 息税前利润

息税前利润（简称 $EBIT$）是指支付利息和缴纳所得税前的利润。

其计算公式为：$EBIT=px-bx-a=(p-b)x-a=M-a$

或者：$EBIT=$ 利润总额 $+$ 利息费用

### 4.2.2 经营杠杆

(1) 经营杠杆效应

经营杠杆效应是指由于固定成本的存在，息税前利润变动率大于业务量变动率的现象。经营杠杆效应的大小可以用经营杠杆系数（$DOL$）来表示，它是企业息税前利润的变动率与产销量变动率的比率。

计算公式：

经营杠杆系数（$DOL$）$=$ 息税前利润的变动率/产销量的变动率

或 $=$ 基期边际贡献/基期息税前利润

成功公司 2016 年销售量为 10 000 件，单位售价为 50 元，单位变动成本为 35 元，固定成本为 100 000 元，息税前利润为 30 000 元，预计 2017 年度的销售量为 13 000 件。要求计算经营杠杆系数。

$$DOL = \frac{150\,000}{150\,000 - 100\,000} = 3$$

从以上计算结果可知,销售收入每增长1%,其息税前利润将增长1%×3=3%。该企业2017年度销售收入增长30%,则其息税前利润将增长90%。

(2)经营杠杆与经营风险

经营风险是指企业由于生产经营上的原因而导致的息税前利润波动的风险。引起企业经营风险的主要原因包括市场需求、产品售价、产品成本等因素。一般来说,在其他条件相同的情况下,经营性固定成本越大,经营杠杆系数越高,息税前利润变动越激烈,经营风险就越高。如果经营性固定成本为零,则经营杠杆系数为1,息税前利润变动率将等于产销量变动率,企业就没有经营风险。

### 4.2.3 财务杠杆

(1)财务杠杆效应

财务杠杆效应是指由于固定性财务费用的存在,而导致普通股股东权益变动大于息税前利润变动的杠杆效应。财务杠杆效应的大小用财务杠杆系数(DFL)来度量,它是普通股每股收益(EPS)的变动率与息税前利润变动率的比率。

计算公式:

财务杠杆系数(DFL)＝普通股每股收益的变动率/息税前利润的变动率

或　　　　　　　　　＝基期息税前利润/(基期息税前利润－利息)

成功公司计划年度预测需要资金300 000元。现有两种融资方案可供选择,方案甲:30 000股普通股,每股面值10元;方案乙:30%采用负债筹资,利率8%,70%采用权益筹资,每股面值为10元。若2016年度息税前利润为50 000元,所得税税率25%,预计2017年度息税前利润同比增长20%。计算财务杠杆系数。

甲方案:$DFL = \frac{50\,000}{50\,000 - 0} = 1$

乙方案:$DFL = \frac{50\,000}{50\,000 - 7\,200} \approx 1.17$

案例中两种方案的资金总额均相同,基期息税前利润相等,报告期息税前利润增长幅度也相同,只是各种来源的资金占资金总额的比重不同。甲方案筹资方式是权益性筹资,当息税前利润增长20%时,其每股收益也增长20%,其财务杠杆系数等于1;乙方案筹资方式是负债性筹资,当息税前利润增长20%时,其每股收益增长幅度为26.41%,超过了息税前利润增长的幅度。

(2)财务杠杆与财务风险

财务风险是指企业由于筹资原因产生的资本负担而导致的普通股每股收益波动的风险。引起财务风险的主要原因是息税前利润的不利变化和资本负担的固定成本。因此,在资金总额、息税前利润相同的情况下,负债比率越高,财务杠杆系数越大,普通股每股收益波动幅度越大,财务风险就越大;反之,负债比率越低,财务杠杆系数越小,普通股每股收益波动幅度越小,财务风险就越小;如果负债比率为零,则财务杠杆系数为1,息税前利润变动率将等于普通股每股收益变动率,企业就没有财务风险。

### 4.2.4 复合杠杆与复合风险

(1)复合杠杆效应

复合杠杆又称总杠杆,是由经营杠杆和财务杠杆共同作用形成的总杠杆。复合杠杆效应是由于固定成本和固定财务费用的共同存在而导致的每股收益变动率大于产销业务量变动率的杠杆效应。复合杠杆效益的大小用复合杠杆系数(DCL)来衡量,它是经营杠杆与财务杠杆的乘积,是指每股收益变动率与产销业务量变动率的比率。

成功公司假设其成本结构及成本行为不变,企业选择融资方案乙,即30%采用债务融资。计算复合杠杆系数。

$$DCL=DOL\times DFL=3\times 1.17=3.5$$

(2)复合杠杆与复合风险

复合风险是由于复合杠杆作用使每股收益大幅度波动而造成的风险。复合杠杆系数反映了经营杠杆和财务杠杆之间的关系,企业复合杠杆系数越大,复合风险越大;复合杠杆系数越小,复合风险越小。

## 4.3 资本结构

资本结构是指企业资本总额中各种筹资方式的资金构成及其比例关系,它是企业筹资决策中的关键问题。企业在进行筹资决策时,要综合考虑有关因素的影响,运用适当的方法确定最佳资本结构,并在以后追加筹资中继续保持该资本结构。如果企业现有资本结构不合理,应通过筹资活动优化调整,使其趋于科学合理。

资本结构有广义和狭义之分。广义的资本结构是指包括全部债务与股东权益的构成比率;狭义的资本结构是指只包括长期债务与股东权益的构成比率。本教材所指的资本结构仅指狭义的资本结构。

企业的资本结构是由企业采用的各种筹资方式筹集资金而形成的,各种筹集方式的不同组合决定企业的资本结构及其变化。企业的筹资方式主要分为债务资本和权益资本两大类。企业利用债务资本进行举债经营具有双重作用,既可以发挥财务杠杆作用,也可能带来财务风险。因此企业必须权衡财务风险和资本成本的关系,确定最优的资本结构。所谓最优的资本结构,是指在一定条件下使企业平均资本成本率最低、企业价值最大的资本结构。

影响资本结构的因素主要有:企业的财务状况;企业资产结构;企业投资人和管理当局的态度;企业信用等级与债权人的态度;行业特征和企业发展周期;税务政策和货币政策等。

最佳资本结构的确定方法有以下两种:

(1)每股收益无差别点分析法

每股收益无差别点分析法,是利用每股收益无差别点来进行资本结构决策的方法。

计算公式如下:

$$\frac{(\overline{EBIT}-I_1)(1-T)}{N_1}=\frac{(\overline{EBIT}-I_2)(1-T)}{N_2}$$

式中:$\overline{EBIT}$——每股收益无差别点处的息税前利润;

$I_n$——两种筹资方式下的年利息;

$N_n$——两种筹资方式下的流通在外的普通股股数；

$T$——所得税税率。

每股收益无差别点分析法决策依据：进行每股收益分析时，当预计息税前利润大于每股无差别点息税前利润时，运用负债筹资可获得较高的每股收益；反之，运用权益筹资可获得较高的每股收益。

该方法只考虑了资本结构对每股收益的影响，并假定每股收益最大，股票价格也最高。但把资本结构对风险的影响置于视野之外，是不够全面的。该方法适用于资本规模不大、资本结构不太复杂的股份有限公司。

成功公司目前资金总额4 000万元，因扩大生产规模需要追加筹集资金1 000万元。有两种筹资方案：甲方案采用发行股票的方式筹集，每股发行价为25元，每股溢价15元；乙方案采用发行债券方式筹集。根据财务人员分析，追加筹资后息税前利润可望达到600万元。要求：运用每股收益无差别点分析法确定最优的资本结构。

表4-2 资本结构变化情况表　　　　　　　　　　　　　　　　　　　　单位：万元

| 筹资方式 | 原资本结构 | 追加筹资后资本结构 | |
|---|---|---|---|
| | | 发行普通股(甲) | 发行债券(乙) |
| 企业债券(利率8%) | 1 000 | 1 000 | 2 000 |
| 普通股(面值10元) | 800 | 1 200 | 800 |
| 资本公积 | 1 200 | 1 800 | 1 200 |
| 留存收益 | 1 000 | 1 000 | 1 000 |
| 资金总额 | 4 000 | 5 000 | 5 000 |
| 普通股股数 | 80 | 120 | 80 |

表4-3 追加筹资后的每股收益　　　　　　　　　　　　　　　　　　　单位：万元

| 项　目 | 发行普通股(甲) | 发行债券(乙) |
|---|---|---|
| 预计息税前利润 | 600 | 600 |
| 减：利息 | 80 | 160 |
| 税前利润 | 520 | 440 |
| 减：所得税(25%) | 130 | 110 |
| 净利润 | 390 | 330 |
| 普通股股数(万股) | 120 | 80 |
| 每股收益(元) | 3.25 | 4.125 |

**解**：将公司的上述数据(见表4-2和表4-3)，代入无差别点公式：

$$\frac{(\overline{EBIT}-80)(1-25\%)}{120}=\frac{(\overline{EBIT}-160)(1-25\%)}{80}$$

求得：$\overline{EBIT}=320$(万元)　　$EPS=1.5$(元/股)

从计算结果得知，追加筹资后预计息税前利润600万元大于无差别点息税前利润320万元，因此，选择乙方案筹资有利，能获得每股收益4.125元/股。

上述每股收益无差别点分析可用图解法描绘，如图4-1所示。

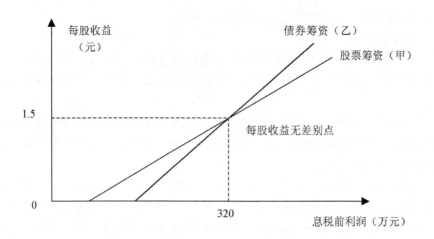

图 4-1 每股收益无差别点分析

(2) 比较资本成本法

比较资本成本法是计算不同筹资组合方案的加权平均资本成本,选择加权平均资本成本最低的方案。该方法一般适用于资本规模较小、资本结构较为简单的非股份制企业。

成功公司需要筹资 1 000 万元,可采用以下两种方式筹集,其个别资金成本已分别确定,有甲、乙两个筹资方案可供选择,有关资料见表 4-4。

表 4-4  资本成本与资本结构数据表

| 资本来源 | 甲方案 | | 乙方案 | |
|---|---|---|---|---|
| | 筹资额(万元) | 资本成本率(%) | 资金额(万元) | 资本成本年率(%) |
| 长期借款 | 100 | 6 | 150 | 7 |
| 长期债券 | 300 | 9 | 200 | 8 |
| 普通股 | 600 | 15 | 650 | 17 |
| 合 计 | 1 000 | | 1 000 | |

要求:分别测算两个筹资方案的加权平均资本成本率,并比较其高低,从而确定最佳筹资方案亦即最佳资本结构。

解:
甲方案:

加权平均资本成本率 $= 6\% \times \dfrac{100}{1\,000} + 9\% \times \dfrac{300}{1\,000} + 15\% \times \dfrac{600}{1\,000} = 12.3\%$

乙方案:

加权平均资本成本率 $= 7\% \times \dfrac{150}{1\,000} + 8\% \times \dfrac{200}{1\,000} + 17\% \times \dfrac{650}{1\,000} = 13.7\%$

从以上两个方案的计算结果比较,甲方案加权平均资本成本较低,在其他有关因素相同的条件下,应选择甲方案。

**【任务实施】**

1. 该公司年初综合资金成本

$$=9\% \times (1-25\%) \times \frac{400}{2\,000} + 10\% \times \frac{200}{2\,000} + \left(\frac{2.5}{20} + 5\%\right) \times \frac{600+800}{2\,000} = 14.6\%$$

2. 甲方案综合资金成本

$$=9\% \times (1-25\%) \times \frac{400}{2\,500} + 10\% \times (1-25\%) \times \frac{300}{2\,500} + 10\% \times \frac{200}{2\,500} + \left(\frac{3}{18} + 6\%\right) \times \frac{800+200}{2\,500} + \left(\frac{3}{18} + 6\%\right) \times \frac{600}{2\,500} = 17.29\%$$

乙方案综合资金成本

$$=9\% \times (1-25\%) \times \frac{400}{2\,500} + 10\% \times (1-25\%) \times \frac{200}{2\,500} + 10\% \times \frac{200}{2\,500} + \left(\frac{3}{24} + 6\%\right) \times \frac{800+300}{2\,500} + \left(\frac{3}{24} + 6\%\right) \times \frac{600}{2\,500} = 15.06\%$$

由于甲方案综合资金成本 17.29% 高于乙方案综合资金成本 15.06%,因此应选择乙方案筹资。

**拓展案例**

## 耐克公司资本成本案例

1997 年以来,耐克公司总收入上升并稳定于 90 亿美元左右,而净收入从 8 亿美元左右下跌到 5.8 亿美元左右。耐克在美国运动鞋市场的市场份额从 1997 年的 48% 下降到 2000 年的 42%。2001 年 6 月 28 日,耐克公司发布 2001 财政年度业绩(耐克的财务年度结束于每年 5 月份)。借此次会议,公司管理层希望沟通重振公司的战略。

会上,管理层公布了致力于既首先要关注增长,同时也注重经营成效的计划。为了提高收入,公司将在中等价位产品类别内(这一类别的运动鞋每双售价为 70~90 美元)开发更多的运动鞋产品,同时计划推动它的服装产品部门。在成本方面,耐克公司将在费用控制上作出更大努力。最后,公司总裁重申了其收入增长 8%~10%,利润增长 15% 以上的长远目标。

NorthPoint 集团(实际是一家基金管理公司)的证券投资经理 Kimi Ford,正在考虑为她管理的 NorthPoint 大资本基金公司购买一些耐克的股份。而不同的分析人员所提供的报告,给了她完全相反的建议。雷曼兄弟公司的一份分析报告建议"强力买入",而瑞银华宝及瑞士信贷的分析人员则表达了对耐克公司的忧虑并建议"观望"。

于是,Ford 请她的新助理 Cohen 帮助估计耐克公司的资本成本。Cohen 立即收集了她认为可能需要的所有资料并开始分析工作,最后得出耐克公司的资本成本为 8.3% 的结论。那么资本成本对企业有什么重要意义呢?

(资料来源:http://wenku.baidu.com/link? url.)

## 单元小结

- 企业筹资是指企业根据其生产经营、对外投资和调整资本结构的需要,通过筹资渠道,运用筹资方式,筹措所需资金的财务活动。
- 企业筹资决策涉及筹资渠道与方式、筹资数量、筹资时机、筹资结构、筹资风险、筹资成本等。
- 我国企业的筹资渠道主要有以下几种:政府财政资本、银行信贷资本、其他金融机构资金、其他企业资金、民间资本、企业内部资本。
- 企业筹资方式有以下七种:吸收直接投资、发行股票、借款、发行公司债券、商业信用、租赁、留存收益。
- 资本成本是指企业为筹集和使用资本而付出的代价,包括筹资费用和占用费用。
- 杠杆效应是由于特定费用的存在而导致当某一财务变量以较少的幅度变动时另一相关变量会以较大幅度变动。财务管理中的杠杆效应形式有三种:经营杠杆、财务杠杆和复合杠杆。
- 资本结构是指企业资本总额中各种筹资方式的资金构成及其比例关系,它是企业筹资决策中的关键问题。资本结构有广义和狭义之分。广义的资本结构是指包括全部债务与股东权益的构成比率;狭义的资本结构是指只包括长期债务与股东权益的构成比率。
- 企业的资本结构是由企业采用的各种筹资方式筹集资金而形成的,各种筹集方式的不同组合决定企业的资本结构及其变化。企业必须权衡财务风险和资本成本的关系,确定最优的资本结构。所谓最优的资本结构,是指在一定条件下使企业平均资本成本率最低、企业价值最大的资本结构。

## 闯关考验

### 一、知识思考

1. 简述权益资金与债务资金的主要差异。
2. 简述企业筹资的目的。
3. 普通股股东有哪些权利?
4. 简述股份有限公司股票发行的方式。
5. 商业信用筹资的优劣体现在哪些方面?
6. 资本成本的内容有哪些?
7. 如何计算公司个别资本成本、加权平均资本成本、边际资本成本?
8. 简述财务管理中的杠杆效应与风险。
9. 如何计算经营杠杆系数、财务杠杆系数、总杠杆系数?
10. 企业最佳资本结构决策的方法有哪几种?如何运用?

## 二、技能测试

万程公司 2016 年 12 月 31 日资产负债表上的长期负债与股东权益的比例为 40∶60。该公司计划于 2017 年为一个投资项目筹集资金,可供选择的筹资方式包括:向银行申请长期借款和增发普通股,该公司以现有资本结构作为目标结构。其他有关资料如下:

(1)如果 A 公司 2017 年新增长期借款在 40 000 万元以下(含 40 000 万元)时,借款年利息率为 6%;如果新增长期借款在 40 000 万元~100 000 万元范围内,年利息率将提高到 9%;该公司无法获得超过 100 000 万元的长期借款。银行借款筹资费忽略不计。

(2)如果该公司 2017 年度增发的普通股规模不超过 120 000 万元(含 120 000 万元),预计每股发行价为 20 元;如果增发规模超过 120 000 万元,预计每股发行价为 16 元。普通股筹资费率为 4%(假定不考虑有关法律对公司增发普通股的限制)。

(3)该公司 2017 年预计普通股股利为每股 2 元,以后每年增长 5%。

(4)该公司适用的企业所得税税率为 25%。

**要求:**

(1)分别计算下列不同条件下的资金成本:
①新增长期借款不超过 40 000 万元时的长期借款成本;
②新增长期借款超过 40 000 万元时的长期借款成本;
③增发普通股不超过 12 000 万元时的普通股成本;
④增发普通股超过 12 000 万元时的普通股成本。

(2)计算所有的筹资总额分界点。

(3)计算该公司 2017 年最大筹资额。

(4)根据筹资总额分界点确定各个筹资范围,并计算每个筹资范围内的边际资金成本。

(5)假定上述项目的投资额为 180 000 万元,预计内部收益率为 13%,根据上述计算结果,确定本项筹资的边际资金成本,并做出是否应当投资的决策。

## 三、理论测试

### (一)单项选择题

1.下列各种筹资方式中,可以维持公司的控制权分布的是(　　)。
A.吸收直接投资　　B.发行普通股　　C.留存收益筹资　　D.引入战略投资者

2.公司在创立时首先选择的筹资方式是(　　)。
A.融资租赁　　B.向银行借款　　C.吸收直接投资　　D.发行企业债券

3.下列资金筹集动机中,属于混合性的筹资动机的是(　　)。
A.银行借款的提前偿还
B.企业对外产权投资需要大额资金,其资金来源通过举借长期贷款或发行公司债券解决
C.股东股利的发放
D.开展对外投资需要大量的追加筹资

4.直接筹资是企业直接与资金供应者协商融通资本的筹资活动。下列各项中,不属于直接筹资的是(　　)。
A.发行债券　　B.吸收直接投资　　C.融资租赁　　D.发行股票

5. 按照是否能够转换成公司股权,可将债券分为( )。
   A. 记名债券和无记名债券　　　　　B. 可转换债券和不可转换债券
   C. 信用债券和担保债券　　　　　　D. 不动产抵押债券和证券信托抵押债券

6. 甲公司是一个股份有限公司,目前净资产为5 000万元,已经发行债券1 400万元,由于要扩大一条生产线规模,甲公司准备再发行一部分债券筹集资金,则甲公司此次最多可以发行的债券为( )万元。
   A. 200　　　　　　B. 400　　　　　　C. 500　　　　　　D. 600

7. 下列不属于股票特点的是( )。
   A. 风险性　　　　B. 收益性　　　　C. 流通性　　　　D. 永久性

8. 公司引入战略投资者的作用不包括( )。
   A. 提升公司形象,提高资本市场认同度
   B. 提高财务杠杆,优化资本结构
   C. 提高公司资源整合能力,增强公司的核心竞争力
   D. 达到阶段性的融资目标,加快实现公司上市融资的进程

9. 下列关于吸收直接投资特点的说法中,不正确的是( )。
   A. 能够尽快形成生产能力　　　　　B. 容易进行信息沟通
   C. 有利于产权交易　　　　　　　　D. 筹资费用较低

10. 在吸收直接投资中,最重要的出资方式是( )。
    A. 以实物资产出资　　　　　　　B. 以货币资产出资
    C. 以土地使用权出资　　　　　　D. 以工业产权出资

11. 某企业权益和负债资金的比例为6:4,债务平均利率为10%,股东权益资金成本是15%,所得税率为25%,则加权平均资金成本为( )。
    A. 10.5%　　　　B. 13%　　　　C. 8.4%　　　　D. 11%

12. 下列息税前利润的计算式中错误的是( )。
    A. 息税前利润=边际贡献-固定成本
    B. 息税前利润=利润总额-利息
    C. 息税前利润=(单价-单位变动成本)×销售量-固定成本
    D. 息税前利润=净利润+所得税+利息

13. 某企业2016年的销售额为1 000万元,变动成本700万元,固定经营成本200万元,预计2017年固定成本不变,则2017年的经营杠杆系数为( )。
    A. 2　　　　　　B. 3　　　　　　C. 4　　　　　　D. 无法计算

14. 某企业2016年息税前利润为800万元,固定成本(不含利息)为200万元,预计企业2017年销售量增长10%,则2017年企业的息税前利润会增长( )。
    A. 8%　　　　　B. 10%　　　　　C. 12.5%　　　　D. 15%

15. 某企业2016年财务杠杆系数为2,2015年息税前利润为200万元,则2015年的利息费用为( )万元。
    A. 200　　　　　B. 100　　　　　C. 150　　　　　D. 50

16. 在其他条件不变的情况下,既影响经营杠杆系数也影响财务杠杆系数的因素包括( )。

A. 融资租赁租金　　　　　　　　　B. 资本结构
C. 销售量　　　　　　　　　　　　D. 利息费用

17. 关于每股收益无差别点的决策原则,下列说法错误的是(　　)。

A. 对于负债和普通股筹资方式来说,当预计 $EBIT$ 大于每股利润无差别点的 $EBIT$ 时,应选择负债筹资

B. 对于负债和普通股筹资方式来说,当预计 $EBIT$ 小于每股利润无差别点的 $EBIT$ 时,应选择普通股筹资

C. 对于负债和普通股筹资方式来说,当预计 $EBIT$ 等于每股利润无差别点的 $EBIT$ 时,两种筹资均可

D. 对于负债和普通股筹资方式来说,当预计新增的 $EBIT$ 小于每股利润无差别点的 $EBIT$ 时,应选择普通股筹资

18. 采用销售百分比法预测对外筹资需要量时,下列各项会使对外筹资需要量减少的是(　　)。

A. 股利支付率提高　　　　　　　　B. 固定资产增加
C. 应付账款增加　　　　　　　　　D. 销售净利率降低

19. 企业本年的销售收入为 4 000 万元,下年预计将增长 20%,已知每 1 元销售收入占用资金 0.6 元,且形成负债 0.2 元,企业的销售净利率为 5%,股利支付率为 30%,则企业下年度对外筹资(　　)。

A. 152 万元　　B. 425 万元　　C. 325 万元　　D. 175 万元

20. 已知某普通股的 β 值为 1.2,无风险利率为 6%,市场组合的必要收益率为 10%,该普通股的市价为 10.5 元/股,筹资费用为 0.5 元/股,股利年增长率长期固定不变,预计第一期的股利为 0.8 元,按照股利增长模型和资本资产定价模型计算的股票资本成本相等,则该普通股股利的年增长率为(　　)。

A. 6%　　　　B. 2%　　　　C. 2.8%　　　D. 3%

21. 某公司发行债券,债券面值为 1 000 元,票面利率 5%,每年付息一次,到期还本,债券发行价格为 1 010 元,费用率为 2%,企业所得税率为 25%,则该债券的资本成本为(　　)。

A. 3.06%　　B. 3.95%　　C. 3.03%　　D. 3.12%

22. 假设某设备价值 100 万元,租赁期 10 年,租赁期满时预计残值率为 10%,归租赁公司所有。每年末支付的等额租金为 156 471 元,则融资租赁资本成本为(　　)。

A. 10%　　　B. 12%　　　C. 14%　　　D. 8%

23. 某企业的资产结构中,产权比率(负债/所有者权益)为 2/3,债务税前资本成本为 14%。目前市场上的无风险收益率为 8%,市场上所有股票的平均收益率为 16%,公司股票的 β 系数为 1.2,所得税税率为 25%,则平均资本成本为(　　)。

A. 14.48%　B. 16.16%　　C. 18%　　　D. 12%

24. 某公司息税前利润为 500 万元,债务资金 200 万元,债务资本成本为 7%,所得税税率为 25%,权益资金 2 000 万元,普通股的成本为 15%,则公司价值分析法下,公司此时股票的市场价值为(　　)万元。

A. 2 268　　B. 2 240　　C. 3 200　　D. 2 740

25. 假定某公司本年营业收入为 1 000 万元,变动成本率为 40%,下年经营杠杆系数为

1.5,则该企业本年的固定性经营成本为( )万元。
A. 200　　　　　　B. 150　　　　　　C. 600　　　　　　D. 100

26. 下列各种筹资方式中,最有利于降低公司财务风险的是( )。
A. 发行普通股　　　　　　　　B. 发行优先股
C. 发行公司债券　　　　　　　D. 发行可转换债券

27. 下列各种筹资方式中,筹资限制条件相对最少的是( )。
A. 融资租赁　　B. 发行股票　　C. 发行债券　　D. 发行短期资券

28. 下列各项中,与留存收益筹资相比,属于吸收直接投资特点的是( )。
A. 资本成本较低　　　　　　　B. 筹资速度快
C. 筹资规模有限　　　　　　　D. 形成生产能力较快

29. 下列各种筹资方式中,企业无需要支付资金占用费的是( )。
A. 发行债券　　　　　　　　　B. 发行优先股
C. 发行短期票据　　　　　　　D. 发行认股权证

30. 某公司向银行借贷 2 000 万元,年利息为 8%,筹资费率为 0.5%,该公司适用的所得税税率为 25%,则该笔借款的资本成本是( )。
A. 6.00%　　　　B. 6.03%　　　　C. 8.00%　　　　D. 8.04%

## (二)多项选择题

1. 企业筹资可以满足( )。
A. 生产经营的需要　　　　　　B. 对外投资的需要
C. 调整资本结构的需要　　　　D. 归还债务的需要

2. 企业进行筹资需要遵循的基本原则包括( )。
A. 规模扩张原则　　　　　　　B. 筹措及时原则
C. 来源合理原则　　　　　　　D. 方式经济原则

3. 以下不属于普通股筹资缺点的有( )。
A. 会降低公司的信誉　　　　　B. 容易分散控制权
C. 有固定到期日,需要定期偿还　D. 使公司失去隐私权

4. 认股权证的特征包括( )。
A. 在认股之前持有人对发行公司拥有债权
B. 它具有促销的作用
C. 可以提高每股收益
D. 用认股权证购买普通股票,其价格一般低于市价

5. 关于吸收直接投资,下列说法正确的有( )。
A. 投资者只能以现金和实物出资　　B. 容易分散企业控制权
C. 有利于尽快形成生产能力　　　　D. 资金成本较低

6. 下列属于企业留存收益来源的有( )。
A. 法定公积金　　B. 任意公积金　　C. 资本公积金　　D. 未分配利润

7. 补偿性余额的存在,对借款企业的影响有( )。
A. 增加了应付利息　　　　　　B. 减少了可用资金
C. 提高了筹资成本　　　　　　D. 减少了应付利息

8. 资金成本对企业筹资决策的影响表现在(　　)。
A. 资金成本是确定最优资金结构的主要参数
B. 资金成本是影响企业筹资总额的唯一因素
C. 资金成本是企业选用筹资方式的参考标准
D. 资金成本是企业选择资金来源的基本依据

9. 关于普通股资金成本的计算，下列说法正确的有(　　)。
A. 股票的 $\beta$ 系数越大，其资金成本越高
B. 无风险利率不影响普通股资金成本
C. 普通股的资金成本率就是投资者进行投资的必要报酬率
D. 预期股利增长率越大，普通股成本越高

10. 股票上市的有利影响包括(　　)。
A. 有助于改善财务状况　　　　　　B. 便于保护公司的隐私
C. 利用股票市场客观评价企业　　　D. 利用股票可激励员工

11. 下列关于成本习性的说法正确的有(　　)。
A. 总成本按习性最终可分解为固定成本和变动成本两部分
B. 固定成本总额固定不变
C. 成本习性，是指成本总额与业务量之间在数量上的依存关系
D. 混合成本按其与业务量的关系又可分为半变动成本和半固定成本

12. 下列各因素中，其不确定性影响经营风险的有(　　)。
A. 市场需求　　　　　　　　　　　B. 成本水平
C. 销售价格　　　　　　　　　　　D. 对价格的调整能力

13. 吸收一定比例的负债资金，可能产生的结果有(　　)。
A. 降低企业资金成本　　　　　　　B. 加大企业复合风险
C. 加大企业财务风险　　　　　　　D. 提高每股收益

14. 下列各项中，影响资本结构的有(　　)。
A. 企业资产结构　　　　　　　　　B. 行业因素
C. 投资者和管理人员的态度　　　　D. 所得税税率的高低

15. 下列说法正确的有(　　)。
A. 拥有较多流动资产的企业，更多依赖流动负债来筹集资金
B. 资产适用于抵押贷款的公司举债额较少
C. 信用评级机构降低企业的信用等级会提高企业的资金成本
D. 以研发为主的公司负债往往很少

16. 下列各项中，可用于确定企业最优资本结构的方法有(　　)。
A. 高低点法　　　　　　　　　　　B. 公司价值分析法
C. 比较资金成本法　　　　　　　　D. 每股收益无差别点法

17. 下列有关资本结构理论的表述正确的有(　　)。
A. 净收益理论认为，负债程度为100%时，企业价值将达到最大
B. 净营业收益理论认为，负债多少与企业价值无关
C. MM理论认为，在不考虑所得税的情况下，风险相同的企业，其价值不受负债程度的影

响;但在考虑所得税的情况下,负债越多,企业价值越大

D. 等级筹资理论认为,公司筹资偏好内部筹资,如果需要外部筹资,则偏好债务筹资

18. 关于代理理论的说法正确的有( )。

A. 公司资本结构中债权比率过高会导致股东价值的降低

B. 代理成本最终要由股东承担

C. 均衡的企业所有权结构是由股权代理成本和债权代理成本之间的平衡关系决定的

D. 债务比率越大企业价值越小

19. 资本结构的调整方法中属于存量调整的是( )。

A. 增发新股偿还债务      B. 举借新贷款

C. 债转股      D. 发行新股票

20. 下列关于财务风险的说法正确的有( )。

A. 亦称筹资风险

B. 是指企业在经营活动过程中与筹资有关的风险

C. 如果企业固定财务费用为零,则没有财务风险,财务杠杆系数为0

D. 在其他因素一定的情况下,固定财务费用越高,财务杠杆系数越大

21. 企业的加权平均资金成本取决于( )。

A. 个别资金成本      B. 各种资金在资金总额中占的比例

C. 企业固定成本的大小      D. 企业的经营杠杆

22. 下列各项中可能影响财务杠杆系数的有( )。

A. 财务费用   B. 固定成本   C. 所得税税率   D. 边际贡献

23. 财务杠杆系数的计算公式可能是( )。

A. 普通股每股利润变动率/息税前利润变动率

B. 普通股每股利润变动率/销售量变动率

C. 息税前利润/(息税前利润—利息—融资租赁租金)

D. 息税前利润/(息税前利润—利息)

24. 在企业息税前利润大于0且其他条件不变的情况下,可以降低企业的复合杠杆系数,进而降低企业复合风险的措施包括( )。

A. 提高单价   B. 提高利息率   C. 降低资产负债率   D. 降低销量

25. 企业最佳资本结构的确定方法包括( )。

A. 每股利润无差别点法      B. 因素分析法

C. 比较资金成本法      D. 公司价值分析法

26. 最佳资本结构是指在一定条件下( )的资本结构。

A. 企业价值最大      B. 净资产值最大

C. 每股收益最大      D. 加权平均资金成本最低

27. 可转换债券筹资的优点有( )。

A. 可节约利息支出      B. 筹资效率高

C. 增强筹资灵活性      D. 股价大幅度上扬时,可增加筹资规模

28. 企业通过( )可以获得其他企业资金。

A. 发行股票      B. 发行债券

C. 利用商业信用　　　　　　　　D. 利用留存收益

29. 采用销售百分比法预测对外筹资需要量时,下列影响因素的变动会使对外筹资需要量减少的有(　　)。

A. 股利支付率降低　　　　　　　B. 固定资产增加

C. 留存收益率提高　　　　　　　D. 销售净利率增大

30. 如果甲企业经营杠杆系数为1.5,总杠杆系数为3,则下列说法正确的有(　　)。

A. 如果销售量增加10%,息税前利润将增加15%

B. 如果息税前利润增加20%,每股利润将增加40%

C. 如果销售量增加10%,每股收益将增加30%

D. 如果每股收益增加30%,销售量需要增加5%

## (三)判断题

1. 筹资渠道解决的是资金来源问题,筹资方式解决的是通过何种方式取得资金的问题,它们之间不存在对应关系。(　　)

2. 从出租人的角度来看,杠杆租赁与直接租赁并无区别。(　　)

3. 资金成本是指筹资费用,即为筹集资金付出的代价。(　　)

4. 利用债券筹资可以发挥财务杠杆作用,且筹资风险低。(　　)

5. 在财务管理中,依据财务比率与资金需求量之间的关系预测资金需求量的方法称为比率预测法。(　　)

6. 信贷额度亦即贷款限额,是借款人与银行在协议中规定的允许借款人借款的最高限额。在这个信贷额度内,银行必须满足企业的借款要求。(　　)

7. 贴现法是银行向企业发放贷款时,先从本金中扣除利息部分,而到期时借款企业再偿还全部本息的一种计息方法。(　　)

8. 发行认股权证可以为公司筹集额外现金并促进其他筹资方式的运用。(　　)

9. 股票发行的方式包括公募发行和私募发行,其中私募发行有自销和承销两种方式。(　　)

10. 商业信用是指商品交易中的延期付款或延期交货所形成的借贷关系,是企业之间的一种间接信用关系。(　　)

11. 边际贡献等于销售收入与销售成本的差额,息税前利润等于边际贡献与固定成本的差额,其中的固定成本中不包括利息费用。(　　)

12. 财务杠杆,是指由于固定财务费用的存在而导致普通股每股利润变动率大于息税前利润变动率的杠杆效应。只要在企业的筹资方式中有固定财务费用支出的债务,就会存在财务杠杆效应,财务杠杆会加大财务风险,企业负债比重越大,财务杠杆效应越强,财务风险越大。(　　)

13. 资本结构,是指企业各种资本的构成及其比例关系。资本结构问题总的来说是负债资本的比例问题,即负债在企业全部资本中所占的比重。(　　)

14. 最优资本结构是使企业筹资能力最强、财务风险最小的资本结构。(　　)

15. 从成熟的证券市场来看,企业筹资的优序模式首先是内部筹资,其次是增发股票、发行债券和可转换债券,最后是银行借款。(　　)

16. 在应用比较资金成本法进行企业最佳资本结构决策时,如果息税前利润大于每股利润

无差别点的息税前利润,企业通过负债筹资比权益资本筹资更为有利,因为将使企业资金成本降低。( )

17.当息税前利润大于零,单位边际贡献不变时,除非固定成本为零或业务量无穷大,否则息税前利润的变动率大于销售量的变动率。( )

18.要想降低约束性固定成本,就要在预算时精打细算,合理确定这部分成本的数额。( )

19.企业发行长期债券筹集资金,债券总面额400万元,票面利率为12%,其支付各种筹资费用8万元,据此可计算该种长期债券的资金成本为12.24%。( )

20.筹资期限的长短决定资金成本的高低,就各种筹资方式而言,期限越长,则其资金成本越低,风险也越大。( )

(四)计算分析题

1.某公司只生产和销售甲产品,其总成本习性模型为 $y=8\,000+4x$。假定该公司2016年度产品销售量为12 000件,每件售价为6元;按市场预测2017年产品的销售数量将增长10%。

要求:

(1)计算2016年该公司的边际贡献总额;

(2)计算2016年该公司的息税前利润;

(3)计算2017年的经营杠杆系数;

(4)计算2017年息税前利润增长率;

(5)假定公司2016年利息费用7 000元,且无融资租赁租金和优先股,计算2017年复合杠杆系数。

2.某上市公司计划建造一项固定资产,寿命期为5年,需要筹集资金600万元。有以下资料:

资料一:普通股目前的股价为20元/股,筹资费率为4%,刚刚支付的股利为3元,股利固定增长率为2%。

资料二:如果向银行借款,则手续费率为1%,年利率为5%,期限为5年,每年结息一次,到期一次还本。

资料三:如果发行债券,债券面值1 000元、期限5年、票面利率为6%,每年结息一次,发行价格为1 200元,发行费率为5%。

假定:公司所得税税率为25%。

要求:

(1)根据资料一计算留存收益和普通股筹资成本;

(2)根据资料二计算长期借款筹资成本;

(3)根据资料三计算债券筹资成本。

3.南方公司目前的资本结构(账面价值)为:长期债券680万元,普通股1 000万元(100万股),留存收益320万元。目前正在编制明年的财务计划,需要融资500万元,有以下资料:

(1)本年派发现金股利每股0.6元,预计明年每股收益增长10%,股利支付率(每股股利/每股收益)保持25%不变。

(2)外部资金通过增发长期债券解决,每张债券面值100元,发行价格为108元,票面利率为8%,分期付息,到期还本(为简化考虑,不考虑筹资费用和溢价摊销,并假设目前的长期债券资本成本与增发的长期债券的资本成本相同)。

(3)目前无风险利率为4%,股票价值指数平均收益率为10%,如果其提高1%,该公司股票的必要收益率会提高1.5%。

(4)公司适用的所得税税率为25%。

要求:

(1)计算长期债券的税后资金成本;

(2)计算明年的净利润;

(3)计算明年的股利;

(4)计算明年留存收益账面余额;

(5)计算长期债券筹资额以及明年的资本结构中各种资金的权数;

(6)确定该公司股票的$\beta$系数并根据资本资产定价模型计算普通股资金成本;

(7)按照账面价值权数计算加权平均资金成本。

4.某企业年初资金结构如下:债券400万元,优先股200万元,普通股800万元,留存收益600万元,其中:长期债券利息率为9%,优先股股息率为10%,普通股每股市价为20元,第一年每股股利支出2.5元,股利年增长率为5%,所得税税率为25%。

要求:

(1)计算该企业年初综合资金成本。

(2)若该企业拟增资500万元,现有甲、乙两个方案可供选择。甲方案:增发长期债券300万元,债券年利息率为10%,增发普通股200万元,由于企业债务增加,财务风险加大,企业普通股预计每股股利为3元,以后每年增长6%,普通股市价将跌至每股18元。

乙方案:增发长期债券200万元,债券年利息率为10%,增发普通股300万元,预计每股股利为3元,以后每年增长6%,普通股市价升至每股24元。

分别计算甲、乙两个方案的资金综合成本,确定最优资本结构。

5.已知:某公司2016年销售收入为20 000万元,2016年12月31日的资产负债表如下:

**资产负债表**

单位:万元

| 资产 | 期末余额 | 负债及所有者权益 | 期末余额 |
| --- | --- | --- | --- |
| 货币资金 | 1 000 | 应付账款 | 1 000 |
| 应收账款 | 3 000 | 应付票据 | 2 000 |
| 存货 | 6 000 | 长期借款 | 9 000 |
| 固定资产 | 7 000 | 实收资本 | 4 000 |
| 无形资产 | 1 000 | 留存收益 | 2 000 |
| 资产总计 | 18 000 | 负债与所有者权益合计 | 18 000 |

该公司2017年计划销售收入比上年增长20%,为实现这一目标,公司需新增设备一台,需要320万元资金。据历年财务数据分析,公司流动资产与流动负债随销售额同比率增减。假定该公司2017年的销售净利率可达到10%,净利润的60%分配给投资者。

要求:

(1)计算2017年流动资产增加额;

(2)计算2017年流动负债增加额;

(3)计算流动资产销售百分比、流动负债销售百分比和2017年公司需增加的营运资金；

(4)计算2017年增加的留存收益；

(5)预测2017年需要对外筹资的资金量。

6.某公司目前的资本来源包括每股面值1元的普通股800万股和平均利率为10%的3 000万元债务。该公司现在拟投产一个新产品,该项目需要投资4 000万元,预期投产后每年可增加营业利润(息税前盈余)400万元,该项目备选的筹资方案有三个：①按11%的利率发行债券；②按面值发行股利率为12%的优先股；③按20元/股的价格增发普通股。该公司目前的息税前盈余为1 600万元,公司所得税率为25%。

**要求**：

(1)计算按不同方案筹资后的普通股每股收益。

(2)计算增发普通股和债券的每股收益无差别点,增发普通股和优先股筹资的每股收益无差别点。

(3)计算筹资前的财务杠杆和按三个方案筹资后的财务杠杆。

(4)该公司应当选择哪一种筹资方式？理由是什么？

(5)当项目新增营业利润为1 000万元时,应选择哪种筹资方案。

(6)当项目新增营业利润为4 000万元时,应选择哪种筹资方案。

# 单元三　投资管理

## 知识目标

- ●掌握一次性收、付款项时间价值的计算方法
- ●掌握年金的形式及不同年金的计算方法
- ●了解风险与报酬分析对策
- ●掌握企业项目现金流量的分析方法
- ●掌握项目投资评价指标的计算
- ●掌握项目投资的财务可行性分析方法
- ●掌握证券投资收益与风险的计算

## 能力目标

- ●学会一次性收、付款项时间价值的计算方法
- ●学会年金的形式及不同年金的计算方法
- ●会利用年金的知识进行投资的决策
- ●学会运用项目投资决策评价指标
- ●能准确地估算项目投资现金流量
- ●能运用相关指标评价投资项目的财务可行性
- ●能够对证券投资收益与风险进行分析
- ●能够进行证券投资决策

## 单元描述

投资是指特定经济主体为了在未来可预见的时期内获得收益或使资金增值,在一定时机向一定领域的标的物投放足够数额的资金或实物等货币等价物的经济行为。从特定企业角度看,投资就是企业为了获取收益而向一定对象投放资金的经济行为。时间价值的理解和计算是投资决策计算的基础。资金的时间价值是指资金在经历一段时间的投资和再投资后所增加的价值,其实质是资金周转使用所形成的增值额。资金时间价值的衡量,有单利和复利两种形式,生活中会经常遇到四种年金的现值与终值的换算和运用。因此,不同时间上发生的资金收支,不宜直接进行对比,在投资活动中必须考虑资金的机会成本。另外,资金的使用过程会产生有关的风险,主要涉及风险的衡量与风险价值的估算。项目投资是一种以特定建设项目为对象,直接与新建项目或更新、改造项目有关的长期投资行为。项目投资决策是以净现金流量的确定为基础,以净现值指标计算为核心,运用相关投资决策评价指标和方法,进行决策的过程。

# 任务五　基本价值观念

**【任务布置】**

孙强欲购买一套住房,按销售协议规定,如果购买时一次付清房款,需要支付房款20万元,如果采用5年分期付款方式,则每年需要支付房款5万元,如果采用10年分期付款方式,则每年需要支付3万元。假设银行存款利率为10%,复利计息。

要求:

(1)如果银行允许在每年年末支付款项,试确定其应选择采用的付款方式。

(2)如果银行规定必须在每年初支付款项,试确定其应选择采用的付款方式。

**【知识准备】**

## 5.1　资金时间价值认知

资金时间价值是指资金经历一定时间的投资和再投资所增加的价值,也称货币时间价值。从财务角度讲,资金时间价值是在没有风险、没有通货膨胀条件下的社会平均资金利润率。

从经济学的观点来看,一笔资金如果作为储藏手段保存起来,在不存在通货膨胀因素的条件下经过一段时间后,其价值不会有什么改变。但同样一笔资金若作为社会生产的资本或资金来运用,经过一段时间后就会产生收益,使自身价值增值。这就是所谓资金具有时间价值的现象。

按照马克思主义经济学观点来理解,资金时间价值是作为资本使用的货币在其被运用的过程中随时间推移而带来的增值部分,其实质是剩余价值的转化形式。

对资金时间价值这一概念的理解,应掌握以下要点:

第一,资金时间价值是货币增值部分,一般情况下可理解为利息。

第二,资金增值是在资金被当作投资资本的运用过程中实现的,不应当作资本利用的资金不可能自行增值。

第三,资金时间价值的多少与时间成正比。例如,现在将10 000元存入银行,如果年利息率为5%,一年后将能取出10 500元,其中的500元是银行付给的利息,也就是所说的10 000元一年的货币时间价值。

## 5.2　资金时间价值的计算

### 5.2.1　一次性收付款终值和现值

(1)单利的终值和现值

单利是指本金生息而利息不生息的一种计算利息方式。

①单利终值。单利终值是指现在一笔资金按单利计算的未来价值,其计算公式为:

$$终值 = 现值 \times (1 + 利息率 \times 期数)$$

腾越公司将 10 000 万元存入银行,年利率 6%,单利计息。

则 5 年后的终值＝10 000×(1＋5×6%)＝13 000(万元)

②单利现值。单利现值是指若干年以后收入或支出一笔资金按单利计算相当于现在的价值。

腾越公司存入银行一笔钱,年利率为 5%,想在 1 年后得到 1 050 万元,则现在应存入资金＝1 050/(1＋5%×1)＝1 000(万元)。

(2)复利的终值和现值

复利是指不仅本金要计算利息,利息也要计算利息,即通常所说的"利滚利"。

①复利终值。复利终值指若干期以后包括本金和利息在内的未来价值,又称本利和。

计算公式为：

$$F=P\times(1+i)^n$$

式中：$(1+i)^n$ 被称为复利终值系数,用符号$(F/P,i,n)$表示。见书后附表一。

腾越公司将 10 000 万元存入银行,利息率为 10%,5 年末终值＝10 000×$(F/P,10\%,5)$＝16 105(万元)。

②复利现值。复利现值指以后年份收入或支出资金的现在价值。由终值求现值。计算公式为：

$$P=\frac{F}{(1+i)^n}=F\times\frac{1}{(1+i)^n}$$

式中：$\frac{1}{(1+i)^n}$ 被称为复利现值系数,用符号$(P/F,i,n)$表示。见书后附表二。

腾越公司在 3 年末用 40 000 元资金,利息率为 8%,则：

现在应存金额＝40 000×$(P/F,8\%,3)$＝31 752(元)

### 5.2.2 年金终值与现值的计算

年金是指一定时期内每隔相同时间发生的相同数额的系列收付款项。如：折旧、利息、租金、保险费等通常表现为年金的形式。年金一般具备下列三个条件：①等额性；②连续性；③均匀性。

年金可分为普通年金(或称后付年金)、预付年金(或称即付年金)、递延年金(或称延期年金)和永续年金等多种形式。

(1)普通年金终值与现值

普通年金是指每期期末有等额的收付款项的年金,也称为后付年金。

①普通年金终值。普通年金终值是指其最后一次支付时的本利和,它是每次支付的复利终值之和。

计算公式：

$$F=A\times\frac{(1+i)^n-1}{i}$$

式中：$\frac{(1+i)^n-1}{i}$ 称为年金终值系数,用符号$(F/A,i,n)$表示。见书后附表三。

腾越公司 5 年中每年年底存入银行 10 000 元,存款年利率为 8%,则第 5 年末年金终值＝10 000×$(F/A,8\%,5)$＝58 666 元。

②偿债基金。偿债基金是指为使年金终值达到既定金额每年末应支付的年金数额。

计算公式为：
$$年偿债基金 = \frac{年金终值}{年金终值系数}$$

腾越公司准备3年后进行一项投资,投资额150万元,银行存款年利息率4%,则今后三年每年末应等额存入银行的资金=150/3.122=48.046(万元)。

③普通年金现值。普通年金现值,是指为在每期期末取得相等金额的款项,现在需要投入的金额。

计算公式为：
$$P = A \times \frac{1-(1+i)^{-n}}{i}$$

式中：$\frac{1-(1+i)^{-n}}{i}$ 称为年金现值系数,用符号$(P/A,i,n)$表示。见书后附表四。

腾越公司今后四年每年末投资65万元,折现率为10%。则第一年初的投资额=65×(P/A,10%,4)=206.04(万元)。

④资本回收额。资本回收额的计算是已知年金现值求年金(即年回收额),它是年金现值的逆运算。

计算公式为：
$$资本回收额 = \frac{年金现值}{年金现值系数}$$

腾越公司在第一年年初存入银行150 000元,用于今后三年每年年末发放奖金,银行存款年利息率5%,则今后三年每年末平均能取出资金=150 000/(P/A,5%,3)=55 082.3(元)。

(2) 预付年金终值与现值

预付年金是指在每期期初支付的年金,又称即付年金或先付年金。

终值计算公式为：$F = A \times [(F/A,i,n+1)-1]$

腾越公司从第一年至第四年每年年初存入银行60 000元,银行存款利息率5%,则第四年年末一次取出的本利和 $F = 60\ 000 \times [(F/A,5\%,4+1)-1] = 271\ 536$(元)。

现值计算公式为：$F = A \times [(F/A,i,n+1)-1]$

腾越公司在今后4年每年年初投资50万元,假定折现率为10%,则第一年年初总投资额 $P = 50 \times [(P/A,10\%,4-1)+1] = 174.35$(万元)。

(3) 递延年金的终值与现值

递延年金是指第一次支付发生在第二期或第二期以后的年金。递延年金的终值与普通年金终值计算没有区别。这里只介绍递延年金的现值计算。

腾越公司准备在第一年年初存入银行一笔资金,设立一笔奖励基金,预计要从第三年年末到第九年年末每年末取出50 000元用于奖励,银行存款年利息率5%。计算第一年初应一次存入银行多少钱？

**解析：**

第一种方法：
$P = 50\ 000 \times (7.107\ 82 - 1.859\ 41) = 50\ 000 \times 5.248\ 41 = 262\ 420.5$(元)

第二种方法：
$P = 50\ 000 \times 5.786\ 37 \times 0.907\ 03 = 50\ 000 \times 5.248\ 41 = 262\ 420.5$(元)

(4) 永续年金现值

无限期定额支付的年金,称为永续年金。优先股因为有固定的股利而又无到期日,因而优先股股利有时可以看作永续年金。

计算公式为：
$$P=\frac{A}{i}$$

腾越公司每年年末的收入为 800 万元,利息率为 8%,则第一年初价值＝800/8%＝10 000 万元。

### 5.2.3 名义利率与实际利率关系

如果以"年"作为基本计息期,每年计算一次复利,这种情况下的年利率是名义利率。如果按照短于一年的计息期计算复利,并将全年利息额除以年初的本金,此时得到的利率是实际利率。

名义利率与实际利率关系如下：
$$i=(1+r/m)^m-1$$

腾越公司发行 5 年期债券,年利率为 12%,按季复利计息,则该债券实际年利率。
$i=(1+12\%/4)^4-1=1.125\,5-1=12.55\%$

## 5.3 风险的认知

### 5.3.1 风险

一般说来,风险是指在一定条件下和一定时期内可能发生的各种结果的变动程度。例如,我们在预计一个投资项目的报酬时,不可能十分精确,也没有百分之百的把握。有些事情的未来发展我们事先不能确知,例如价格、销量、成本等都可能发生我们预想不到并且无法控制的变化。

风险是事件本身的不确定性,具有客观性。例如,无论企业还是个人,投资于国库券,其收益的不确定性较小；如果投资于股票,则收益的不确定性大得多。这种风险是"一定条件下"的风险,在什么时间、买哪一种或哪几种股票、各买多少,风险是不一样的。这些问题一旦决定下来,风险大小你就无法改变了。这就是说,特定投资的风险大小是客观的,是否去冒风险及冒多大的风险,是可以选择的,是主观决定的。

风险的大小随时间延续而变化,是"一定时期内"的风险。我们对一个投资项目成本,事先的预计可能不很准确,越接近完工则预计越准确。随着时间延续,事件的不确定性在缩小,事件完成,其结果也就完全肯定了。因此,风险总是"一定时期内"的风险。

严格说来,风险和不确定性有区别。风险是指事前可以知道所有可能的后果,以及每种后果的概率。不确定性是指事前不知道所有可能的后果,或者虽然知道可能的后果,但不知道它们出现的概率。例如,在一个新区找矿,事前知道只有找到和找不到两种后果,但不知道两种后果的可能性各占多少,属于"不确定"问题而非风险问题。但是,在面对实际问题时,两者很难区分,风险问题的概率往往不能准确知道,不确定性问题也可以估计一个概率,因此在实务领域对风险和不确定性不作区分,都视为"风险"问题对待,把风险理解为可测定概率的不确定性。概率的测定有两种：一种是客观概率,是指根据大量的历史实际数据推算出来的概率；另一种是主观概率,是在没有大量实际资料的情况下,人们根据有限资料和经验合理估计的。

风险可能给投资人带来超出预期的收益,也可能带来超出预期的损失。一般说来,投资人对意外损失的关切,比对意外的收益要强烈得多。因此人们研究风险时侧重减少损失,主要从不利的方面考察风险,经常把风险看成是不利事件发生的可能性。从财务的角度来说,风险主要指无法达到预期报酬的可能性。

### 5.3.2 风险的种类

(1)按风险产生的原因分类

按照风险产生的原因可将风险分为自然风险和人为风险。

①自然风险,是指自然力的不规则变化引起的种种物理化学现象所导致的物质损毁和人员伤亡,如风暴、洪水、地震等。

②人为风险,是指由人们的行为及各种政治、经济活动引起的风险,也称为外在环境风险。它一般包括行为风险、经济风险、政治风险、技术风险等。

行为风险是指由于个人或团体的行动,包括过失、行为不当及故意行为所造成的风险,如盗窃、抢劫等行为对他人的财产或人身造成的灾害性后果。

经济风险一般指在商品生产和销售过程中,由于经营管理不善、市场预测失误、价格波动、消费需求变化等因素引起的风险;同时,也包括因通货膨胀、外汇行市的涨落而导致的风险。

政治风险是由于政局的变化、政权的更替、战争、恐怖主义等引起的各种风险。

技术风险是由于科学技术发展的副作用而带来的种种损失,如各种污染物质、核物质渗漏等导致的风险。

(2)按风险的来源分类

按照风险的来源可将风险分为系统风险和非系统风险。

①系统风险,又称"市场风险",是指那些对所有的公司产生影响的因素引起的风险,如战争、经济衰退、通货膨胀、高利率等。这类风险涉及所有的投资对象,不能通过多角化投资来分散,因此又称不可分散风险或系统风险。

②非系统风险,又称"公司特有风险",是指发生于个别公司的特有事件造成的风险,如罢工、新产品开发失败、没有争取到重要合同、诉讼失败等。这类事件是随机发生的,因而可以通过多角化投资来分散,即发生于一家公司的不利事件可以被其他公司的有利事件所抵消。这类风险称为可分散风险或非系统风险。

(3)按照风险的具体内容分类

按照风险的具体内容可以将风险分为:经济周期风险、利率风险、购买力风险、经营风险、财务风险、违约风险、流动风险、再投资风险等。

①经济周期风险,是指由于经济周期的变化而引起投资报酬变动的风险。因为经济周期的变化决定了企业的景气和效益,从而从根本上决定了企业投资的回报。对于经济周期风险,投资者无法回避,但可设法减轻。

②利率风险,是指由于市场利率变动而使投资者遭受损失的风险。投资报酬与市场利率的关系极为密切,两者呈反向变化。利率上升,投资报酬下降;利率下降,投资报酬上升。中央银行通过调节存贷利率这一货币政策工具影响资金的流向和融资成本的高低,任何企业无法决定利率高低,不能影响利率风险。

③购买力风险,又称通货膨胀风险,它是指由于通货膨胀而使货币购买力下降的风险。在通货膨胀期间,虽然随着商品价值的普遍上涨,投资者的资金收入会有所增加,但由于资金贬值、购买力水平下降,投资者的实际报酬可能没有增加,反而有所下降。

④经营风险,是指由于公司经营状况变化而引起盈利水平改变,从而导致投资报酬下降的可能性。它是任何商业活动中都存在的,故又称商业风险。影响公司经营状况的因素很多,如市场竞争状况、政治经济形势、产品种类、企业规模、管理水平等。经营风险可能来自公司外部,也可能来自公司内部。引起经营风险的外部因素主要有经济周期、产业政策、竞争对手等客观因素。内部因素主要有经营决策能力、企业管理水平、技术开发能力、市场开拓能力等主观因素。其中,内部因素是公司经营风险的主要来源,如市场销售:市场需求、市场价格、企业可能生产的数量等不确定,尤其是竞争使供产销不稳定,加大了风险。生产成本:原料的供应和价格、工人和机器的生产率、工人的工资和奖金都是不肯定因素,因而产生风险。生产技术:设备事故、产品发生质量问题、新技术的出现等,不好预见,产生风险。另外,决策失误导致投资失败,管理混乱导致产品质量下降、成本上升,产品开发能力不足导致市场需求下降,市场开拓不力导致竞争力减弱等。它们都会影响公司的盈利水平,增加经营风险。

⑤财务风险,是指因不同的融资方式而带来的风险。由于它是筹资决策带来的,故又称筹资风险。公司的资本结构决定企业财务风险的大小。如果一个公司的资本全部为权益资本,则销售收入的任何变动对股东的净报酬都产生同样的影响。如果公司的资本中除普通股权益资本之外,还有负债或优先股,那么公司就存在财务杠杆。这将使公司股东净报酬的变化幅度超营业收入的变化幅度。负债资本在总资本中所占比重越大,公司的财务杠杆效应就越强,财务风险就越大。

⑥违约风险,又称信用风险,是指证券发行人无法按时还本付息而使投资者遭受损失的风险。它源于发行人财务状况不佳时出现违约和破产的可能性。违约风险是债券的主要风险。一般认为,在各类债券中,违约风险从低到高排列依次为中央政府债券、地方政府债券、金融债券、企业债券。当然,不同企业发行的企业债券的违约风险也有所不同,它受到各企业的经营能力、盈利水平、规模大小以及行业状况等因素的影响。所以,信用评估机构要对中央政府以外发行的债券进行评估,以反映其违约风险。

⑦流动风险,又称变现力风险,是指无法在短期内以合理价格转让投资的风险。投资者出售投资时,有两个不确定性:一是以何种价格成交,二是需要多长时间才能成交。投资者投资于流动性差的资产,总是要求获得额外的报酬以补偿流动风险。

⑧再投资风险,是指所投资到期再投资时不能获得更好投资机会的风险。如年初长期债券的利率为8%,短期债券的利率为9%,某投资者为减少利率风险而购买了短期债券。在短期债券于年底到期收回现金时,若市场利率降至6%,这时就只能找到报酬率约为6%的投资机会,不如当初买长期债券,现在仍可获得8%的报酬率。

### 5.3.3 风险的衡量

风险总是客观存在的,并广泛地影响着企业的财务和经营活动。因此,正视风险并将风险程度予以量化,进行较为准确的衡量,便成为企业财务管理中的一项重要的工作。而风险报酬的计算又是一个比较复杂的问题,目前通常以能反映概率分布离散程度的标准离差率来确定。下面结合实例分步加以说明:

(1)概率分布

一个事件的概率是指这一事件可能发生的机会。通常把必然发生的事件的概率定为1,把不可能发生的事件的概率定为0,而把一般随机发生的事件的概率定为0~1之间的某个数值。概率的数值越大,发生的可能性越大。如果把所有可能的结果都列示出来并给予一定的概率,就构成概率分布。概率分布必须满足以下两个要求:

①所有概率 $P_i$ 都在 0~1 之间,即 $0 \leqslant P_i \leqslant 1$;

②所有结果的概率之和等于1,即 $\sum_{i=1}^{n} P_i = 1$,这里,$n$ 为可能出现的结果的个数。

腾越公司有两个投资机会,其未来的预期报酬率及其发生的概率如表 5-1 所示。

表 5-1　腾越公司 A、B 项目预期报酬率和概率

| 经济状况 | 发生概率 $P_i$ | 预期报酬率($k_i$) | |
|---|---|---|---|
| | | A 项目 | B 项目 |
| 繁荣 | 0.2 | 40% | 70% |
| 一般 | 0.6 | 20% | 20% |
| 衰退 | 0.2 | 0 | −30% |
| 合　计 | 1.0 | — | — |

(2)期望报酬率

期望报酬率是各种可能的报酬率按其概率为权数进行加权平均得到的报酬率。

计算公式为:　　　期望报酬率 $= \sum$ 预期报酬率 × 概率

腾越公司:A 项目期望报酬率 $\overline{K} = 40\% \times 0.2 + 20\% \times 0.6 + 0 \times 0.2 = 20\%$

　　　　　B 项目期望报酬率 $\overline{K} = 70\% \times 0.2 + 20\% \times 0.6 + (-30\%) \times 0.2 = 20\%$

两个项目的期望报酬率都是 20%,但 A 项目各种情况下的报酬率比较集中,而 B 项目却比较分散,所以 A 项目的风险小。

(3)标准离差

标准离差是各种可能的报酬率偏离期望报酬率的综合差异,用以反映离散程度。

计算公式为:
$$\delta = \sqrt{\sum_{i=1}^{n}(K_i - \overline{K})^2 \cdot P_i}$$

标准差越小,说明离散程度越小,风险也就越小。

结合上例:

A 项目的标准离差为:

$\delta = \sqrt{(40\% - 20\%)^2 \times 0.2 + (20\% - 20\%)^2 \times 0.6 + (0 - 20\%)^2 \times 0.2} = 12.65\%$

B 项目的标准离差为:

$\delta = \sqrt{(70\% - 20\%)^2 \times 0.2 + (20\% - 20\%)^2 \times 0.6 + (-30\% - 20\%)^2 \times 0.2} = 31.62\%$

计算结果表明,A 项目的风险要比 B 项目的风险要小。

(4)标准离差率

标准离差是一个绝对数,只能用来比较期望报酬率相同的各项投资的风险程度,而不能用来比较期望报酬率不同的投资项目的风险程度。对于期望报酬不同的投资项目的风险程度的比较,则使用标准离差率。其计算公式为:

$$V = \frac{\delta}{\overline{K}} \times 100\%$$

结合上例：

A 项目 $V = \dfrac{12.65\%}{20\%} \times 100\% = 63.25\%$

B 项目 $V = \dfrac{31.62\%}{20\%} \times 100\% = 158.1\%$

计算结果表明 A 项目的风险要比 B 项目的风险要小。

**【任务实施】**

(1) 如果银行允许在每年年末支付款项，三种情况下付款额的现值分别为：

①如果购买时一次付清房款，则 $P_1 = 20$(万元)。

②如果采用 5 年分期付款方式，则 $P_2 = 5 \times (P/A, 10\%, 5) = 5 \times 3.7908 = 18.9540$(万元)。

③如果采用 10 年分期付款方式，则 $P_3 = 3 \times (P/A, 10\%, 10) = 3 \times 6.1446 = 18.4338$(万元)。

由此可见，采用 10 年分期付款方式的现值最小，因此应该采用的付款方式为 10 年分期付款。

(2) 如果银行规定必须在每年初支付款项，三种情况下付款额的现值分别为：

①如果购买时一次付清房款，则 $P_1 = 20$(万元)。

②如果采用 5 年分期付款方式，则 $P_2 = 5 \times (P/A, 10\%, 5) \times (1 + 10\%) = 5 \times 3.7908 \times 1.1 = 20.8495$(万元)。

③如果采用 10 年分期付款方式，则 $P_3 = 3 \times (P/A, 10\%, 10) \times (1 + 10\%) = 3 \times 6.1446 \times 1.1 = 20.2770$(万元)。

由此可见，购买时一次付清房款的现值最小，因此应该采用的付款方式为现付 20 万元的房款。

## 拓展案例

### 如何选择购房贷款的还款方式

拥有一套属于自己的住房，是很多人的梦想。然而要买房，大多数人都会需要贷款，选择贷款买房已成为一种流行的消费方式。日益庞大的个人住房贷款市场——这块商业银行的优质"资产"蛋糕，对银行散发着巨大的诱惑力，各大银行为了抢占市场、争取客户频频亮出各具特色的房贷产品。其个人住房贷款业务目前提供个人一手住房贷款、个人二手住房贷款、个人住房接力贷款、个人住房循环贷款等十余种贷款形式，贷款利率方面有浮动利率、固定利率、混合利率三种方式可供选择，更有多样的贷款偿还方式，如到期一次还本付息还款法、等额本息还款法、等额本金还款法、等额递增还款法、等额递减还款法、等比递增还款法等。

面对越来越多样化的贷款形式、利率方式以及还款方式，消费者有更多的选择空间。但与此同时，也带来了如何选择适合自己的贷款产品、贷款额度、贷款时间以及还款方式等问题。各种不同的还款方式，其区别是什么？传统的浮动利率和新兴的固定利率、混合利率有何不同？预期利率的不确定性会不会影响还款方式的选择？要不要提前还款？提前还款对借款人现金流量分布的影响如何？……资金时间价值会告诉你答案。

(资料来源：http://wenku.baidu.com/link? url=mDdTshujXRqa0.)

# 任务六 项目投资决策

【任务布置】

龙庆公司拟投资 100 万元购置一台新设备,年初购入时支付 20% 的款项,剩余 80% 的款项下年初付清;新设备购入后可立即投入使用,使用年限为 5 年,预计净残值为 5 万元(与税法规定的净残值相同),按直线法计提折旧。新设备投产时需垫支营运资金 10 万元,设备使用期满时全额收回。新设备投入使用后,该公司每年新增净利润 11 万元。该项投资要求的必要报酬率为 12%。

要求:

(1)计算新设备每年折旧额。

(2)计算新设备投入使用后第 1~4 年营业现金净流量($NCF_{1\sim4}$)。

(3)计算新设备投入使用后第 5 年现金净流量($NCF_5$)。

(4)计算原始投资额。

(5)计算新设备购置项目的净现值($NPV$)。

【知识准备】

## 6.1 项目投资的认知

项目投资是战略性的扩大生产能力投资资金的一种形式。

### 6.1.1 项目投资的特点

(1)投资金额大

项目投资一般都需要较多的资金,其投资额往往是企业及其投资人多年的资金积累,在企业总资产中占有相当大的比重。

(2)影响时间长

项目投资投资期及发挥作用的时间都较长,对企业未来的生产经营活动和长期经营活动将产生重大影响。

(3)变现能力差

项目投资一般不准备在一年或一个营业周期内变现,其变现能力也较差。

(4)投资风险大

影响项目投资未来收益的因素特别多,加上投资额大、影响的时间长和变现能力差,必然造成投资风险大。

### 6.1.2 项目投资的一般程序

(1)项目提出

投资项目的提出是项目投资的第一步,是根据企业的长远发展战略、中长期投资计划和投资环境的变化,在把握良好投资机会的情况下提出的。它可以由企业管理当局或企业高层管理人员提出,也可以由企业的各级管理部门和相关部门领导提出。

(2) 项目评价

投资项目的评价涉及如下几项工作:对提出的投资项目进行适当分类,为分析评价作好准备;计算有关项目的建设周期,测算有关项目投产后的收入、费用和经济效益,预测有关项目的现金流出;运用各种投资评价指标,把各项投资按可行程度进行排序;写出详细的评价报告。

(3) 项目决策

投资项目评价后,应按分权管理的决策权限由企业高层管理人员或相关部门经理作最后决策。投资额小的战术性项目投资或维持性项目投资,一般由部门经理做出决策,战略性的投资或投资额特别重大的项目投资还需要报董事会或股东大会批准。不管由谁最后决策,其结论一般都可以分成以下三种:①接受这个投资项目,可以进行投资;②拒绝这个项目,不能进行投资;③发还给项目提出的部门,重新论证后,再行处理。

(4) 项目执行

决定对某项目的执行过程中,应注意原来做出的投资决策是否合理,是否正确。一旦出现新的情况,就要随时根据变化的情况做出新的评价。如果情况发生重大变化,原来投资决策变得不合理,那么,就要进行是否终止投资或怎样终止投资的决策,以避免更大的损失。

### 6.1.3 项目投资的计算期构成

项目计算期是指投资项目从投资建设开始到最终清理结束整个过程的全部时间,即该项目的有效持续时间。完整的项目计算期,包括建设期和生产经营期。其中建设期(记做 $s$)的第 1 年初(记做第 0 年)称为建设起点,建设期的最后一年末(第 $s$ 年)称为投产日,项目计算期的最后一年末(记做第 $n$ 年)称为终结点,从投产日到终结日之间的时间间隔称为生产经营期(记做 $p$),生产经营期包括试产期和达产期(完全达到设计生产能力)。项目计算期、建设期和生产经营期之间有以下关系:

$$n = s + p$$

万兴隆公司拟投资新建一个项目,在建设起点开始投资,历经两年后投产,试产期为 1 年,主要固定资产的预计使用寿命为 10 年。根据上述资料,估算该项目各项指标如下:

建设期为 2 年,运营期为 10 年。

达产期 = 10 − 1 = 9(年)

项目计算期 = 2 + 10 = 12(年)

### 6.1.4 项目投资的金额及其投入方式

(1) 原始总投资、投资总额

①原始总投资又称为初始投资,是反映项目所需现实资金水平的价值指标。从项目投资的角度看,原始总投资是企业为使项目完全达到设计生产能力、开展正常经营而投入的全部现实资金,包括建设投资和流动资金投资两项内容。

建设投资是指在建设期内按一定生产经营规模和建设内容进行的投资,包括:

a. 固定资产投资。固定资产投资指用于购置或安装固定资产应当发生的投资。

b. 无形资产投资。无形资产投资指项目用于取得无形资产而发生的投资。

c. 开办费投资。开办费投资指在筹建期内发生的,不能计入固定资产和无形资产价值的那部分投资。

d. 流动资金投资。流动资金投资指项目投产前后分次或一次投放于流动资产项目投资增加额,又称营运资金投资。

其计算公式为:

$$本年流动资金增加额＝本年流动资金需要数－截至上年的流动资金投资额$$

$$经营期流动资产需用数＝该年流动资产需用数－该年流动负债需用数$$

②投资总额是一个反映项目投资总体规模的价值指标,它等于原始总投资与建设期资本化利息之和。其中建设期资本化利息是指在建设期发生的与构建项目所需的固定资产、无形资产等长期资产有关的借款利息。

(2)项目投资资金的投入方式

投资主体将总投资额注入具体投资项目的投入方式,分为一次投入和分次投入两种形式。一次投入方式是指投资行为集中一次发生在项目计算期第一个年度的年初或年末。如果投资行为涉及两个或两个以上年度,或虽然只涉及一个年度,但同时在该年度的年初和年末发生,则属于分次投入方式。

资金投入方式与项目计算期的构成情况有关,同时也受到投资项目的具体内容制约。建设投资既可以采用年初预付的方式,也可采用年末结算的方式,因此该项目投资必须在建设期内一次或分次投入。就单纯固定资产投资项目而言,如果建设期等于零,说明固定资产投资的投资方式是一次投入;如果固定资产投资是分次投入的,则意味着该项目建设期一般大于一年。

流动资金投资必须采用预付的方式,因此其首次投资最迟必须在建设期末(投产日)完成,亦可在试产期内有关年份的年初分次追加投入。正因为如此,在实务中,即使其完整工业项目的建设期为零,其原始投资也可能采用分次投入方式。

## 6.2 项目投资决策的基本方法

### 6.2.1 项目现金流量构成

现金流量也称现金流动量。在项目投资决策中,现金流量是指投资项目在其计算期内因资本循环而可能或应该发生的各种现金流入量与现金流出量、现金净流量的统称,它是计算项目投资决策评价指标的主要根据和重要信息之一。

项目投资决策所使用的现金概念,是广义的现金,它不仅包含各种货币资金,而且还包括项目投入企业拥有的非货币资源的变现价值(或重置成本)。例如,一个项目需要使用原有的厂房、设备和材料等,则相关的现金流量是指它们的变现价值,而不是其账面成本。

投资决策中的现金流量,从时间特征上看包括以下三个组成部分:

(1)初始现金流量

初始现金流量是指开始投资时发生的现金流量,一般包括固定资产投资、无形资产投资、开办费投资、流动资金投资、原有固定资产的变价收入等。

(2)营业现金流量

营业现金流量是指投资项目投入使用后,在其寿命周期内由于生产经营所带来的现金流入和流出的数量。

(3) 终结现金流量

终结现金流量是指投资项目完成时所发生的现金流量,主要包括固定资产的残值收入或变价收入、收回垫支的流动资金、停止使用的土地变价收入等。

### 6.2.2 项目投资分析的假设条件

(1) 投资项目类型假设

假设投资项目只包括单纯固定资产投资项目、完整工业投资项目和更新改造投资项目三种类型,这些项目又可进一步分为不考虑所得税因素和考虑所得税因素的项目。

(2) 财务可行性分析假设

假设投资决策是从企业投资者的立场出发,投资决策者确定现金流量就是为了进行项目财务可行性研究,该项目已经具备国民经济可行性和技术可行性。

(3) 全投资假设

假设在确定项目的现金流量时,只考虑全部投资的运动情况,而不具体区分自有资金和借入资金等具体形式的现金流量。即使实际存在借入资金也将其作为自有资金对待。

(4) 建设期投入全部资金假设

不论项目的原始总投资是一次投入还是分次投入,除个别情况外,假设它们都是在建设期内投入的。

(5) 经营期与折旧年限一致假设

假设项目主要固定资产的折旧年限或使用年限与经营期相同。

(6) 时点指标假设

为便于利用资金时间价值的形式,不论现金流量具体内容所涉及的价值指标实际上是时点指标还是时期指标,均假设按照年初或年末的时点指标处理。其中,建设投资在建设期内有关年度的年初或年末发生,流动资金投资则在建设期末发生;经营期内各年的收入、成本、折旧、摊销、利润、税金等项目的确认均在年末发生;项目最终报废或清理均发生在终结点(但更新改造项目除外)。

(7) 确定性假设

假设与项目现金流量有关的价格、产销量、成本水平、所得税率等因素均为已知常数。

### 6.2.3 现金流量的内容

(1) 单纯固定资产投资项目的现金流量

新建项目中的单纯固定资产投资项目,简称固定资产项目,是指只涉及固定资产投资而不涉及其他长期投资和流动资金投资的项目。它往往以新增生产能力,提高生产效率为特征。

① 现金流入量的内容。

a. 增加的营业收入。它是指固定资产投入使用后每年新增的全部销售收入或业务收入。

b. 回收固定资产余值。这是指该固定资产在终结点报废清理时所回收的价值。

②现金流出量的内容。

现金流出量包括:固定资产投资;新增经营成本,指该固定资产投入使用后每年增加的经营成本;增加的各项税款,指该固定资产投入使用后,因收入的增加而增加的增值税、因应纳税所得额增加而增加的所得税等。

(2)完整工业投资项目的现金流量

完整工业投资项目简称新建项目,它是以新增工业生产能力为主的投资项目,其投资涉及内容比较广泛。

①现金流入量的内容:营业收入,指项目投产后每年实现的全部销售收入或业务收入,它是经营期主要的现金流入量项目;回收固定资产余值,指投资项目的固定资产在终结点报废清理或中途变价转让处理时所回收的价值;回收流动资金,主要指新建项目在项目计算期完全终止时因不再发生新的替代投资而回收的原垫付的全部流动资金投资额。回收流动资金和回收固定资产余值统称为回收额;其他现金流入量,指以上三项指标以外的现金流入量项目。

②现金流出量的内容:建设投资,这是建设期发生的主要现金流出量;流动资金投资;经营成本,指在经营期内为满足正常生产经营而动用现实货币资金支付的成本费用,又被称为付现的营运成本,它是生产经营阶段上最主要的现金流出量项目;各项税款,指项目投产后依法缴纳的、单独列示的各项税款,包括增值税和所得税等;其他现金流出,指不包括在以上内容中的现金流出项目。

### 6.2.4 现金流量的估算

(1)现金流入量的估算

①营业收入的估算。各年预计单价(不含增值税)和预测销售量进行估算。

②回收固定资产余值估算。固定资产的原值乘以其法定净残值率。

③回收流动资金的估算。各年垫支的流动资金投资额的合计数。

(2)现金流出量的估算

①建设投资的估算。包括固定资产投资、无形资产投资、开办费投资等。

②流动资金投资的估算。用本年流动资金需用额减去截至上年末的流动资金占用额。

③经营成本的估算。与项目相关的某年经营成本等于当年的总成本费用(含期间费用)扣除该年折旧额、无形资产和开办费的摊销额,以及财务费用中的利息支出等项目后的差额。

④各项税款的估算。包括所得税、城建税及教育费附加等。

### 6.2.5 净现金流量的计算

净现金流量又称现金净流量(NCF),是指在项目计算期内每年现金流入量与同年现金流出量之间的差额。净现金流量具有以下两个特征:第一,无论在经营期内还是在建设期内都存在净现金流量。第二,建设期内的净现金流量一般小于或等于零;在经营期内的净现金流量多为正值。

$$某年净现金流量=该年现金流入量-该年现金流出量$$

净现金流量的计算:

$$建设期某年的净现金流量=-原始投资额$$

$$经营期某年净现金流量=该年净利润+该年折旧+该年摊销+该年利息+该年回收额$$

腾越公司投资于工业项目,需要一次投入固定资产投资 600 万元,流动资金投资 120 万元,资金全部来源于银行借款,年利息率为 10%,建设期 2 年,发生资本化利息 100 万元,经营期 5 年,按直线法折旧,期满有净残值 60 万元。该项目投入使用后,预计每年销售收入 320 万元,每年经营成本 120 万元。该企业所得税税率为 25%,不享受减免税待遇。经营期每年支付借款利息 70 万元,经营期结束时归还本金。设定折现率为 10%。要求:计算建设期现金净流量、经营期年现金净流量和终结点现金净流量。

**解:**

固定资产原值 = 600 + 100 = 700(万元)

年折旧 = (700 − 60) ÷ 5 = 128(万元)

项目计算期 = 2 + 5 = 7(年)

建设期现金净流量:

$NCF_0 = -600(万元); NCF_1 = 0; NCF_2 = -120(万元)$

经营期年现金净流量:

$NCF_{3\sim6} = (320 - 120 - 128 - 70) \times (1 - 25\%) + 128 + 70 = 199.5(万元)$

终结点现金净流量:

$NCF_7 = 199.5 + 120 + 60 = 379.5(万元)$

### 6.2.6 财务可行性评价指标的类型

财务可行性评价指标,是指用于衡量投资项目财务效益大小和评价投入产出关系是否合理,以及评价其是否具有财务可行性所依据的一系列量化指标的统称。由于这些指标不仅可以用于评价投资方案的财务可行性,而且还可以与不同的决策方法相结合,作为多方案比较与选择决策的量化标准与尺度,因此在实践中又称为财务投资决策评价指标,简称评价指标。

财务可行性评价指标很多,本书主要介绍静态投资回收期、总投资收益率、净现值、净现值率和内部收益率五个指标。

上述评价指标可以按以下标准进行分类:

(1)按照是否考虑资金时间价值分类,可分为静态评价指标和动态评价指标。前者是指在计算过程中不考虑资金时间价值因素的指标,简称为静态指标,包括总投资收益率和静态投资回收期;后者是指在计算过程中充分考虑和利用资金时间价值因素的指标。

(2)按指标性质不同,可分为在一定范围内越大越好的正指标和越小越好的反指标两大类。上述指标中只有静态投资回收期属于反指标。

(3)按指标在决策中的重要性分类,可分为主要指标、次要指标和辅助指标。净现值、内部收益率等为主要指标;静态投资回收期为次要指标;总投资收益率为辅助指标。

从总体看,计算财务可行性评价指标需要考虑的因素包括:财务可行性要素、项目计算期的构成、时间价值和投资的风险。其中,前两项因素是计算任何财务可行性评价指标都需要考虑的因素,可以通过测算投资项目各年的净现金流量来集中反映;时间价值则是计算动态指标应当考虑的因素,投资风险既可以通过调整项目净现金流量来反映,也可以通过修改折现率指标来反映。

## 6.3 项目投资评价指标

### 6.3.1 投资利润率

(1)投资利润率计算

投资利润率又称投资报酬率,是指投产期正常年度利润或年均利润占投资总额的百分比。计算公式为:

$$投资利润率 = 年均利润总额 \div 投资总额 \times 100\%$$

腾越公司商业城一投资项目,有两个投资方案 A 和 B(见表6-1),投资总额均为100万元,全部用于购入新设备,采用直线法折旧,使用年限均为5年,期末无残值。求A、B方案的投资利润率。

表 6-1　商业城一投资项目的有关资料　　　　　　　　　单位:万元

| 项目计算期 | A方案 | | B方案 | |
|---|---|---|---|---|
| | 利润 | 现金净流量 | 利润 | 现金净流量 |
| 0 | | (100) | | (100) |
| 1 | 15 | 35 | 10 | 30 |
| 2 | 15 | 35 | 14 | 34 |
| 3 | 15 | 35 | 18 | 38 |
| 4 | 15 | 35 | 22 | 42 |
| 5 | 15 | 35 | 26 | 46 |
| 合计 | 75 | 175 | 90 | 190 |

**解**:A 方案的投资利润率 $= 15 \div 100 \times 100\% = 15\%$

B 方案的投资利润率 $= 90 \div 5 \div 100 \times 100\% = 18\%$

(2)投资利润率的优缺点

优点:计算过程比较简单,能够反映建设期资本化利息的有无对项目的影响。

缺点:第一,没有考虑资金时间价值因素;第二,不能正确反映建设期长短、投资方式的不同和回收额的有无等条件对项目的影响;第三,无法直接利用净现金流量信息;第四,计算公式中分子分母的时间特征不同,不具有可比性。

(3)投资利润率评价标准

只有投资利润率指标大于或等于无风险投资利润率,投资项目才具有财务可行性。

### 6.3.2 静态投资回收期

静态投资回收期,简称回收期,是指以投资项目经营净现金流量抵偿原始总投资所需要的全部时间。它包括两种形式:包括建设期的投资回收期和不包括建设期的投资回收期。

(1)静态投资回收期的计算

$$不包括建设期的投资回收期 = 原始总投资 \div 年净现金流量$$

$$包括建设期的投资回收期 = 不包括建设期的投资回收期 + 建设期$$

上述腾越公司静态回收期计算结果:

不包括建设期的投资回收期 $= 720 \div 199.5 = 3.61(年)$

包括建设期的投资回收期 $PP'+s=3.61+2=5.61$(年)

(2)静态投资回收期的优缺点

优点：

第一，能够直观地反映原始投资的返本期限；

第二，便于理解，计算简单，应用较为广泛；

第三，可以直接利用回收期之前的净现金流量信息。

缺点：

第一，没有考虑资金时间价值因素；

第二，不能正确反映投资方式的不同对项目的影响；

第三，不考虑回收期满后继续发生的净现金流量的变化情况。

(3)静态投资回收期评价标准

只有当该指标小于或等于基准投资回收期，投资项目才具有财务可行性。

### 6.3.3 净现值

净现值是指投资项目未来现金流入量的现值与未来现金流出量的现值之差。

(1)净现值的计算

若经营期内各年现金净流量相等，计算公式为：

$$净现值 = 年现金净流量 \times 年金现值系数 - 投资现值$$

腾越公司拟购入设备一台，价值 60 000 元，按直线法计提折旧，使用 6 年，期末无残值。预计投产后每年可获得利润 8 000 元，设贴现率为 12%，求该项目的净现值。

解：$NCF_0 = -60\,000$(元)；$NCF_{1\sim6} = 8\,000 + 60\,000 \div 6 = 18\,000$(元)
$NPV = 18\,000 \times (P/A, 12\%, 6) - 60\,000 = 18\,000 \times 4.111\,4 - 60\,000 = 14\,005.2$(元)

若经营期内各年现金净流量不相等，计算公式为：

$$净现值 = \sum(各年的现金净流量 \times 各年的现值系数) - 投资现值$$

(2)净现值的优缺点

优点：第一，充分考虑了资金时间价值；第二，能够利用全部净现金流量信息。

缺点：无法直接反映投资项目的实际收益率水平。

(3)净现值评价标准

只有当该指标大于或等于零，投资项目才具有财务可行性。

### 6.3.4 净现值率

净现值率($NPVR$)是反映项目的净现值占原始投资现值的比率。

(1)净现值率的计算

计算公式为：

$$净现值率 = 净现值 / 原始投资现值合计$$

(2)净现值率的优缺点

优点：第一，可以从动态的角度反映项目投资的资金投入与净产出之间的关系；第二，比其他折现相对指标更容易计算。

缺点:无法直接反映投资项目的实际收益率。

(3)净现值率评价标准

只有当该指标大于或等于零,投资项目才具有财务可行性。

### 6.3.5 获利指数

获利指数(PI)又被称为现值指数,是指投产后按行业基准折现率或设定折现率折算的各年净现金流量的现值合计与原始投资的现值合计之比。

(1)获利指数的计算

计算公式为:

$$获利指数 = 投产后各年净现金流量的现值合计 / 原始投资的现值合计$$

(2)获利指数的优缺点

优点:从动态的角度反映项目投资的资金投入与总产出之间的关系。

缺点:无法直接反映投资项目的实际收益率,计算复杂,计算口径不一致。

(3)获利指数评价标准

只有当该指标大于或等于1,投资项目才具有财务可行性。

### 6.3.6 内部收益率

内部收益率又称内含报酬率,是指能够使投资项目的净现值为零的折现率,它反映了投资项目的真实收益。

(1)内部收益率计算

计算内部收益率指标可以通过特殊方法、一般方法两种方法来完成。

①内部收益率指标计算的特殊方法。

该法是指当项目投产后的净现金流量表现为普通年金的形式时,可以直接利用年金现值系数计算内部收益率的方法,又称为简便算法。

该法所要求的充分而必要的条件是:项目的全部投资均于建设起点一次投入,建设期为零,建设起点第0期净现金流量等于全部原始投资的负值,即:$NCF_0 = -I$;投产后每年净现金流量相等,第1至第$n$期每期净现金流量取得了普通年金的形式。

应用本法的条件十分苛刻,只有当项目投产后的净现金流量表现为普通年金的形式时才可以直接利用年金现值系数计算内部收益率,在此法下,内部收益率$IRR$可按下式确定:

$$(P/A, IRR, n) = \frac{I}{NCF}$$

式中:$I$为在建设起点一次投入的原始投资;$(P/A, IRR, n)$是$n$期、设定折现率为$IRR$的年金现值系数;$NCF$为投产后1~$n$年每年相等的净现金流量($NCF_1 = NCF_2 = \cdots = NCF_n = NCF$,$NCF$为一常数,$NCF \geqslant 0$)。

特殊方法的具体程序如下:

第一,按上式计算$(P/A, IRR, n)$的值,假定该值为$C$,则$C$值必然等于该方案不包括建设期的回收期。

第二,根据计算出来的年金现值系数$C$,查$n$年的年金现值系数表。

第三,若在$n$年系数表上恰好能找到等于上述数值$C$的年金现值系数$(P/A, r_m, n)$,则该系数所对应的折现率 $r_m$ 即为所求的内部收益率 $IRR$。

第四,若在系数表上找不到事先计算出来的系数值 $C$,则需要找到系数表上同期略大及略小于该数值的两个临界值 $C_m$ 和 $C_{m+1}$ 及相对应的两个折现率 $r_m$ 和 $r_{m+1}$,然后应用内插法计算近似的内部收益率。即,如果以下关系成立:

$$(P/A, r_m, n) = C_m > C$$
$$(P/A, r_{m+1}, n) = C_{m+1} < C$$

就可按下列具体公式计算内部收益率 $IRR$:

$$IRR = r_{m+1} + \frac{C_m - C}{C_m - C_{m+1}} \cdot (r_{m+1} + r_m)$$

为缩小误差,按照有关规定,$r_{m+1}$ 与 $r_m$ 之间的差不得大于 5%。

圣泉公司拟投资一项目,该项目在建设起点一次性投资 254 580 元,当年完工并投产,投产后每年可获净现金流量 50 000 元,运营期为 15 年。

根据上述资料,判断其用特殊方法计算该项目的内部收益率如下:

$\because NCF_0 = -254\ 580 \quad NCF_{1\sim 15} = 50\ 000$

$\therefore$ 此题可采用特殊方法。

$$(P/A, IRR, 15) = \frac{254\ 580}{50\ 008} = 5.091\ 6$$

查 15 年的年金现值系数表:

$\because (P/A, 18\%, 15) = 5.091\ 6$

$\therefore IRR = 18\%$

宝隆公司拟投资一项目,该项目的所得税前净现金流量如下:$NCF_0$ 为 $-100$ 万元,$NCF_{1\sim 10}$ 为 20 万元。根据上述资料,可用特殊方法计算内部收益率如下:

$$(P/A, IRR, 10) = \frac{100}{20} = 5.000\ 0$$

查 10 年的年金现值系数表:

$\because (P/A, 14\%, 10) = 5.216\ 1 > 5.000\ 0$

$(P/A, 16\%, 10) = 4.833\ 2 < 5.000\ 0$

$\therefore 14\% < IRR < 16\%$,应用内插法。

$$IRR = 14\% + \frac{5.216\ 1 - 5.000\ 0}{5.216\ 1 - 4.833\ 2} \times (16\% - 14\%) \approx 15.13\%$$

②内部收益率指标计算的一般方法。

该法是指通过计算项目不同设定折现率的净现值,然后根据内部收益率的定义所揭示的净现值与设定折现率的关系,采用一定技巧,最终设法找到能使净现值等于零的折现率——内部收益率 $IRR$ 的方法,又称为逐次测试逼近法(简称逐次测试法)。如项目不符合直接应用简便算法的条件,必须按此法计算内部收益率。

一般方法的具体应用步骤如下:

第一,先自行设定一个折现率 $r_1$,代入计算净现值的公式,求出按 $r_1$ 为折现率的净现值 $NPV_1$,并进行下面的判断。

第二,若净现值 $NPV_1 = 0$,则内部收益率 $IRR = r_1$,计算结束;若净现值 $NPV_1 > 0$,则内部收益率 $IRR > r_1$,应重新设定 $r_2 > r_1$,再将 $r_2$ 代入有关计算净现值的公式,求出 $r_2$ 为折现率

的净现值 $NPV_2$，继续进行下一轮的判断；若净现值 $NPV_1<0$，则内部收益率 $IRR<r_1$，应重新设定 $r_2<r_1$，再将 $r_2$ 代入有关计算净现值的公式，求出 $r_2$ 为折现率的净现值 $NPV_2$，继续进行下一轮的判断。

第三，经过逐次测试判断，有可能找到内部收益率 $IRR$。每一轮判断的原则相同。若设 $r_j$ 为第 $j$ 次测试的折现率，$NPV_j$ 为按 $r_j$ 计算的净现值，则有：

当 $NPV_j>0$ 时，$IRR>r_j$，继续测试；

当 $NPV_j<0$ 时，$IRR<r_j$，继续测试；

当 $NPV_j=0$ 时，$IRR=r_j$，测试完成。

第四，若经过有限次测试，已无法继续利用有关货币时间价值系数表，仍未求得内部收益率 $IRR$，则可利用最为接近零的两个净现值正负临界值 $NPV_m$、$NPV_{m+1}$ 及其相应的折现率 $r_m$、$r_{m+1}$ 四个数据，应用内插法计算近似的内部收益率。

即：如果以下关系成立，

$$NPV_m>0$$
$$NPV_{m+1}<0$$
$$r_m<r_{m+1}$$
$$r_{m+1}-r_m \leqslant d \ (2\% \leqslant d < 5\%)$$

就可以按下列具体公式计算内部收益率 $IRR$：

$$IRR=r_m+\frac{NPV_m-0}{NPV_m-NPV_{m+1}} \cdot (r_{m+1}-r_m)$$

万盛公司拟投资一项目，该项目只能用一般方法计算内部收益率。按照逐次测试逼近法的要求，自行设定折现率并计算净现值，据此判断调整折现率。经过 5 次测试，得到表 6-2 所示的数据（计算过程略）。

表 6-2　逐次测试逼近法数据资料　　　　　　　　　价值单位：万元

| 测试次数 $j$ | 设定折现率 $r_j$ | 净现值 $NPV_j$（按 $r_j$ 计算） |
| --- | --- | --- |
| 1 | 10% | +918.383 9 |
| 2 | 30% | -192.799 1 |
| 3 | 20% | +217.312 8 |
| 4 | 24% | 39.317 7 |
| 5 | 26% | -30.190 7 |

计算该项目的内部收益率 $IRR$ 的步骤如下：

∵ $NPV_m=+39.317\ 7>NPV_{m+1}=-30.190\ 7$

　$r_m=24\%<r_{m+1}=26\%$

　$26\%-24\%=2\%<5\%$

∴ $24\%<IRR<26\%$

应用内插法：

$$IRR=24\%+\frac{39.317\ 7-0}{39.317\ 7-(-30.190\ 7)}\times(26\%-24\%)\approx 25.13\%$$

上面介绍的计算内部收益率的两种方法中，都涉及内插法的应用技巧，尽管具体应用条件不同，公式也存在差别，但该法的基本原理是一致的，即假定自变量在较小变动区间内，它与因变量之间的关系可以用线性模型来表示,因而可以采取近似计算的方法进行处理。

(2)内部收益率优缺点

①内部收益率指标的优点。

第一,反映项目投资实际收益率;第二,与项目基准折现率无关。

②内部收益率指标的缺点。

第一,计算较为复杂;第二,计算结果不准。

(3)内部收益率的评价标准

只有该指标大于或等于基准折现率,投资项目才具有财务可行性。

## 6.4 项目投资决策评价指标的运用

### 6.4.1 独立方案财务可行性评价及投资决策

(1)如果某一投资方案的所有评价指标均处于可行区间,则可以断定该投资方案无论从哪个方面看都具备财力可行性,或完全具备可行性。

(2)如果某一投资方案的所有评价指标均处于不可行区间,则可以断定该投资项目无论从哪个方面看都不具备财务可行性,或完全不具备可行性。

(3)如果某一投资方案净现值指标处于可行区间,但静态回收期处于不可行区间,则可以断定该项目基本上具有财务可行性。

(4)如果某一投资方案净现值指标处于不可行区间,但静态回收期处于可行区间,则可以断定该项目基本上不具有财务可行性。

### 6.4.2 多个互斥方案的比较决策

互斥方案是指互相关联、互相排斥的方案,即一组方案中的各个方案彼此可以相互代替,采纳方案组中的某一方案,就会自动排斥这组方案中的其他方案。因此,互斥方案具有排他性。例如,某企业拟增加一条生产线(购置设备),既可以自己生产制造,也可以向国内其他厂家订购,还可以向某外商订购,这一组设备购置方案即互斥方案,因为在这三个方案中,只能选择其中一个方案。

多个互斥方案比较决策是指在每一个入选方案已具备财务可行性的前提下,利用具体决策方法比较各个方案的优劣,利用评价指标从各个备选方案中最终选出一个最优方案的过程。对互斥方案而言,评价每一方案的财务可行性,不等于最终的投资决策,但它是进一步开展各方案之间比较决策的重要前提,因为只有完全具备或基本具备财务可行性的方案,才有资格进入最终决策;完全不具备或基本不具备财务可行性的方案,不能进入下一轮比较选择。已经具备财务可行性,并进入最终决策程序的互斥方案也不能保证在多方案决策中被最终选定,因为还要进行下一轮淘汰筛选。

项目投资多方案比较决策的方法是指利用特定评价指标作为决策标准或依据的各种方法统称,主要包括净现值法、净现值率法、差额投资内部收益率法、年等额净回收额法和计算期统一法等具体方法。

(1)净现值法

它是指通过比较所有投资方案的净现值指标的大小来选择最优方案的方法。该法适用于原始投资相同且项目计算期相等的多方案比较决策。在此法下,净现值最大的方案为优。

某投资项目需要原始投资 1 000 万元,有 A 和 B 两个互相排斥,但项目计算期相同的备选方案可供选择,各方案的净现值指标分别为 228.91 万元和 206.02 万元。根据上述资料,按净现值法作出决策的程序如下:

①评价各备选方案的财务可行性。

∵ A、B 两个备选方案的 $NPV$ 均大于零

∴ 这两个方案均具有财务可行性。

②按净现值法进行比较决策。

∵ 228.91＞206.02

∴ A 方案优于 B 方案。

(2) 净现值率法

它是指通过比较所有投资方案的净现值率指标的大小来选择最优方案的方法。该法适用于原始投资相同的多个互斥方案的比较决策。在此法下,净现值率最大的方案为优。

A 项目与 B 项目为互斥方案,它们的项目计算期相同。A 项目原始投资的现值为 150 万元,净现值为 29.97 万元;B 项目原始投资的现值为 100 万元,净现值为 24 万元。

根据上述资料,计算两个项目净现值率并按净现值和净现值率比较决策如下:

①计算净现值率。

A 项目的净现值率 $=\dfrac{29.97}{150}\approx 0.20$

B 项目的净现值率 $=\dfrac{24}{100}=0.24$

②在净现值法下。

∵ 29.97＞24

∴ A 项目优于 B 项目。

在净现值率法下

∵ 0.24＞0.20

∴ B 项目优于 A 项目。

由于两个项目的原始投资额不相同,导致两种方法的决策结论相互矛盾。

总之,无论净现值法还是净现值率法,都不能用于原始投资额不相同的互斥方案比较决策,必须考虑采取其他方法。

(3) 差额投资内部收益率法

它是指在两个原始投资额不同方案的差量现金净流量($\Delta NCF$)的基础上,计算出差额内部收益率($\Delta IRR$),并与行业基准折现率进行比较,进而判断方案孰优孰劣的方法。该法适用于两个原始投资不相同的多方案比较决策。

根据腾越公司的资料,A 项目原始投资的现值为 300 万元,1～10 年的净现金流量为 58.58 万元;B 项目原始投资的现值为 200 万元,1～10 年的净现金流量为 40.36 万元。行业基准折现率为 10%。

要求:①计算差量现金净流量;②计算差额内部收益率;③用差额内部收益率法做出比较投资决策。

**解**：①$\Delta NCF_0 = -300-(-200) = -100$（万元）；$\Delta NCF_{1\sim 10} = 58.58-40.36 = 18.22$（万元）

②$(P/A,\Delta IRR,10) = 100/18.22 \approx 5.4885$

当折现率$=12\%$时，$(P/A,12\%,10) = 5.6502 > 5.4885$

当折现率$=14\%$时，$(P/A,14\%,10) = 5.2161 < 5.4885$

可知，$12\% < \Delta IRR < 14\%$，用内插法：

$\Delta IRR = 12\% + (5.6502-5.4885)/(5.6502-5.2161) \times (14\%-12\%) \approx 12.74\%$

③由于$\Delta IRR = 12.74\% > 10\%$，所以应当投资A项目。

(4) 年等额净回收额法

它是指通过比较所有投资方案的年等额净回收额（记做NA）指标的大小来选择最优方案的决策方法。该法适用于原始投资不相同、项目计算期不同的多方案比较决策。在此法下，年等额净回收额最大的方案为优。

计算公式：　　　　年等额净回收额＝净现值/年金现值系数

腾越公司拟投资建设一项目。现有两个方案可供选择：A方案的原始投资为60 000元，项目计算期为6年（建设期1年），投资于计算起点一次投入，净现值为30 344元，投资回收期为3年；B方案的项目计算期为8年，净现值为50 000元，投资回收期为5年，行业基准折现率为10%。

**要求**：①判断每个方案的财务可行性；②用年等额净回收额法做出最终的投资决策（计算结果保留两位小数）。

**解**：①A方案的净现值大于零，包括建设期的投资回收期=3年，A方案具有完全财务可行性。

B方案的净现值大于零，投资回收期大于项目计算期的一半，B方案基本具备财务可行性。

②A方案的年等额净回收额＝A方案的净现值$/(P/A,10\%,6) = 30344/4.3553 = 6967$（元）

B方案的年等额净回收额＝B方案的净现值$/(P/A,10\%,8) = 50000/5.3349 = 9372$（元）

因为B方案的年等额净回收额最大，所以选择B方案。

(5) 计算期统一法

它是指通过对计算期不相等的多个互斥方案选定一个共同的计算分析期，以满足时间可比性的要求，进而根据调整后的评价指标来选择最优方案的方法。该法包括方案重复法和最短计算期法两种具体处理方法。

①方案重复法。方案重复法又称计算期最小公倍数法，是将各方案计算期的最小公倍数作为比较方案的计算期，进而调整有关指标，并据此进行多方案比较决策的一种方法。

应用此法，可采取两种方式：

第一种方式，将各方案计算期的各年净现金流量或费用流量进行重复计算，直到与最小公倍数计算期相等；然后，再计算净现值、净现值率、差额内部收益率或费用现值等评价指标；最后根据调整后的评价指标进行方案比选。

第二种方式，直接计算每个方案项目原计算期内的评价指标（主要指净现值），再按照最小公倍数原理分别对其折现，并求代数和，最后根据调整后的净现值指标进行方案比选。

如A和B方案的计算期分别为10年和15年，净现值分别为1 568.54万元和1 738.49

万元,基准折现率为10%。

用计算期统一法中的方案重复法(第二种方法)做出最终的投资决策。

A方案的项目计算期为10年,B方案的项目计算期为15年,两个方案的计算期的最小公倍数为30年。

在此期间,A方案重复两次,B方案只重复一次,则调整后的净现值为:

A方案的净现值 = $1\,568.54 + 1\,568.54 \times (P/F, 10\%, 10) + 1\,568.54 \times (P/F, 10\%, 20)$ = $2\,406.30$(万元)

B方案的净现值 = $1\,738.49 + 1\,738.49 \times (P/F, 10\%, 15) = 2\,154.68$(万元)

因为 $2\,406.30$(万元) $> 2\,154.68$(万元),所以 A 方案优于 B 方案。

由于有些方案的计算期相差很大,按最小公倍数所确定的计算期往往很长。假定有四个互斥方案的计算期分别为15、25、30和50,那么它们的最小公倍数为150年,显然考虑这么长时间内的重复计算既复杂又无必要。为了克服方案重复法,人们设计了最短计算期法。

②最短计算期法。最短计算期法又称最短寿命期法,是指在将所有方案的净现值均还原为等额年回收额的基础上,再按照最短的计算期来计算出相应的净现值,进而根据调整后的净现值指标进行多方案比较决策的一种方法。

A、B和C三个方案的计算期分别为6年、8年和12年,其中最短的计算期为6年,三个方案的年等额净回收额分别为6 967元、9 372元和10 273元。

则调整后的净现值指标分别为:

A方案调整后的净现值 = $6\,967 \times (P/A, 10\%, 6) = 30\,344$(元)(原来的净现值)

B方案调整后的净现值 = $9\,372 \times (P/A, 10\%, 6) = 40\,818$(元)

C方案调整后的净现值 = $10\,273 \times (P/A, 10\%, 6) = 44\,742$(元)

因为 C 方案调整后的净现值最大,所以选择 C 方案。

### 6.4.3 多方案组合排队投资决策

如果一组方案中既不属于相互独立,又不属于相互排斥,而是可以实现任意组合或排队,则这些方案被称作组合或排队方案,其中又包括先决方案、互补方案和不完全方案等形式。在这种方案决策中,除了要求首先评价所有方案的财务可行性,淘汰不具备财务可行性的方案外,在接下来的决策中需要衡量不同组合条件下的有关评价指标的大小,从而做出最终决策。

这类决策涉及的多个项目之间不是相互排斥的关系,它们之间可以实现任意组合。又分两种情况:①在资金总量不受限制的情况下,可按每一项目的净现值大小排队,确定优先考虑的项目顺序;②在资金总量受到限制时,则需要按净现值率或获利指数的大小,结合净现值进行各种组合排队,从中选出能使 $\sum NPV$ 最大的最优组合。具体程序如下:

第一,以各方案的净现值率高低为序,逐项计算累计投资额,并与限定投资总额进行比较。

第二,当截至某项投资项目(假定为第 $J$ 项)的累计投资额恰好达到限定的投资总额时,则第1至第 $J$ 项目组合为最优投资组合。

第三,若在排序过程中未能直接找到最优组合,必须按下列方法进行必要的修正。

当排序中发现第 $J$ 项的累计投资额首次超过限定投资额,而删除该项后,按顺延的项目计算的累计投资额却小于或等于限定投资额时,可将第 $J$ 项与第 $J+1$ 项交换位置,继续计算累计投资额。这种交换可连续进行。

当排序中发现第 J 项的累计投资额首次超过限定投资额,又无法与下一项进行交换,第 (J-1)项的原始投资大于第 J 项原始投资时,可将第 J 项与第 J-1 项交换位置,继续计算累计投资额。这种交换亦可连续进行。

若经过反复交换,已不能再进行交换,仍未找到能使累计投资额恰好等于限定投资额的项目组合时,可按最后一次交换后的项目组合作为最优组合。

总之,在主要考虑投资效益的条件下,多方案比较决策的主要依据就是能否保证在充分利用资金的前提下,获得尽可能多的净现值总量。

A、B、C、D 和 E 五个投资项目为非互斥方案,有关原始投资额、净现值、净现值率等数据如表 6-3 所示。

表 6-3　五个投资项目有关数据　　　　　　　　　　　　　　单位:万元

| 项　目 | 原始投资 | 净现值 | 净现值率(%) |
|---|---|---|---|
| A | 15 | 7.95 | 53 |
| B | 12.5 | 2.1 | 16.8 |
| C | 12 | 6.7 | 55.83 |
| D | 10 | 1.8 | 18 |
| E | 30 | 11.1 | 37 |

**要求**:分别就以下不相关情况作出多方案组合决策:

①投资总额不受限制。

②投资总额最大限量为 40 万元。

按各方案净现值率的大小排序,并计算累计原始投资和累计净现值数据。其结果如表6-4 所示。

表 6-4　计算数据　　　　　　　　　　　　　　　　　　　　单位:万元

| 顺　序 | 项　目 | 原始投资 | 净现值 | 净现值率(%) |
|---|---|---|---|---|
| 1 | C | 12 | 6.7 | 55.83 |
| 2 | A | 15 | 7.95 | 53 |
| 3 | E | 30 | 11.1 | 37 |
| 4 | D | 10 | 1.8 | 18 |
| 5 | B | 12.5 | 2.1 | 16.8 |

根据表 6-3 数据投资组合决策原则作如下决策:

①当投资总额不受限制或限额大于或等于 40 万元时,表 6-4 的投资组合方案最优。

②计算在限量内各投资组合的净现值。

$C+A+D=6.7+7.95+1.8=16.45$(万元);$C+A+B=6.7+7.95+2.1=16.75$(万元)

$C+A=6.7+7.95=14.65$(万元);$C+D=6.7+1.8=8.5$(万元)

$C+B=6.7+2.1=8.8$(万元);$A+D+B=7.95+1.8+2.1=11.85$(万元)

$A+D=7.95+1.8=9.75$(万元);$A+B=7.95+2.1=10.05$(万元)

$E+D=11.1+1.8=12.9$(万元);$D+B=1.8+2.1=3.9$(万元)

以上在限额内的各个组合净现值合计最大的是 C+A+B,净现值为 16.75 万元,即 C+A+B 组合为最优组合。

### 6.4.4 固定资产更新的决策

(1) 现金流入量的内容

① 因使用新固定资产而增加的营业收入。

② 处置旧固定资产的变现净收入。它是指在更新改造时因处置旧设备、厂房等而发生的变价收入与清理费用之差。

③ 新旧固定资产回收余值的差额。它是指按旧固定资产原定报废年份计算的,新固定资产当时余值大于旧固定资产设定余值形成的差额。

(2) 现金流出量的内容

① 购置新固定资产的投资。

② 因使用新固定资产而增加的经营成本(节约的经营成本用负值表示)。

③ 因使用新固定资产而增加的流动资金投资(节约的流动资金用负值表示)。

④ 增加的各项税税款。它是指更新改造项目投入使用后,因收入的增加而增加的增值税,因应纳税所得额增加而增加的所得税等。

(3) 现金流量的计算

建设期某年净现金流量=(该年发生的新固定资产投资-旧固定资产变价净收入)+因旧固定资产提前报废发生净损失而抵减的所得税额

经营期第一年净现金流量=该年因更新改造而增加的净利润+该年因更新改造而增加的折旧额+因旧固定资产提前报废发生净损失而抵减的所得税额

经营期其他各年净现金流量=该年因更新改造而增加的净利润+该年因更新改造而增加的折旧额+该年回收新固定资产净残值超过继续使用的旧固定资产净残值之差额

腾越公司计划变卖一套尚可使用 5 年的旧设备,另购置一套新设备来替换它。旧设备的折余价值为 80 000 元,目前变价收入 60 000 元。新设备投资额为 150 000 元,预计使用 5 年。至第 5 年年末,新、旧设备的预计残值相等。使用新设备可使企业在未来 5 年内每年增加营业收入 16 000 元,降低经营成本 9 000 元,该企业按直线法计提折旧,所得税税率为 25%。

**要求**:计算使用新设备比使用旧设备增加的净现金流量。

**解**:

① 更新设备比继续使用旧设备增加的投资额=-(150 000-60 000)=-90 000(元)

② 经营期第 1~5 年每年因更新改造而增加的折旧=90 000÷5=18 000(元)

③ 经营期第 1 年差量现金净流量=(16 000+9 000-18 000)×(1-25%)+18 000+(80 000-60 000)×25%=5 250+18 000+5 000=28 250(元)

④ 经营期第 2~5 年差量现金净流量=(16 000+9 000-18 000)×(1-25%)+18 000=5 250+18 000=23 250(元)

(4) 更新改造投资项目评价标准

在固定资产更新改造项目的投资决策中,常用的方法就是前面介绍的差额投资内部收益率法。当项目的差额投资内部收益率指标大于或等于基准折现率或设定折现率时,应当进行更新改造;反之,就不应当进行此项更新改造。

上述腾越公司的资料,若行业基准折现率分别为 10% 和 12%,确定是否用新设备替换现有旧设备。已知某更新改造项目的差量现金净流量为 $\Delta NCF_0 = -90\ 000$ 元，$\Delta NCF_1 = 28\ 250$ 元，$\Delta NCF_{2\sim 5} = 23\ 250$ 元。

**解**：计算差额投资内部收益率。

设折现率为10%测试：

$NPV = 28\ 250 \times (P/F, 10\%, 1) + 23\ 250 \times (P/A, 10\%, 4) \times (P/F, 10\%, 1) - 90\ 000$
$= 28\ 250 \times 0.909\ 1 + 23\ 250 \times 3.169\ 9 \times 0.909\ 1 - 90\ 000$
$= 25\ 682.08 + 67\ 000.83 - 90\ 000 = 2\ 682.91(元)$

设折现率为12%测试：

$NPV = 28\ 250 \times (P/F, 12\%, 1) + 23\ 250 \times (P/A, 12\%, 4) \times (P/F, 12\%, 1) - 90\ 000$
$= 28\ 250 \times 0.892\ 9 + 23\ 250 \times 3.037\ 3 \times 0.892\ 9 - 90\ 000$
$= 25\ 224.43 + 63\ 054.12 - 90\ 000 = -1\ 721.45(元)$

插值计算：$\Delta IRR = 10.93\%$

在行业基准折现率为10%时，因为 $\Delta IRR = 10.93\% > 10\%$，所以应该以新设备替换旧设备。

在行业基准折现率为12%时，因为 $\Delta IRR = 10.93\% < 12\%$，所以不应更新设备。

【任务实施】

(1) 新设备每年折旧额 $= (100 - 5)/5 = 19$(万元)

(2) 新设备投入使用后第1～4年营业现金净流量 $NCF_{1\sim 4} = 11 + 19 = 30$(万元)

(3) 新设备投入使用后第5年现金净流量 $NCF_5 = 30 + 5 + 10 = 45$(万元)

(4) 原始投资额 $= 100 + 10 = 110$(万元)

(5) 新设备购置项目的净现值净现值 $= 30 \times (P/A, 12\%, 4) + 45 \times (P/F, 12\%, 5) - 100 \times 20\% - 10 - 100 \times 80\% \times (P/F, 12\%, 1) = 30 \times 3.037\ 3 + 45 \times 0.567\ 4 - 20 - 10 - 80 \times 0.892\ 9 = 15.22$(万元)

## 拓展案例

### 东方稀铝项目的投资案例分析

通过一个民营企业的重工业进军——东方稀铝项目的投资案例分析，我们可以认识到项目投资对企业发展和战略的重要意义。2004年，中央政府实施的宏观调控政策收紧了电解铝行业的银根，加上无法突破中国铝业对氧化铝的垄断，刘永行的造铝之路走得异常艰难，投资150亿元的"巨无霸"工程碰到了障碍。在一期工程于2003年10月正式投产后，东方希望集团包头稀土铝业有限公司(以下简称东方稀铝)的大多数项目却因为资金链的收紧而暂时停止运作。东方希望集团董事长刘永行，曾被《福布斯》评为中国首富。仅仅用了两年半的时间，刘永行就把电解铝行业树立为东方希望集团的"第二主业"，但现在他被迫减缓了他在这个领域内急速前进的脚步。

事实上，这个庞大的项目曾经被各方寄予厚望，这也是它得以快速实施的原因。东方稀铝是东方希望集团2002年10月在包头市稀土高新技术开发区独资成立的，注册资本为人民币

3亿元,计划在2002年至2008年期间分四步建设并运营,一期工程计划投资25亿元,达到年产25万吨原铝的规模。到2008年,达到年产100万吨的生产能力。对刘永行与东方希望集团来说,这不仅是他们开辟"第二主业"的主战场,还是打通东方希望集团"电—铝—饲料"产业链的中枢神经所在。

在铝产业里,从上游至下游的生产链条大致如下:铝矿开采→氧化铝→电解铝→各种铝制品。兴业证券分析师孙朝晖对电解铝行业研究多年,他认为,受中国经济高速成长预期和国际铝价上涨的刺激,许多企业近年纷纷投资铝业,虽然国家发改委多次发文,要求制止电解铝行业的重复建设,但投资热潮仍然难以退去,铝业的竞争日趋白热化。有统计数据称,到2010年,中国铝行业将吸纳近1100亿元资金。

(资料来源:http://wenku.baidu.com/link? url=mZWXxumLb27Go.)

# 任务七　证券投资决策

## 【任务布置】

庆龙公司预购买宝华公司发行的面值1 000元,票面利率为8%的5年期债券,每年末计算并支付一次利息,到期偿还本金,债券的发行价为900元,同等风险的投资必要报酬率为10%。

要求:

(1)计算宝华公司发行的债券的内在价值。

(2)为庆龙公司作出是否购买宝华公司债券的投资决策。

## 【知识准备】

### 7.1　证券投资的认知

证券是指用以证明或设定权利所做成的书面凭证,它表明证券持有人或第三者有权取得该证券所拥有的特定权益。

证券按不同的分类标准可以分为不同种类:

按照证券发行主体的不同,证券可分为政府证券、金融证券和公司证券。政府证券是中央政府或地方政府为筹集资金而发行的证券;金融证券是银行或其他金融机构为筹集资金而发行的证券;公司证券是工商企业发行的证券。

按照证券所体现的权益关系,证券可分为所有权证券和债权证券。所有权证券是指证券的持有人便是证券发行单位的所有者的证券,如股票;债权证券是指证券的持有人是证券发行单位的债权人的证券,如债券。

按照证券收益的决定因素,证券可分为原生证券和衍生证券。原生证券的收益大小主要取决于发行者的财务状况;衍生证券包括期货合约和期权合约两种基本类型,其收益取决于原生证券的价格。

按照证券收益稳定性的不同,证券可分为固定收益证券和变动收益证券。固定收益证券在证券票面规定有固定收益率;变动收益证券的收益情况随企业经营状况而改变。

按照证券到期日的长短,证券可分为短期证券和长期证券。短期证券是指到期日短于一年的证券;长期证券是到期日长于一年的证券。

按照募集方式的不同,证券可分为公募证券和私募证券。公募证券,又称公开发行证券,是指发行人向不特定的社会公众广泛发售的证券;私募证券,又称内部发行证券,是指面向少数特定投资者发行的证券。

### 7.1.1 债券投资

债券投资,是指投资者购买债券以取得资金收益的一种投资活动。

(1)债券投资的特点

①债券投资风险相对较小。债券票面价值不会受到市场价格变动的影响,并且债券利息一定,只要将债券持有至到期日,一般情况下,投资者的期望收益不会发生变动,收益稳定性高,风险较小。

②债券投资中债务人的偿还期限有限定。任何债券都规定有到期的期限,债券到期后,投资者根据规定收回投资,债务人必须按时偿还债券本金。

③债券投资有较好的流动性。如果债券投资者在债券到期前需要现金,可将持有的债券售出或拿到银行等金融机构做抵押获得抵押款。

④债券投资者能获得一定的投资收益。债券投资既能保本又能生息,而且生息幅度大于银行储蓄;同时,在特定的时间还可以获取出售的价格差收益;债券投资与股票投资相比,其收益相对稳定。

(2)债券投资的优点

①本金的安全性高。与股票投资相比,债券投资风险相对较小。政府债券有国家财政做后盾,不会发生违约风险,其本金的安全性高,通常被视为无风险证券。金融债券和公司债券的持有人,也由于拥有优先求偿权,其本金损失的可能性较小。

②债券投资的收入稳定性强。一般情况下,债券都有固定的票面利率,债券持有人可以定期取得固定的利息收入,这种较稳定的利息收入便于债券投资者合理安排资金收支。

(3)债券投资的缺点

①收益率比较低。债券投资收益通常是事前预定的,收益率通常不及股票高。

②债券投资者无经营管理权。股权投资的权力之一就是享有被投资单位的经营管理权,而债券投资无法直接对被投资单位的经营活动施加影响。

### 7.1.2 股票投资

股票投资,是指投资者将资金投向股票,通过股票的买卖和收取股利以获得收益的投资行为。

(1)股票投资的特点

①股票投资具有本金的不可返还性。股票投资与债券投资都是证券投资,但投资性质不同,股票投资属于股权性质的投资,股票投资者一旦出资购买了股票,其投资资金便具有不可返还性,不会同债券投资那样在一定期限收回投资本金。

②股票投资的风险大。股票投资的风险通常比债券投资的风险大。原因有二：一是股票投资除了不能定期收回投资本金外，其股利收入的大小与所投资公司的经营情况密切相关，如果出现经营亏损，投资者则不能享受到股利分配；二是股票价格受股市面上价格波动的影响往往脱离其票面价格，股市价格的变化莫测，使股票价格具有较大的波动性。

③股票投资的收益不稳定。股票投资的收益主要是所投资公司发放的股利和转让股票的价差收益，股利收入和股票价差收入的不稳定性，导致股票投资收益的不稳定。

④股票投资具有极大的投机性。股票市场上股票价格的频繁波动和暴涨暴跌，给股票买卖的投机带来了可能，股票投机者可根据股票价格的涨落价差取得投机性收益。而债券市场的价格也有一定的波动性，但债券价格不会偏离其价格太多，因此，其投机性相对较小。

(2) 股票投资的优点

①期望收益高。股票投资属于变动收益性投资，股利收益的波动性较大，而且股票价格受各种因素的影响，不断处于变动之中，股票投资的风险水平较高，因此，股票投资的期望收益率要远高于债券投资。

②拥有经营控制权。股票投资属于所有者投资，投资者可凭借其股权比例行使其对被投资单位生产经营活动的监督和管理权力。

(3) 股票投资的缺点

①股票投资风险大。投资者购买股票后，不能要求被投资单位偿还本金，只能在证券市场上转让。而影响股票价格波动的因素很多，政治因素、经济因素、投资者的心理预期、股份公司的经营情况等都会影响股票价格的变化，使得股票投资具有较高的风险。

②股票投资收益不稳定。股票投资的收益主要是公司发放的股利和股票转让的价差收益，相对于债券而言，其收益稳定性差。

### 7.1.3 基金投资

基金投资，是指投资者通过购买投资基金股份或受益凭证来获取收益的投资方式。这种方式可使投资者享受专家服务，有利于分散风险，获得较高的、较稳定的投资收益。

(1) 基金投资的特点

①基金投资是一种集合投资理财方式。投资基金将多个投资者的资金集中起来，委托基金管理人进行共同投资，表现出一种集合理财的特点。

②能最大限度地分散投资风险。为降低投资风险，《中华人民共和国证券投资基金法》规定，基金必须以组合投资的方式进行基金的投资运作，从而使"组合投资、分散风险"成为基金的一大特色。

③可享受专业理财服务。投资基金交由专业的投资机构进行管理和运作，专业投资机构中一般拥有大量具有丰富证券投资知识的专门人员，他们能够科学地进行证券投资决策，从而尽可能地避免一般投资者由于缺乏专业投资知识而引起的失误；另外，专业投资机构通常与金融市场联系密切，具有强大的信息网络，信息资料齐全，设备先进，能够更好地对证券市场进行全方位的动态跟踪与分析，拥有单个投资者不具备的投资优势，从而可以提高基金投资的收益。

(2) 投资基金与股票、债券等投资工具的区别

①发行者和发行目的不同，体现的经济关系不同。发行股票一般是为了满足股份公司筹

集资本的需要,体现的是一种所有权关系;发行债券一般是政府、金融机构以及企业为了满足追加资金的需要,体现的是一种债权债务关系;而基金发起人发行基金股份或基金受益凭证是为了形成一个以分散组合投资为特色,以降低风险而达到资产增值目的的基金组织,基金投资人与发起人之间是一种契约关系,他们都不参与基金的运营管理,而是委托基金管理人进行运营,委托托管人进行托管,因此,投资者、发起人、托管人以及管理人之间完全是一种信托契约关系。

②存续时间不同。债券的性质决定了有一定的到期日,在约定的时间还本付息;股票是公司所有权的证明,没有到期日;而基金比较灵活,可规定有存续期,也可无存续期,即使投资基金有存续期,也可以经持有人大会或基金公司董事会决定提前终止或期满再延续。

③投资面向对象不同。股票、债券投资通常直接面向的主体是需要融资的法人单位,而投资基金的投资直接面向的是其他证券,如股票、债券等。如果说股票、债券是一次投资范畴,投资基金则属于再投资范畴或二次投资范畴。

④风险和收益不同。投资基金不能得到一个确定的利率收益,也没有定期取得收益的任何保证,但投资基金主要投向有价证券,并且是委托专门投资机构进行分散的投资组合,因此,其风险要比股票投资小而比债券投资大,其收益比债券投资高比股票投资低。

⑤投机性不同。债券一般只是单纯的投资对象,投机性较小;由于股票价格的频繁波动,股票有着很强的投机性。投资基金一般来说是一种中长期投资工具,不能当作股票来炒,但它又不同于债券,投资基金的价格是随着投资者经营效益的高低而发生变化的,具有波动性,所以基金的投机性介于股票、债券两者之间。

(3) 基金投资的优点

基金投资的最大优点是能够在不承担太大风险的情况下获得较高收益。其原因在于投资基金具有专家理财优势,具有资金规模优势。

(4) 基金投资的缺点

①无法获得很高的投资收益。投资基金在投资组合过程中,在降低风险的同时,也丧失了获得巨大收益的机会。

②在大盘整体大幅度下跌的情况下,投资人可能承担较大风险。

## 7.2 证券投资价值评估

### 7.2.1 债券投资价值

债券价值又称债券的内在价值,它是指债券未来现金流入的现值。债券作为一种投资,它的购买价格是现金流的流出,债券未来到期本息的收回或债券中途出售的收入是现金流入。因此,要计算债券投资价值,首先要计算债券未来现金流入的现值,只有当债券未来现金流入的现值大于债券现行购买价格,才值得购买。因此,债券价值是评价债券投资决策方案的一个重要指标。

通常情况下,债务是固定利率,每年付息一次,到期归还本金,按照这种模式,债券价值等于债券利息收入的年金现值与该债券到期收回本金的现值之和,其计算公式如下:

$$V = \frac{I_1}{(1+i)^1} + \frac{I_2}{(1+i)^2} + \cdots + \frac{I_n}{(1+i)^n} + \frac{M}{(1+i)^n}$$

式中：$V$——债券价值；

$I$——每年的利息；

$M$——到期的本金；

$i$——按照当时的市场利率或投资人要求的最低报酬率确定的贴现率；

$n$——债券到期前的年数。

腾越公司准备投资一债券面值为 10 000 万元，票面利率为 10%，期限为 5 年，每年付息一次，企业要对该债券进行投资，当前的利率为 12%，该债券的内在价值为多少？

解：根据公式可知：

$$V = \frac{1\,000}{(1+12\%)^1} + \frac{1\,000}{(1+12\%)^2} + \cdots + \frac{1\,000}{(1+12\%)^5} + \frac{10\,000}{(1+12\%)^5}$$

$$= 1\,000 \times 3.605 + 10\,000 \times 0.567$$

$$= 9\,275(元)$$

即只有当这种债券的市场价格低于 9 275 元时，腾越公司才会购买该债券。

### 7.2.2 股票投资价值

企业进行股票投资的目的主要有两种：一是获利，即作为一般的投资，获取股利收入及股票买卖差价；二是控股，即通过购买某一企业的大量股票达到控制该企业的目的。在第一种情况下，企业仅将某种股票作为证券投资组合的一个组成部分。而在第二种情况下，企业应集中资金投资于被控股企业的股票上，这时考虑更多的不应是目前的利益，而应是长远利益，即拥有多少股权才能达到控制的目的。

股票的投资价值主要由其内在价值决定。股票内在价值是指其预期的未来现金流入的现值。股票的未来现金流入包括两个部分：每期预期股利和出售时得到的价格收入。对股票投资收益的评价也必须计算出股票的内在价值，然后将其与股票的当前市价相比较：如果股票内在价值高于股票价格，就可以考虑买进；如果股票内在价值与股票当前市价持平，就可以考虑继续持有；如果股票内在价值低于股票当前市价，就可以考虑卖出。

(1) 基本模型

第一种情况：如果企业永远持有某种股票，则该企业可获得的现金流入就是永无休止的股利，因此其股票价值为各年股利收入的现值之和。其计算公式如下：

$$V = \frac{D_1}{(1+R_S)^1} + \frac{D_2}{(1+R_S)^2} + \cdots + \frac{D_n}{(1+R_S)^n} + \cdots$$

$$= \sum_{t=1}^{\infty} \frac{D_t}{(1+R_S)^t}$$

式中：$V$——股票的价值；

$D_t$——第 $t$ 期得到的股利；

$R_S$——股票的最低收益率（或必要报酬率）。

第二种情况：如果企业不打算永久地持有股票，而是要在合适的时候出售，以赚取股票买卖差价，这时股票未来的现金流入就是持有期间的股利收入和售出股票收入两个部分。其股票价值的计算公式如下：

$$V = \frac{D_1}{(1+R_S)^1} + \frac{D_2}{(1+R_S)^2} + \cdots + \frac{D_n}{(1+R_S)^n}$$

(2) 零成长股票的价值

股票价值的计算公式：

$$股票价值 = 股利/收益率$$

零成长股票是指该股票每年的股利发放金额都相等，每年股票股利增长率同上年相比为零的股票。这时各年的股利($D$)均为一个固定的常数，实际上相当于一个永续年金。运用永续年金求现值的方法，可以得出股票价值的计算公式：

$$V = \sum_{t=1}^{\infty} \frac{D_t}{(1+R_s)^t} = \frac{D}{R_s}$$

腾越公司准备购买成功公司的股票，该股票每股每年分配股利 3 元，腾越公司要求的最低报酬率为 10%，则该股票的内在价值为：

$$V = \frac{D}{R_s} = \frac{3}{10\%} = 30(元)$$

即只有当成功公司的股票价格低于 30 元时，腾越公司才会购买该股票。

(3) 固定成长股票的价值

股票的价值计算公式：

$$股票价值 = 上年度股利 \times (1+股利增长率)/(收益率-增长率)$$

腾越公司准备投资一种股票，该股票上年每股发放股利为 2.6 元，预计以后每年以 3% 的增长率增长，若该企业要求的必要报酬率为 10%，则该股票的价格为多少时企业可以进行投资？

股票目前的内在价值 = 2.6×(1+3%)/(10%-3%) = 38.26(元)

当股票市场价格低于 38.26 元时，企业可以进行该股票的投资。

(4) 非固定成长股票的价值

非固定成长股票，是指股票未来股利的增长是不固定的，不同阶段股利的增长是不同的。

腾越公司发行股票，预期公司未来 4 年高速增长，年增长率为 15%。在此以后转为正常增长，年增长率为 8%。普通股投资的最低收益率为 12%，最近支付股利 2 元。则该企业股票的内在价格 = 2×(1+15%)×(P/F,12%,1)+2.3×(1+15%)×(P/F,12%,2)+ 2.645×(1+15%)×(P/F,12%,3)+ 3.041 8×(1+15%)×(P/F,12%,4)+3.498×(1+8%)/(12%-8%)×(P/F,12%,4)=68.57(元)

即只有该企业的股票的市价在 68.57 元以下时，该企业股票才值得购买。

## 7.3 证券投资决策

### 7.3.1 债券投资决策

债券投资决策的确定通常采用持有期收益率进行计算。

债券投资收益率是指债券投资者在债券持有期间所得到的收益率。

腾越公司债券的票面额为 1 000 元，票面利率为 10%，期限 5 年，每年付息一次。投资者以债券面值 1 100 元的价格购入并准备持有该债券到期。试计算投资该债券持有期年均收益率。

根据题意，可知：$P_0 = 1\ 100$ 元，$F = 1\ 000$ 元，$i = 10\%$，$P_n = 1\ 000$ 元，$t = 5$(年)。

则根据公式：$NPV = \sum_{t=1}^{5} \dfrac{1\ 000 \times 10\%}{(1+r)^t} + \dfrac{1\ 000}{(1+r)^5} - 1\ 100 = 0$

用 $r=8\%$ 试算，则净现值：
$NPV = 1\ 000 \times 10\% \times (P/A, 8\%, 5) + 1\ 000 \times (P/S, 8\%, 5) - 1\ 100 = -20.13(元)$

由于计算结果小于 0，说明该债券的内部收益率低于 8%，我们应该降低贴现率进一步测试。

用 $r=7\%$ 试算，则净现值：
$NPV = 1\ 000 \times 10\% \times (P/A, 7\%, 5) + 1\ 000 \times (P/S, 7\%, 5) - 1\ 100 = 23.03(元)$

由于计算结果大于 0，因此可以断定该债券的到期收益率在 7% 到 8% 之间，利用插值法公式求得：

$$r = 7\% + \dfrac{23.02}{23.02+20.13} \times (8\% - 7\%) = 7.53\%$$

所以，投资者购买该债券的持有期年均收益率为 7.53%。

### 7.3.2 股票投资决策

股票投资的收益是指投资者投资于股票所取得的报酬。通常，衡量股票投资收益的指标是股票投资收益率或称股票收益率。所谓股票投资收益率，是指一定时期内股票投资取得的收益总额与股票投资额的比率，它一般以百分数来表示，而且一般用年收益率来表示。

股票投资额是指投资者购买股票实际支付的金额，通常包括股票的购买价格和购买股票时发生的佣金以及手续费等。

股票投资收益总额包括获取股利收益和获取买卖股票的差价收益两个部分。股票收益率的确定通常采用本期收益率和持有期收益率两种方法进行计算。下面分别介绍这两种计算方法。

(1) 本期收益率

股票投资的本期收益率，是指本期已收到所发放的上年现金股利与本期股票价格的比率。用公式表示如下：

$$y = \dfrac{D}{P} \times 100\%$$

式中：$y$——股票投资的本期收益率；

$D$——本期已收到的上年现金股利；

$P$——本期股票价格，通常是指该股票当日证券市场的收盘价。

(2) 持有期收益率

股票投资的持有期收益率是指投资者购买了股票持有一定时期后又将该股票售出的情况下，其持有该股票期间的收益率。

腾越公司投资购买的甲股票，若甲股票于 2015 年、2016 年和 2017 年的 3 月 11 日收到派发的每股现金股利分别为：0.6 元、0.65 元和 0.7 元，并于 2017 年 4 月 22 日以 410 万元的总价格全部售出所持有的股票。

**要求**：计算腾越公司甲股票投资的收益率。

根据题意知：

$D_1 = 0.6 \times 100 = 60(万元)$，$D_2 = 0.65 \times 100 = 65(万元)$，$D_3 = 0.7 \times 100 = 70(万元)$，

$P_t = 410$(万元),$P_0 = 360$(万元),$t = 3$(年)。

则根据公式:$NPV = \sum_{t=1}^{n} \frac{D_t}{(1+R)^t} + \frac{P_n}{(1+R)^n} - P_0 = 0$

设 $R_1 = 20\%$,则净现值:
$NPV_1 = 60 \times (P/F, 20\%, 1) + 65 \times (P/F, 20\%, 2) + (70 + 410) \times (P/F, 20\%, 3) - 360$
$= 12.91$(万元)

$R_2 = 24\%$,则净现值:
$NPV_2 = 60 \times (P/F, 24\%, 1) + 65 \times (P/F, 24\%, 2) + (70 + 410) \times (P/F, 24\%, 3) - 360$
$= -17.574$(万元)

利用插值法公式可以求得股票持有期年均收益率 $R$ 为:

$R = 20\% + \frac{12.91}{12.91 + 17.574} \times (24\% - 20\%) = 21.69\%$

所以,甲公司购买该股票的持有期年均收益率为 21.69%。

**【任务实施】**

(1)宝华公司发行的债券的内在价值
$V = 1\,000 \times 8\% \times (P/A, 10\%, 5) + 1\,000 \times (P/F, 10\%, 5)$
$= 80 \times 3.790\,8 + 1\,000 \times 0.620\,9$
$= 924.16$(元)

(2)宝华公司发行的债券的内在价值为 924.16 元,大于其发行价格 900 元,债券价值被低估,庆龙公司应该购买宝华公司发行的债券。

## 拓展案例

### 高盛"欺诈门"与金融监管

刚刚驱散金融危机阴云的华尔街如今再度硝烟弥漫。2010 年 4 月 16 日上午,美国证券交易委员会(SEC)对高盛集团及其副总裁托尔雷(Fabrice Tourre)提出证券欺诈的民事诉讼,称该公司在向投资者推销一款与次级贷款有关的金融产品时隐去关键事实,误导投资者。美国证监会指控托尔雷对这起欺诈案负主要责任。高盛在当天回应,否认所有指控并表示要积极抗辩,维护公司声誉。

证监会的指责称,高盛在 2007 年初设计并销售了一款基于次贷房屋抵押贷款债券(RMBS)的复合型担保债权凭证(Synthetic CDO),而当时美国房市和与其相关的证券均已经开始显示出走软的迹象。证监会表示,高盛未能向投资者披露该 CDO 的关键信息,特别是一家大型对冲基金保尔森基金公司(Paulson&Co.)在组成 CDO 的次级房屋抵押贷款债券挑选中扮演了重要角色,更严重的是保尔森基金公司已经选择做空这款 CDO。

为这项交易,保尔森基金公司 2007 年向高盛支付了约 1 500 万美元的设计和营销费用,但这笔交易给其带来高达 10 亿美元的收益,而这全部是由这一 CDO 的投资者埋单的。受欺诈门影响,大宗商品大跌,美元涨幅扩大。

另外,2010 年 6 月 7 日,美国国会金融危机调查委员会向华尔街大银行高盛集团发出一份传票,并指责该公司妨碍调查。这一切表明,金融危机后,华尔街"严打"行动升级。

（资料来源：http://finance.people.com.cn/GB/11417358.html.）

## 单元小结

● 资金时间价值是指资金经历一定时间的投资和再投资所增加的价值,也称货币时间价值。从财务角度讲,资金时间价值是没有风险、没有通货膨胀条件下的社会平均资金利润率。

● 年金是指一定时期内每隔相同时间发生的相同数额的系列收付款项。年金可分为普通年金、预付年金、递延年金和永续年金等多种形式。

● 普通年金是指每期期末有等额的收付款项的年金。预付年金是指在每期期初支付的年金,又称即付年金或先付年金。递延年金是指第一次支付发生在第二期或第二期以后的年金。无限期定额支付的年金,称为永续年金。

● 风险是指在一定条件下和一定时期内可能发生的各种结果的变动程度。风险是事件本身的不确定性,具有客观性。风险可能给投资人带来超出预期的收益,也可能带来超出预期的损失。从财务的角度来说,风险主要指无法达到预期报酬的可能性。

● 项目投资特点：投资金额大、影响时间长、变现能力差、投资风险大。

● 净现金流量又称现金净流量,是指在项目计算期内由每年现金流入量与同年现金流出量之间的差额。

● 项目投资多方案比较决策的方法是指利用特定评价指标作为决策标准或依据的各种方法统称,主要包括净现值法、净现值率法、差额投资内部收益率法、年等额净回收额法和计算期统一法等具体方法。

● 证券是指用以证明或设定权利所做成的书面凭证,它表明证券持有人或第三者有权取得该证券所拥有的特定权益。

● 债券价值又称债的内在价值,它是指债券未来现金流入的现值。要计算债券投资价值,首先要计算债券未来现金流入的现值,只有当债券未来现金流入的现值大于债券现行购买价格,才值得购买。

● 股票的投资价值主要由其内在价值决定。股票内在价值是指其预期的未来现金流入的现值。股票的未来现金流入包括两个部分：每期预期股利和出售时得到的价格收入。

## 闯关考验

### 一、知识思考

1. 如何理解和应用资金的时间价值这一观念？
2. 如何理解和应用风险收益均衡观念？

3. 项目投资的现金流入量和现金流出量分别包括哪些内容？
4. 利润和现金流量的关系如何？
5. 如何计算净现金流量？
6. 项目投资评价的一般方法有哪些？
7. 如何应用项目投资评价的各种方法？
8. 简述现值指数与内含报酬率之间的异同。
9. 简述债券投资、股票投资的优缺点。
10. 简述证券投资组合的目的和风险。

## 二、技能测试

成功公司为开发新产品拟投资建设一条生产线，现有甲、乙两个方案可供选择。甲方案：在建设起点用 800 万元购置不需要安装的固定资产，税法规定残值率为 10%，使用年限 6 年，直线法计提折旧。同时垫支 400 万元营运资金，立即投入生产；预计投产后 1~6 年每年新增 500 万元营业收入，每年新增的付现成本为 200 万元。乙方案：原始投资为 1 100 万元，项目寿命期为 6 年，投入后立即生产，预计每年产生息税前利润 240 万元，每年折旧摊销额为 80 万元，由于所需资金来自于银行借款，为此每年向银行支付利息 8 万元，项目终结点回收残值及营运资金 380 万元。该企业所在行业的基准折现率为 8%，企业所得税税率为 25%。

**要求：**
(1) 计算甲方案项目各年的现金净流量；
(2) 计算乙方案项目各年的现金净流量；
(3) 计算乙方案的动态投资回收期；
(4) 计算甲、乙方案的净现值指标，能否据此作出选优决策，如果可以，应该选择哪个方案。

## 三、理论测试

### (一) 单项选择题

1. 某投资项目的原始投资额为 100 万元，使用寿命期为 9 年，已知项目投产后每年的经营净现金流量均为 30 万元，期满处置固定资产的残值收入为 5 万元，回收流动资金 8 万元，则该项目第 9 年的净现金流量为（　　）万元。
   A. 30          B. 35          C. 43          D. 38

2. 已知某投资项目的现值指数为 1.6，该项目的原始投资额为 100 万元，且于建设起点一次投入，则该项目的净现值为（　　）。
   A. 160         B. 60          C. 100         D. 0

3. 下列指标中属于动态绝对量正指标的是（　　）。
   A. 静态投资回收期              B. 现值指数
   C. 净现值                      D. 内含报酬率

4. 下列不属于付现成本的是（　　）。
   A. 电费        B. 工资及福利费   C. 修理费      D. 还本支出

5. 甲公司以 10 元的价格购入某股票，假设持有半年之后以 10.2 元的价格售出，在持有期间共获得 1.5 元的现金股利，则该股票的持有期年均收益率是（　　）。

A. 34％　　　　　B. 9％　　　　　C. 20％　　　　　D. 35％

6. 某种股票为固定成长股票，股利年增长率6％，预计第一年的股利为6元/股，无风险收益率为10％，市场上所有股票的平均收益率为16％，而该股票的β系数为1.3，则该股票的内在价值为（　　）元。

A. 50.85　　　　B. 67.8　　　　C. 53.89　　　　D. 71.86

7. 某公司发行3年期债券，债券的面值为1 000元，半年票面利率5％，每半年付息一次，到期还本，投资者要求的年必要报酬率为12％，则该债券的价值为（　　）元。

A. 784.67　　　B. 769　　　　C. 1 000　　　　D. 950.87

8. ABC公司于2015年2月1日平价发行面值为1 000元的债券，票面利率为8％，每年2月1日支付一次利息，并于2018年1月31日到期，则持有期年均收益率为（　　）。

A. 4％　　　　　B. 8％　　　　　C. 8.24％　　　　D. 10％

9. 某公司打算投资一个项目，预计该项目需固定资产投资400万元，预计可使用5年。固定资产折旧采用直线法，估计净残值为10万元。营业期间估计每年固定成本为（不含折旧）25万元，变动成本是每件75元。销售部门估计各年销售量均为5万件，该公司可以接受150元/件的价格，所得税税率为25％。则该项目终结点现金流量为（　　）万元。

A. 292　　　　　B. 282　　　　　C. 204　　　　　D. 262

10. 某公司正在考虑卖掉现有的一台闲置设备。该设备于4年前以20 000元购入，税法规定的折旧年限为5年，按直线法计提折旧，预计残值率为10％，目前可以按10 000元价格卖出，假设所得税税率为25％，卖出现有设备对本期现金流量的影响是（　　）元。

A. 减少5 600　　B. 减少4 400　　C. 增加10 000　　D. 增加8 900

11. 已知某投资项目的使用寿命是5年，资金于建设起点一次投入，当年完工并投产，若投产后每年的现金净流量相等，经预计该项目的静态回收期是3.6年，则计算内含报酬率时确定的年金现值系数是（　　）。

A. 3.5　　　　　B. 2.4　　　　　C. 3.6　　　　　D. 2.5

12. 某企业打算继续使用旧机器，该机器是5年前以60 000元购入的，残值率10％，预计尚可使用3年，税法规定使用年限6年，目前变现价值为14 000元。假定所得税税率为25％，则继续使用该设备初始的现金流出量为（　　）元。

A. 14 000　　　B. 13 750　　　C. 14 250　　　D. 17 900

13. 某投资者打算购买一只股票，购买价格为21.5元/股，该股票预计下年的股利为每股2.2元，估计股利年增长率为2％，则投资该股票的内部收益率为（　　）。

A. 12.44％　　　B. 12.23％　　　C. 10.23％　　　D. 10.44％

14. 已知某投资项目的原始投资额为100万元，投资期为2年，投产后第1～3年每年NCF=25万元，第4～10年每年NCF=20万元。则该项目包括投资期的静态回收期为（　　）。

A. 4.25年　　　B. 6.25年　　　C. 4年　　　　　D. 5年

15. 下列关于评价投资项目的静态回收期法的说法中，错误的有（　　）。

A. 它忽略了货币时间价值

B. 它需要一个主观上确定的最长的可接受回收期作为评价依据

C. 它不能测度项目的盈利性

D. 它考虑了回收期满以后的现金流量

## (二) 多项选择题

1. 甲、乙两种方案的期望报酬率分别为20%和15%，标准差分别为40%和35%，则（　　）。
   A. 甲方案的风险小于乙方案的风险
   B. 甲方案的风险大于乙方案的风险
   C. 两方案的风险无法比较
   D. 甲方案的报酬离散程度小于乙方案离散程度

2. 企业财务风险是（　　）。
   A. 销售量变动引起的风险　　　　B. 外部环境变化造成的风险
   C. 筹资决策带来的风险　　　　　D. 借款带来的风险

3. 影响预期投资报酬率变动的因素有（　　）。
   A. 无风险报酬率　　　　　　　　B. 项目的风险大小
   C. 风险报酬率的高低　　　　　　D. 投资人的偏好

4. 递延年金具有（　　）特点。
   A. 第一期没有支付额　　　　　　B. 其终值大小与递延期长短有关
   C. 计算终值的方法与普通年金相同　D. 计算现值的方法与普通年金相同

5. 在财务管理中，衡量风险大小的指标有（　　）。
   A. 标准离差　　B. $\beta$ 系数　　C. 标准离差率　　D. 期望报酬率

6. 到期不能偿债的风险的最终决定因素是（　　）。
   A. 企业产品价值实现的程度
   B. 企业与债权人关系的协调程度
   C. 企业财务活动本身的合理和有效性
   D. 企业再筹资能力

7. 下列表述中，反映风险报酬特征的有（　　）。
   A. 风险报酬是必要投资报酬中不能肯定实现的部分
   B. 风险报酬是必要投资报酬中肯定能够实现的部分
   C. 风险报酬只与投资时间的长短有关
   D. 风险报酬只与投资风险大小有关

8. 关于风险报酬，下列表述中正确的有（　　）。
   A. 风险报酬率又称风险价值、风险收益
   B. 风险报酬有两种表示方法，即风险报酬率和风险报酬额
   C. 风险越大，获得的风险报酬应该越高
   D. 风险报酬率与风险大小有关，风险越大，则要求的报酬率也越高

9. 投资报酬率的构成要素包括（　　）。
   A. 通货膨胀率　　　　　　　　　B. 资金时间价值
   C. 投资成本率　　　　　　　　　D. 风险报酬率

10. 下列各项中，属于经营风险的有（　　）。
    A. 开发新产品不成功而带来的风险　　B. 消费者偏好发生变化而带来的风险
    C. 自然气候恶化而带来的风险　　　　D. 原材料价格变动而带来的风险

11. 项目投资具有的特点包括(　　)。
    A. 投资金额大　　　B. 影响时间大　　　C. 变现能力差　　　D. 投资收益高
12. 原始总投资包括的内容有(　　)。
    A. 固定资产投资　　　　　　　　　B. 无形资产投资
    C. 流动资金投资　　　　　　　　　D. 资本化利息
13. 下列投资决策评价指标中,需要以行业基准折现率作为计算依据的包括(　　)。
    A. 净现值率　　　B. 获利指数　　　C. 内部收益率　　　D. 投资利润率
14. 在独立方案财务可行性决策时,当内部收益率大于行业基准折现率时,下列关系式中正确的有(　　)。
    A. 获利指数大于1　　　　　　　　B. 回收期小于计算期的一半
    C. 净现值率大于0　　　　　　　　D. 净现值率小于0
15. 下列各项中,既属于原始总投资,又构成项目投资总额内容的有(　　)。
    A. 固定资产投资　　　　　　　　　B. 流动资金投资
    C. 无形资产投资　　　　　　　　　D. 资本化利息
16. 按评价指标数量特征分类时,属于绝对数指标的有(　　)。
    A. 净现值　　　　　　　　　　　　B. 静态投资回收期
    C. 投资利润率　　　　　　　　　　D. 内部收益率
17. 完整的工业投资项目的现金流入主要包括(　　)。
    A. 营业收入　　　　　　　　　　　B. 回收固定资产变现净值
    C. 固定资产折旧　　　　　　　　　D. 回收流动资金
18. 下列各项中,可用于评价原始投资不相同的互斥投资方案的方法有(　　)。
    A. 净现值法　　　　　　　　　　　B. 年等额净回收额法
    C. 静态投资回收期法　　　　　　　D. 差额投资内部收益率法
19. 净现值与现值指数的共同之处在于(　　)。
    A. 都考虑了资金时间价值因素
    B. 都不能反映投资方案的实际投资报酬率
    C. 都以设定的折现率为计算基础
    D. 都可以进行投资额不同的方案之间的比较
20. 净现值法的优点有(　　)。
    A. 考虑了资金时间价值
    B. 考虑了项目计算期的全部净现金流量
    C. 考虑了投资风险
    D. 可从动态上反映项目的实际投资收益率

(三)判断题

1. 在利率和计息期数相同的条件下,复利现值系数与复利终值系数互为倒数。　(　　)
2. 在本金和利率相同的情况下,若只有一年计息期,单利终值与复利终值是相等的。
   (　　)
3. 普通年金现值系数加1等于同期,同利率的即付年金现值系数。　(　　)
4. 递延年金没有第一期的支付额。　(　　)

5. 永续年金没有终值。（　　）
6. 计算递延年金终值的方法，与计算普通年金终值的方法一样。（　　）
7. 一项借款的利率为10%，期限为7年，其投资回收系数为0.21。（　　）
8. 企业利用借入资金经营时，企业只承担财务风险，并不承担经营风险。（　　）
9. 在两个方案对比时，标准离差率越大，说明风险越大，同样，标准离差越大，说明风险也一定越大。（　　）
10. 永续年金现值是年金数额与贴现率的倒数之积。（　　）
11. 在全投资假设条件下，从投资企业的立场看，企业取得借款应视为现金流入，而归还借款和支付利息应视为现金流出。（　　）
12. 在评价投资项目的财务可行性时，如果静态投资回收期或投资利润率的评价结论与净现值指标的评价结论发生矛盾，应当以净现值指标的结论为准。（　　）
13. 在应用差额投资内部收益率法对固定资产更新改造投资项目进行决策时，如果差额内部收益率小于行业基准折现率或资金成本率，就不应当进行更新改造。（　　）
14. 投资利润率是指达产期正常年度利润或年平均利润占原始总投资额的百分比。（　　）
15. 在投资项目决策中，只要投资方案的投资利润大于零，该方案就是可行方案。（　　）
16. 在评价原始投资额不同的多个互斥方案时，当差额内部收益率指标小于基准收益率或设定折现率时，原始投资额较小的方案为优。（　　）
17. 在评价投资项目的财务可行性时，如果静态投资回收期大于或等于基准投资回收期，则方案是可行方案，否则为不可行方案。（　　）
18. 折旧政策影响企业的现金流量。（　　）
19. 在项目投资决策的评价指标中，内部收益率的计算本身与项目设定折现率的高低无关。（　　）
20. 内部收益率是指能使投资方案的获利指数为1的折现率。（　　）

（四）计算题

1. 程铭矿业公司连续三年于每年末向交通银行借款2 000万元，对原有矿山进行改建和扩建。假定借款的年利率为12%，若该项改建工程于第四年初建成投产。

要求：

(1)计算该项改、扩建工程第四年初总投资额。

(2)若该公司在工程建成投产后，分七年等额归还交通银行全部借款的本息，每年末应归还多少钱？

(3)若该公司在工程建成投产后，每年末可获现金净流量1 800万元，全部用来偿还交通银行的全部贷款本息，那么要多少年可以还清？

(4)计算投资额现值、收益额现值，并比较说明投资是否可行。

2. 某种债券的年名义利率为12%，每个季度计算一次利息。

要求：

(1)计算该债券的实际年利率。

(2)若另一种债券每半年计息一次，实际年利率与前者相同，则其名义利率是多少？

3. 王先生欲购买一幢房屋，按销售协议规定，如果购买时一次付清房款，需要支付房款20

万元,如果采用 5 年分期付款方式,则每年需要支付房款 5 万元,如果采用 10 年分期付款方式,则每年需要支付 3 万元。假设银行存款利率为 10%,复利计息。

**要求:**

(1)如果银行允许在每年年末支付款项,试确定王先生采用的付款方式。

(2)如果银行规定必须在每年初支付款项,试确定王先生采用的付款方式。

4. 海利公司存入银行 100 万元,存款年利率为 16%,时间为 5 年,每季计算一次利息。

**要求:**

(1)计算该项存款的实际年利率;

(2)计算该项存款 5 年后的本利和。

5. 某公司现有甲、乙两个投资项目可供选择,有关资料如下:

**甲、乙投资项目的预测资料**

| 市场销售情况 | 概率 | 甲项目的收益率 | 乙项目的收益率 |
| --- | --- | --- | --- |
| 很好 | 0.3 | 20% | 30% |
| 一般 | 0.4 | 16% | 10% |
| 很差 | 0.3 | 12% | −10% |

**要求:**

(1)计算甲乙两个项目的预期收益率、标准差和标准离差率;

(2)比较甲、乙两个项目的风险,作为风险回避者应该选择哪个投资项目。

(3)若甲乙项目投资比例为 6∶4,相关系数为 0.8,计算组合收益率、协方差、标准差。

(4)假设资本资产定价模型成立,政府短期债券的收益率为 4%,证券市场平均收益率为 9%,市场组合的标准差为 8%,计算市场风险溢酬、乙项目的 $\beta$ 系数以及它与市场组合的相关系数。

6. 某种股票各种可能的投资收益率以及相应的概率如下表所示:

| 发生概率 | 投资收益率(%) |
| --- | --- |
| 0.2 | 40 |
| 0.5 | 10 |
| 0.3 | −8 |

**要求:**

(1)计算该股票收益率的期望值和标准差;

(2)假设市场组合收益率的标准差为 12%,该股票收益率与市场组合收益率的相关系数为 0.6,计算该股票的 $\beta$ 系数;

(3)假设无风险收益率为 5%,当前股票市场的平均收益率为 8%,计算该股票的必要收益率;

(4)确定目前是否应进行该股票的投资。

7. 已知甲股票的风险收益率为 20%,市场组合的风险收益率为 16%,甲股票的必要收益率为 25%,资本资产定价模型成立,乙股票的 $\beta$ 系数为 0.8,乙股票收益率与市场组合收益率的协方差为 40%,由甲、乙股票构成的资产组合中甲的投资比例为 0.6,乙的投资比例为 0.4。

要求:

(1)计算甲股票的 $\beta$ 系数、无风险收益率;

(2)计算市场组合收益率;

(3)计算资产组合的 $\beta$ 系数和预期收益率;

(4)计算资产组合收益率与市场组合收益率的协方差。

8. 某企业计划进行某项投资,有甲乙两个方案可供选择,有关资料如下:

甲方案:固定资产投资 100 万元,流动资产投资 50 万元,全部资金于建设起点一次投资,该项目营业期 5 年,残值收入 5 万元,预计投产后每年营业收入 90 万元,总成本 60 万元。乙方案:固定资产投资 120 万元,无形资产投资 25 万元,流动资产投资 65 万元,流动资产在第二年末投入,其他资金在建设起点一次投入,该项目投资期 2 年,营业期 5 年,残值收入 8 万元,无形资产分 5 年摊销完毕,该项目投产后预计年营业收入 170 万元,年付现成本 80 万元。甲乙方案均按直线法计提折旧,所得税税率 25%,基准收益率 10%。

要求:

(1)分别计算甲、乙各方案各自的净现值,并评价各方案是否可行。

(2)采用年金净流量方法,对甲、乙方案作出择优决策。

9. ABC 企业计划进行长期股票投资,企业管理层从股票市场上选择了两种股票:甲公司股票和乙公司股票,ABC 企业只准备投资一家公司的股票。已知甲公司股票现行市价为每股 6 元,上年每股股利为 0.2 元,预计以后每年以 5% 的增长率增长。乙公司股票现行市价为每股 8 元,每年发放的固定股利为每股 0.6 元。当前市场上无风险收益率为 3%,风险收益率为 5%。

要求:

(1)分别计算甲、乙公司股票价值,并为该企业作出股票投资决策。

(2)计算如果该公司按照当前的市价购入(1)中选择的股票的持有期收益率。

10. 某公司在 2014 年 1 月 1 日平价发行新债券,每张面值为 1 000 元,票面利率为 10%,5 年到期,每年 12 月 31 日付息。

要求:

(1)2015 年 1 月 1 日到期收益率。

(2)假定 2018 年 1 月 1 日的市场下降到 8%,那么此时该债券的价值。

(3)假定 2015 年 1 月 1 日的市场价格为 900 元,2016 年 1 月 1 日以 1 000 元价格出售,计算债券的持有期收益率。

(4)假定 2016 年 1 月 1 日的市场利率为 12%,债券市场为 950 元,你是否购买该债券?

11. 某上市公司本年度的净收益为 40 000 万元,每股支付股利 4 元。预计该公司未来三年进入成长期,净收益第 1 年至第 3 年增长 5%,第 4 年至第 7 年增长 8%。第 8 年及以后将保持其净收益水平。该公司一直采用固定支付率的股利政策,并打算今后继续实行该政策。该公司没有增发普通股和发行优先股的计划。

要求:

(1)假设投资人要求的报酬率为 10%,计算股票的价值。

(2)如果股票的价格为 48.4 元,计算股票的预期报酬率。

12. 某公司欲投资买债券,目前有三家公司债券可供选择:

(1)A 公司债券,债券面值为 1 000 元,5 年期,票面利率为 8%,每年付息一次,到期还本,债券的发行价格为 1 105 元。若投资人要求的必要收益率为 6%,则 A 公司债券价值为多少?若公司投资 A 公司债券一直持有至到期日,投资收益率为多少?是否购买?

(2)B 公司债券,债券面值为 1 000 元,5 年期,票面利率为 8%,单利计息,到期一次还本付息,债券的发行价格为 1 105 元。若投资人要求的必要收益率为 6%,则 B 公司债券的价值为多少?若公司投资 B 公司债券一直持有至到期日,其投资收益率为多少?是否购买?

(3)C 公司债券,债券面值为 1 000 元,5 年期,票面利率为 8%,C 公司的债券采用贴现发行方式,发行价格为 600 元,到期还本,若投资人要求的必要收益率为 6%,则 C 公司债券的价值为多少?若公司投资 A 公司债券一直持有至到期日,投资收益率为多少?是否购买?

# 单元四　营运资金管理

### 知识目标

- ●掌握最佳现金持有量的计算
- ●掌握应收账款信用条件及最佳信用期决策方法
- ●掌握存货经济批量决策方法

### 能力目标

- ●学会最佳现金持有量确定
- ●能对应收账款信用期进行决策
- ●能够进行存货最佳批量决策
- ●能够进行存货最佳保险储备量决策

### 单元描述

营运资金又称为营运资本,是指流动资产减去流动负债后的余额,是一个企业维持日常经营活动所需的资金。营运资金的管理既包括流动资产的管理,也包括流动负债的管理,具体包括现金管理、应收账款管理、存货管理和流动负债管理。现金管理的主要内容包括现金管理的目标、现金成本、最佳现金持有量和现金收支管理四项管理。现金管理在理解现金成本的基础上掌握最优现金持有量的确定方法,通过随机模式和存货模式合理确定最优现金持有量,采用适当方法加快现金回收,控制现金支出,在保证企业经营活动现金需要的同时,适当降低企业闲置的现金数量,提高资金收益率。应收账款管理的内容主要包括应收账款的功能与成本、信用政策的制定、应收账款日常管理等内容。应收账款的管理应明确应收账款管理的目标,发生应收账款的原因,确定适合企业应收账款管理的信用政策、信用条件和收账政策的具体决策方案,并通过应收账款的管理措施降低坏账损失风险,使企业提高应收账款管理水平。存货的管理主要包括存货的功能与成本、存货经济批量模型和存货的日常管理。营运资金管理是财务管理中一项重要管理工作,加强营运资金的管理有利于提高企业的经济效益。

# 任务八 现金管理

## 【任务布置】

天利公司使用存货模型确定最佳现金持有量。根据有关资料分析,2016年该公司全年现金需求量为 8 100 万元,每次现金转换的成本为 0.2 万元,持有现金的机会成本率为 10%。

要求:

(1)计算最佳现金持有量。

(2)计算最佳现金持有量下的现金转换次数。

(3)计算最佳现金持有量下的现金交易成本。

(4)计算最佳现金持有量下持有现金的机会成本。

(5)计算最佳现金持有量下的相关总成本。

## 【知识准备】

### 8.1 现金管理的目标

现金是指在生产过程中暂时停留在货币形态的资金,是企业中流动性最强的资产,是可以立即投入流动的交换媒介。属于现金内容的项目,包括企业的库存现金、银行存款、银行本票和银行汇票等。

有价证券是企业现金的一种转换形式,有价证券变现能力强,可以随时兑换成现金。企业常将多余的现金兑换为有价证券,需要现金时再出让有价证券换回现金。在这种情况下,有价证券就成了现金的替代品,获取收益是持有有价证券的原因。

#### 8.1.1 现金管理动因

企业持有一定数量现金的原因,主要是满足交易性需要、预防性需要和投机性需要。

(1)交易性需要

交易性需要是指满足企业日常业务的现金支付需要。企业为了组织日常生产经营活动,必须保持一定数额的现金余额,才能使企业业务活动正常地进行下去。一般来说,企业为满足交易性需要所持有的现金余额多少,主要取决于企业的销售水平。企业销售扩大,销售额增加,所需现金余额也随之增加。

(2)预防性需要

预防性需要是指置存现金以防发生意外的支出。即企业为应付紧急情况而需要保持的现金支付能力。由于市场行情的瞬息万变和其他各种不预测因素的存在,企业有时会出现料想不到的开支,企业通常难以对未来现金流入量和流出量作出准确的估计和预期。因此,在满足正常业务活动现金需要量的基础上,追加一定数量的现金以应付未来现金流入和流出的随机波动,是企业在确定必要现金持有量时应当考虑的因素。此外,预防性现金数量多少还与企业的融资能力有关。

(3)投机性需要

投机性需要是指置存现金用于不寻常的购买机会,比如,遇到有廉价原材料或其他资产供应的机会,便可用手头现金大量购入;再比如,在适当的机会购入价格有利的有价证券等。即企业为了抓住各种瞬息即逝的市场机会,获取较大的利益,而准备的现金金额。投机动机只是企业确定现金余额时所需考虑的次要因素之一,其持有量的大小往往与企业在金融市场上的投资机会及企业对待风险的态度有关。

总之,现金是变现能力最强的非盈利性资产。企业现金管理的目标,就是在现金的流动性与收益性之间进行权衡并作出抉择,以获取最大的长期利益。通过现金管理,使现金收支不但在数量上,而且在时间上相互衔接,对于保证企业日常经营活动的现金需要,降低企业闲置的现金数量,提高资金收益率具有重要意义。

### 8.1.2 现金管理成本

企业持有一定数量的现金满足了企业交易性需要、预防性需要和投机性需要。同时企业持有现金也要承担相应的成本,通常企业持有现金的成本由以下三个部分组成:

(1)持有成本

现金持有成本,是指企业因保留一定数额的现金而增加的管理费及丧失的再投资收益。企业保留现金,对现金进行管理,会发生一定的管理费用,如管理人员工资及必要的安全措施费等。这部分费用具有固定成本的性质,它在一定范围内与现金持有量的多少关系不大,是决策无关成本。再投资收益是指企业不能同时用该现金进行有价证券投资所产生的机会成本,这种成本在数额上等同于资金成本。放弃的再投资收益机会成本属于变动成本,它与现金持有量成正比例关系。

(2)转换成本

转换成本,是指企业资金大量闲置时,用现金购入有价证券,企业在需要现金时,便可以转让有价证券换取现金,因此付出的交易费用,即现金同有价证券之间相互转换成本,如委托买卖佣金、委托手续费、证券过户费、实物交割手续费等。

(3)短缺成本

现金短缺成本,是指在现金持有量不足,而又无法及时通过有价证券变现加以补充而给企业造成的损失,即企业缺乏必要的现金,将不能应付业务开支,使企业蒙受损失,包括直接损失与间接损失。现金的短缺成本与现金持有量呈反方向变动关系。

## 8.2 现金收支管理

企业加强现金的日常管理,其目的在于保证现金的安全、完整,加速现金的周转,提高现金的使用效率,最大程度地发挥其效能。为达到这一目的,企业现金的日常管理应注意做好以下几方面工作:

①力争现金流入量流出量同步。如果企业能使它的现金流入与现金流出发生的时间趋于一致,就可以使其所持有的交易性现金余额降到最低水平。

②使用现金浮游量。从企业开出支票,收票人收到支票并存入银行,至银行将款项划入收款人账户,中间需要一段时间。现金在这段时间的占用称为现金结算浮游量。在这段时间里,

尽管企业已开出了支票,却仍可动用在活期存款账户上的这笔资金。不过,一定要注意在使用现金浮游量时,一定要控制好使用时间,否则会发生银行存款的透支,有损企业的信誉。

③加速收款。这主要是指缩短应收账款的收账时间。发生应收款会增加企业资金的占用,但它又是必要的,因为它可以扩大销售,增加销售收入。问题在于如何既利用应收款吸引顾客,又缩短收款时间。这就要在两者之间找到适当的平衡点,并需要实施妥善的收账策略。

④推迟应付款的支付。这是指企业在不影响自己信誉的前提下,尽可能地推迟应付款支付期,充分运用供货方所提供的信用优惠。如遇企业急需现金,甚至可以放弃供货方的折扣优惠,在信用期的最后一天支付款项。当然,这要权衡折扣优惠与急需现金之间的利弊得失而定。

## 8.3 最佳现金持有量

现金的管理除了做好日常收支、加速现金流转速度外,企业基于交易、预防、投机等动机的需要,必须保持一定数量的现金余额,这就需要控制好现金持有规模。确定最佳现金持有量的模式主要有成本分析模式和存货模式。

### 8.3.1 成本分析模式

(1)现金成本

①机会成本。现金作为企业的一项资金占用,是有代价的,这种代价就是它的机会成本。假定某企业的资本成本率为10%,年均持有60万元的现金,则该企业每年现金的机会成本为6万元(60×10%)。现金持有额越大,机会成本就越高。但企业为了生产经营,必须拥有一定的现金,付出相应的机会成本代价也是必要的,但现金拥有量过多,机会成本代价过大,就不合算了。

②管理成本。企业拥有现金,会发生管理费用,这些费用是现金的管理成本。管理成本是一种固定成本,与现金持有量之间无明显的比例关系。

③短缺成本。现金的短缺成本是指因缺乏必要的现金,不能应付业务开支所需,而使企业蒙受损失。现金的短缺成本随现金持有量的增加而下降,随现金持有量的减少而上升。

企业最佳现金持有量就是上述三项成本之和最小的现金持有量。

(2)运用成本分析模式确定企业最佳现金持有量

成本分析模式是根据现金有关成本,分析预测其总成本最低时现金持有量的一种方法。

龙威公司现有 A、B、C、D 四种现金持有方案,有关成本资料如表8-1所示。

表8-1 现金持有量备选方案表    金额单位:元

| 项 目 | A | B | C | D |
| --- | --- | --- | --- | --- |
| 现金持有量 | 100 000 | 200 000 | 300 000 | 400 000 |
| 机会成本率 | 12% | 12% | 12% | 12% |
| 短缺成本 | 56 000 | 25 000 | 10 000 | 0 |

根据表8-1,采用成本分析模式编制该企业最佳现金持有量测算表,如表8-2所示。

表 8-2　最佳现金持有量测算表　　　　　　　　　　　　金额单位:元

| 方案及现金持有量 | 机会成本 | 短缺成本 | 相关总成本 |
| --- | --- | --- | --- |
| A(100 000) | 12 000 | 56 000 | 68 000 |
| B(200 000) | 24 000 | 25 000 | 49 000 |
| C(300 000) | 36 000 | 10 000 | 46 000 |
| D(400 000) | 48 000 | 0 | 48 000 |

通过分析比较表 8-2 中各方案的总成本可知,C 方案的相关总成本最低,因此企业持有 300 000 元的现金,为该企业最佳现金持有量。

### 8.3.2　存货模式

利用存货模式确定最佳现金持有量,着眼点是与现金有关的成本最低。确定最佳现金持有量时,对短缺成本不予考虑,只对机会成本和固定性转换成本予以考虑。

运用存货模式确定最佳现金持有量时,以下列假设为前提:

①企业所需要现金可通过证券变现取得,且证券变现的不确定性很小。

②企业预算期内现金需要总量可以预测。

③现金的支出比较稳定、波动较小。

④证券的利率或报酬率以及每次固定性交易费用可以获悉。

如果这些条件基本能得到满足,企业便可以利用存货模式来确定最佳现金持有量。

设 $T$ 为一个周期内现金总需求量,$F$ 为每次转换有价证券的固定成本,$Q$ 为最佳现金持有量(每次证券变现的数量),$K$ 为有价证券利息率(机会成本),$TC$ 为现金管理相关总成本,则:

$$现金管理相关总成本 = 持有机会成本 + 转换成本$$

即:
$$TC = (Q/2) \times K + (T/Q) \times F$$

现金管理相关总成本与持有机会成本、转换成本的关系如图 8-1 所示。

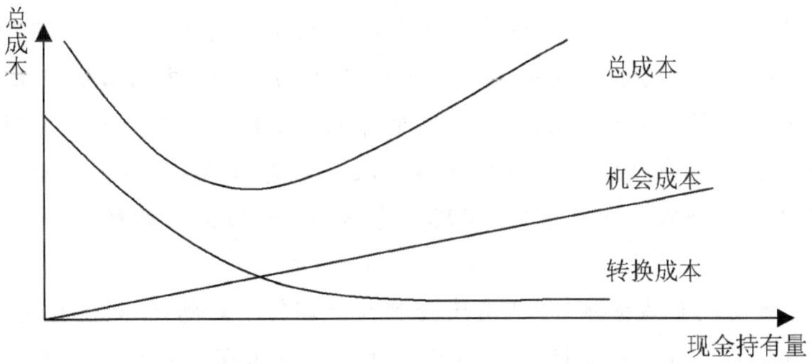

图 8-1　相关总成本与持有机会成本、转换成本的关系

从图 8-1 可以看出,现金管理的相关总成本与现金持有量呈凹形曲线关系。持有现金的机会成本与证券变现的交易成本相等时,现金管理的相关总成本最低,此时的现金持有量为最佳现金持有量,即:

$$最佳现金持有量\ Q = \sqrt{2T \times F/K}$$

最低现金管理相关总成本 $TC=\sqrt{2\times T\times F\times K}$

龙威公司现金收支状况比较稳定,预计全年(按360天计算)需要现金200万元,现金与有价证券的转换成本为每次4 000元,有价证券的年利率为10%,则:

最佳现金持有量$(Q)=\sqrt{2T\times F/K}=\sqrt{2\times 2\ 000\ 000\times 4\ 000/10\%}=400\ 000$(元)

最低现金管理相关总成本$(TC)=\sqrt{2TFK}=\sqrt{2\times 2\ 000\ 000\times 4\ 000\times 10\%}=40\ 000$(元)

转换成本$=(2\ 000\ 000\div 400\ 000)\times 4\ 000=20\ 000$(元)

持有机会成本$=(400\ 000\div 2)\times 10\%=20\ 000$(元)

现金交易次数$=2\ 000\ 000\div 400\ 000=5$(次)

现金交易周期$=360\div 5=72$(天)

【任务实施】

(1)最佳现金持有量$=(2\times 8\ 100\times 0.2\div 10\%)^{1/2}=180$(万元)

(2)现金转换次数$=8\ 100\div 180=45$(次)

(3)现金交易成本$=45\times 0.2=9$(万元)

(4)最佳现金持有量下持有现金的机会成本$=180\div 2\times 10\%=9$(万元)

(5)最佳现金持有量下的相关总成本$=9+9=18$(万元)

也可以按照公式计算,最佳现金持有量下的相关总成本$=(2\times 8\ 100\times 0.2\times 10\%)^{1/2}=18$(万元)

## 拓展案例

### 中国石油资金集中管理

中国石油天然气股份有限公司(简称中石油)是中国石油天然气集团公司(简称集团公司)在重组改制的基础上,于1999年11月创立的。在重组过程中,集团公司向中国石油注入了与勘探、炼油、化工、天然气业务有关的大部分资产和负债。2000年4月6日及7日,中国石油分别在纽约证券交易所及香港联合交易所成功上市。2007年11月5日,中国石油在上证所挂牌交易。

中国石油资金集中管理的设计理念是高度的集约化,充分发挥资金的规模效应,保持企业现金流在严格监控下的均衡有效。严格划分各级次的职责权限,强调总部资源调配的权威性,采取高度的集中化和完全的收支两条线,实现资金来源、使用去向的统一筹划、统一配置和统一运作。

中国石油实行收支两条线管理,即所有资金收入全部集中到总部,地区公司所需的各种形式的资金支出全部由总部下拨。对于控股子公司其他中小股东在平等协商的基础上,获得子公司股东会或董事会授权许可后,参照总部对地区公司管理方式,同样对其实行收支两条线管理。

中国石油境外资金集中管理,是以实现"监管到位、集中适度,安全高效运转"为目标的境外资金管理体系,充分发挥石油集团整体优势,确保境外资金流动的安全、及时、规范和高效。中国石油实行以财务公司为平台的境外资金管理,主要通过一些银行实行资金的及时支付、收支管理,目前主要通过花旗银行来集中管理。

(资料来源:http://wenku.baidu.com/link? url=rFuWCleGcaTViNUffRYWXa.)

# 任务九 应收账款管理

【任务布置】

跃龙公司拟将目前信用条件"n/30",预改为"0.8/30,n/60",改变之后估计会有一半顾客(按销售额计算)享受现金折扣。假设等风险投资的最低报酬率为15%,其他有关数据如表9-1所示。

表9-1 跃龙公司相关资料

| 项 目 | n/30 | 0.8/30,n/60 |
|---|---|---|
| 全年销售量(件) | 100 000 | 120 000 |
| 全年销售额(单价5元) | 500 000 | 600 000 |
| 变动成本(每件4元) | 400 000 | 480 000 |
| 可能发生的收账费用(元) | 3 000 | 4 000 |
| 可能发生的坏账损失(元) | 5 000 | 9 000 |
| 存货水平(件) | 9 000 | 20 000 |

要求:确定该公司是否放宽信用期,信用期多少天适当。

【知识准备】

## 9.1 应收账款管理的目标

应收账款是指因对外赊销产品、材料、供应劳务及其他原因,应向购货单位或接受劳务的单位及其他单位收取的款项,包括应收销售款、其他应收款、应收票据等。

企业发生应收账款的原因,主要有两种:商业竞争、销售和收款存在时间差。

### 9.1.1 商业竞争

这是发生应收账款的主要原因。在市场经济条件下,存在着激烈的商业竞争。竞争机制的作用迫使企业以各种手段扩大销售,占领市场。除了依靠产品质量、价格、售后服务、广告等方面外,采用赊销方式也是扩大销售的手段之一。对于同等的产品价格、类似的质量标准、一样的售后服务,实行赊销方式的产品或商品的销售额,将大于实行现金销售方式的产品或商品的销售额。企业出于扩大销售、占领市场的竞争需要,就不得不以赊销方式或其他优惠方式招揽顾客,于是就会产生应收账款。由竞争引起的应收账款,是一种商业信用。

### 9.1.2 销售和收款存在时间差

销售商品成交的时间和收到货款的时间经常不一致,这也导致了应收账款,但时间差会很短。在现实生活中,现金销售方式是很普遍的,特别是零售企业更常见。不过就一般批发和大量生产企业来讲,发货的时间和收到货款的时间往往不同。这是由于货款结算需要时间的缘故。结算手段越是落后,结算所需的时间就越长。随着科技的发展,结算所需的时间将相对减少。对此应收账款形成的时间差,销售企业只能承认这种现实并承担由此引起资金垫支。由于这种原因形成销售和收款的时间差,而造成的应收账款,不属于商业信用,不再对它进行深入讨论,而只论述属于商业信用的应收账款的管理。

### 9.1.3 应收账款管理的目标

既然企业发生应收账款的主要目的是扩大销售,占领市场,增强竞争力,获取利润,那么其管理的目标就是求得利润。企业采取赊销方式促进销售、减少存货、占领市场,会因销售增加而产生一定的收益,但同时也会增加资金占用(即形成应收账款)。应收账款是企业的一项资金投放,是为了扩大销售和盈利而进行的投资。而投资肯定要发生成本,会因持有应收账款而付出一定的代价,主要包括机会成本、管理成本、坏账成本。因此,应收账款的管理就需要在应收账款信用政策所增加的盈利和成本之间作出权衡。只有当应收账款所增加的盈利超过所增加的成本时,才应当实施应收账款赊销;如果应收账款赊销有着良好的盈利前景,就应当放宽信用条件增加赊销量。

## 9.2 信用政策的确定

应收账款管理的效果好坏,依赖于企业信用政策的制定。信用政策包括:信用期间、信用标准和现金折扣政策。

### 9.2.1 信用期间

信用期间是指企业允许顾客从购货到付款之间的时间,或者说是企业给予顾客的付款期间。例如,若某企业允许顾客在购货后的 60 天内付款,则信用期为 60 天。信用期过短,不足以吸引顾客,达不到企业扩大销售的目的;信用期过长,对销售额增加固然有利,但只顾及销售增长而盲目放宽信用期,就会占用大量的资金,并使坏账损失增加,就有可能使所得的收益被增长的费用抵消,甚至造成利润减少。因此,企业必须慎重研究,确定出恰当的信用期。

确定信用期时,主要是分析改变现行信用期对收入和成本的影响。延长信用期,会使销售额增加,产生有利影响;与此同时,应收账款、收账费用和坏账损失也会增加,会产生不利影响。只有当前者大于后者时,才可以延长信用期,否则不宜延长。考虑缩短信用期时,也是如此。

腾越公司现在采用 30 天按发票金额付款的信用政策,拟将信用期放宽至 60 天,仍按发票金额付款即不给予商业折扣,该公司投资的最低报酬率为 15%,其他有关的数据见表 9-2。

表 9-2 腾越公司相关资料　　　　　　　　　　　金额单位:元

| 项目 信用期 | 30 天 | 60 天 |
| --- | --- | --- |
| 销售量 | 1 000 000 | 1 100 000 |
| 销售额(单价 10 元) | 10 000 000 | 11 000 000 |
| 销售成本 | | |
| 变动成本(每件 8 元) | 8 000 000 | 8 800 000 |
| 固定成本 | 500 000 | 500 000 |
| 毛利 | 1 500 000 | 1 700 000 |
| 收账费用 | 50 000 | 70 000 |
| 坏账损失 | 50 000 | 100 000 |

分析：先计算放宽信用期得到的收益，然后计算增加的成本，最后根据两者比较的结果作出判断。

①收益的增加。

收益的增加＝(1 100 000－1 000 000)×(10－8)＝200 000(元)

②应收账款占用资金的应计利息增加＝日销售额×平均收现期×变动成本率×资本成本率。

30天信用期应计利息＝10 000 000/360×30×8/10×15％＝100 000(元)

60天信用期应计利息＝11 000 000/360×60×8/10×15％＝220 000(元)

应计利息增加＝220 000－100 000＝120 000(元)

③收账费用和坏账损失增加。

收账费用增加＝70 000－50 000＝20 000(元)

坏账损失增加＝100 000－50 000＝50 000(元)

④改变信用期的税前损益。

收益增加－成本费用增加＝200 000－(120 000＋20 000＋50 000)＝10 000(元)

由于收益的增加大于成本增加，故应采用60天的信用期。

### 9.2.2　信用标准

信用标准是指顾客为获得企业的交易信用所应具备的条件。如果顾客达不到企业制定的信用标准，便不能享受企业的信用或只能享受较低的信用优惠。

企业在判断某一顾客享受企业交易信用所具备的条件，是否达到信用标准时，往往先要评估它赖账的可能性。一般通过"5C"系统来进行。所谓"5C"系统，是评估顾客信用品质的五个方面，即品质、能力、资本、抵押和条件。

(1)品质

品质是指顾客的信誉，即履行偿债义务的可能性。企业通过了解顾客过去的付款记录，看其是否有按期如数付款的一贯做法，以及与其他供货企业的关系是否良好。这是评价顾客信用的首要因素。

(2)能力

能力是指顾客偿还债务的能力，即其流动资产的数量和质量以及与流动负债的比例。一般顾客的流动资产越多，其转换为现金支付款项的能力就会越强。同时，还应注意顾客流动资产的质量、构成，看其存货是否过多、过时或质量下降，影响其变现能力和支付能力等情况。

(3)资本

资本是指顾客的财务实力和财务状况。顾客的财务实力越强，财务状况越好，表明顾客可能偿还债务的背景就越好。

(4)抵押

抵押是指顾客拒付款项或无力支付款项时能被用作抵押的资产。这对于不知底细或信用状况有争议的顾客尤为重要。如果这些顾客能够提供足够的抵押资产，就可以考虑向他们提供相应的交易信用。

(5)条件

条件是指可能影响顾客付款能力的经济环境。比如，顾客万一出现经济不景气，会对顾客的付款产生什么影响,顾客会如何做,等等。这一点可以通过了解顾客在过去困难时期的付款历史来判断。

### 9.2.3 现金折扣政策

现金折扣是指企业在赊销方式下,为了及早收回货款,在既定价格的基础上再给予的优惠。向顾客提供这种价格上的优惠,主要目的在于吸引顾客为享受优惠而提前付款,缩短企业的平均收款期。另外,现金折扣也能招揽一些视现金折扣为减价出售的顾客前来购货,借此扩大销售量。

现金折扣通常采用,如 5/10、3/20、n/30 这样一些符号表示。这三种符号的含义为:5/10 表示 10 天内付款,可享受 5% 的价格优惠,如原价为 10 000 元,10 天内付款,只需支付 9 500 元;3/20 表示 20 天内付款,可享受 3% 的价格优惠,若原价为 10 000 元,20 天内付款,需支付 9 700元;n/30 表示付款的最后期限为 30 天,此时付款无优惠,需全额支付。

企业采用什么程度的现金折扣,要与信用期间结合起来考虑。不论是信用期间还是现金折扣,都可能给企业带来收益,但也会增加成本。当企业给予顾客某种现金折扣时,应当考虑折扣所能带来的收益与成本孰高孰低,权衡利弊,抉择决断。现金折扣是与信用期间结合使用的,所以确定折扣程度的方法与程序实际上与前述确定信用期间的方法与程序基本一致。

腾越公司现在采用 30 天按发票金额付款的信用政策,拟将信用期放宽至 60 天,假定该公司在放宽信用期的同时,为了吸引顾客尽早付款,提出了 2/30、n/60 的现金折扣条件,估计会有一半的顾客(按 60 天信用期所能实现的销售量计算)将享受现金折扣优惠。该公司投资的最低报酬率为 15%,其他有关的数据见表 9-2。

(1)收益的增加

收益的增加 = (1 100 000 − 1 000 000) × (10 − 8) = 200 000(元)

(2)应收账款占用资金的应计利息增加

30 天信用期应计利息 = 10 000 000/360 × 30 × 8/10 × 15% = 100 000(元)

提供现金折扣的应计利息 = (11 000 000 × 50%/360 × 60 × 8/10 × 15%) + (11 000 000 × 50%/360 × 30 × 8/10 × 15%) = 110 000 + 55 000 = 165 000(元)

应计利息增加 = 165 000 − 100 000 = 65 000(元)

(3)收账费用和坏账损失增加

收账费用增加 = 70 000 − 50 000 = 20 000(元)

坏账损失增加 = 100 000 − 50 000 = 50 000(元)

(4)估计现金折扣成本的变化

现金折扣成本增加 = 11 000 000 × 2% × 50% − 1000 000 × 0 × 0 = 110 000(元)

(5)提供现金折扣后的税前损益

收益增加 − 成本费用增加 = 200 000 − (65 000 + 20 000 + 50 000 + 110 000) = −45 000(元)

由于获得税前收益为负数,故不应当提供现金折扣。

## 9.3 应收账款日常管理

企业已发生的应收账款时间有长有短各不相同,有的尚未超过收款信用期,有的则超过了收款信用期。一般来讲,拖欠时间越长,款项收回的可能性就越小,形成坏账的可能性就越大。对此,企业应实施严密的监督,随时掌握应收账款回收情况。实施监督一般可以通过编制账龄分析表来进行。某企业账龄分析表如表9-3所示。

表9-3 应收账款账龄分析表

| 应收账款账龄 | 账户数量 | 金额(元) | 结构百分比 |
|---|---|---|---|
| 信用期内 | 200 | 1 800 000 | 60% |
| 超信用期(1～30天) | 80 | 600 000 | 20% |
| 超信用期(31～50天) | 50 | 200 000 | 6.7% |
| 超信用期(51～80天) | 20 | 150 000 | 5% |
| 超信用期(81～100天) | 20 | 100 000 | 3.3% |
| 超信用期(100天以上) | 30 | 150 000 | 5% |
| 合　计 | 400 | 3 000 000 | 100% |

利用企业账龄分析表,企业可以了解到以下情况:

①有多少欠款尚在信用期内。这些款项未到偿还期,欠款是正常的,处在信用期内的应收账款占全部应收账款的比例越高越好;但到期后能否收回,还有很大的不确定性,故进行及时的监督仍是必要的。

②有多少欠款超过了信用期,超过时间长短的款项各占多少,有多少欠款会因拖欠时间太久而可能成为坏账。对不同拖欠时间的欠款,企业应采取不同的收账方法,制定出经济、可行的收账政策;对可能发生的坏账损失,则应提前作出准备,充分估计这一因素对损益的影响。

收账政策是指企业对各种不同超信用期账款的催收方式,包括准备为此付出的代价。比如,对超信用期较短的顾客,不过多地打扰,以免将来失去这一市场;对超信用期稍长的顾客,可措辞婉转地写信催款;对超信用期较长的顾客,频繁的信件催款并电话催询;对超信用期很长的顾客,可在催款时措辞严厉,必要时提请有关部门仲裁或提请诉讼;等等。

企业催收超过信用期的账款是要发生费用的,某些催款方式发生的费用还会很高(如诉讼费)。一般说来,收账的花费越大,收账措施就越有力,可收回的账款应越大,坏账损失也就越小。因此制定收账政策,又要在收账费用和所减少坏账损失之间作出权衡,制定有效、适当的收账政策。

【任务实施】

1. 增加的收益

增加收益=增加收入-增加的变动成本=(600 000-500 000)-(480 000-400 000)=20 000(元)

或:

增加收益=增加的销售量×(单价-单位变动成本)=(120 000-100 000)×(5-4)=20 000(元)

2. 增加应收账款占用资金的应计利息

改变信用条件前的应收账款应计利息=$\frac{500\ 000}{360} \times 30 \times \frac{4}{5} \times 15\% = 5\ 000$(元)

改变信用条件之后的平均收账期=30×50%+60×50%=45(天)

改变信用条件后应收账款应计利息=$\frac{600\ 000}{360} \times 45 \times \frac{4}{5} \times 15\% = 9\ 000$(元)

增加应收账款占用资金的应计利息＝9 000－5 000＝4 000(元)

3. 存货增加占用资金应计利息

存货增加占用资金应计利息＝(20 000－9 000)×4×15％＝6 600(元)

4. 增加收账费用和坏账损失

增加收账费用＝4 000－3 000＝1 000(元)

增加坏账费用＝9 000－5 000＝4 000(元)

5. 增加的现金折扣成本

增加的现金折扣成本＝新的销售水平×新的现金折扣率×享受现金折扣的顾客比例－旧的销售水平×旧的现金折扣率×享受现金折扣的顾客比例＝600 000×0.8％×50％－500 000×0×0＝2 400(元)

6. 改变信用条件后增加的税前损益

增加的收益－增加的成本费用＝20 000－(4 000＋6 600＋1 000＋4 000＋2 400)＝2 000(元)

由于可获得税前收益，故应当放宽信用期，提供现金折扣。

# 任务十　存货管理

【任务布置】

宝龙公司每年需要某材料30 000千克(假设每年360天)，购买价格为每千克100元，每千克库存持有成本为商品购买单价的3％，每次订货费用是200元。回答如下问题：

(1)最佳经济订货批量为多少？

(2)最小存货成本为多少？

(3)经济订货批量平均占用资金为多少？

(4)年度最佳订货批次为多少？

(5)最佳订货订货周期为多少？

【知识准备】

## 10.1　存货管理的目标

存货是指企业在生产经营过程中为销售或者耗用而储备的物资，包括材料、燃料、低值易耗品、在产品、半成品、产成品、商品等。

(1)保证日常生产或销售的经营需要

实际上，企业很少能做到随时购入生产或销售所需的各种物资，即使是市场供应量充足的物资也如此。由于市场的不确定性，某种材料的市场不时会出现断档的现象，或因为企业距供货点较远而需必要的途中运输及可能出现运输故障等。一旦生产或销售所需物资中断，生产经营将被迫停止，造成损失。为了避免或减少出现停工待料、停业待货等事故，企业就有必要储存一定数量的存货。

(2)出于价格上的考虑

零购(少量购入)物资将得不到供货方相应的商业折扣,因此,购货的价格往往较高,而整批购买在价格上常有优惠。

一般而言,企业持有充足的存货,不仅有利于生产过程的顺利进行,节约采购费用与生产成本,而且能够迅速地满足客户各种订货的需要,从而为企业的生产与销售提供较大的机动性,避免因存货不足带来的机会损失。然而,存货的增加必然要占用大量的资金,将使企业付出更大的持有成本(即存货的机会成本),而且存货的储存与管理费用也会增加,如仓储费、保险费、维护费、管理人员工资在内的各项开支,影响企业获利能力的提高。因此,如何在存货功能(收益)与成本之间进行利弊权衡,在充分发挥存货功能的同时降低成本、增加收益、实现它们的最佳组合,就成为存货管理的基本目标。

## 10.2 经济批量决策

### 10.2.1 存货有关成本

(1)取得成本

取得成本是指为取得某种存货而支出的成本,通常用 $TC_1$ 来表示。其下又分为订货成本和购置成本。

①订货成本。订货成本是指取得订单的成本,如办公费、差旅费、邮资、电话费等支出。其中:有一部分与订货次数无关,如常设采购机构的基本开支等,称为订货的固定成本,用 $F_1$ 表示;另一部分与订货次数有关,如差旅费、邮资等,称为订货的变动成本。每次订货的变动成本用 $K_1$ 表示;订货次数等于存货年需要量 $D$ 与每次订货量 $Q$ 之商。

订货成本的计算公式为:

$$订货成本 = F_1 + D/Q \times K_1$$

②购置成本。购置成本是指存货本身的价值,经常用数量与单价的乘积来确定。年需要量用 $D$ 表示,单价用 $U$ 表示。

购置成本的计算公式为:

$$购置成本 = DU$$

③取得成本公式可表达为:

$$取得成本(TC_1) = 订货成本 + 购置成本$$
$$= 订货固定成本 + 订货变动成本 + 购置成本$$

(2)储存成本

储存成本是指为储存存货而发生的成本,包括存货占用资金所应计的利息(若企业用现有现金购买存货,便失去了现金存放银行或投资于证券本应取得的利息;若企业用借款购买存货,便要支付利息费用)、仓库费用、保险费用、存货破损和变质损失等,通常用 $TC_2$ 来表示。

储存成本也分为固定成本和变动成本。固定成本与存货数量的多少无关,如仓库折旧、仓库职工的工资等,常用 $F_2$ 表示;变动成本与存货的数量有关,如存货占用资金的应计利息、存货的破损和变质损失、存货的保险费用等,单位储存变动成本用 $K_2$ 来表示。

储存成本用公式表达为:
$$储存成本(TC_2)=储存固定成本+储存变动成本$$

(3)缺货成本

缺货成本是指由于存货供应中断,生产经营将被迫停顿而造成的损失,包括材料供应中断造成的停工损失、产成品库存缺货造成的拖欠发货损失和丧失销售机会的损失(还应包括需要主观估计的商誉损失)、紧急采购损失。缺货成本用 $TC_3$ 表示。

储备存货的总成本以 $TC$ 来表示,它的计算公式为:
$$TC=TC_1+TC_2+TC_3$$

企业存货的最优化,即是使 $TC$ 值最小。

### 10.2.2 经济订货量基本模型

经济订货批量是指能够使一定时期存货的相关总成本达到最低点的订货数量。通过上述对存货成本分析可知,决定存货经济订货批量的成本因素主要包括变动性订货费用(简称订货费用)、变动性储存成本(简称储存成本)以及允许缺货时的缺货成本。不同的成本项目与订货批量呈现着不同的变动关系。减少订货批量,增加订货次数,在使储存成本降低的同时,也会导致订货费用与缺货成本的提高;相反,增加订货批量,减少订货次数,尽管有利于降低订货费用与缺货成本,但同时会使储存成本的提高。因此,如何协调各项成本间的关系,使其总和保持最低水平,是企业组织订货过程需解决的主要问题。

存货的决策涉及四项内容:决定订货项目、选择供应单位、决定订货时间和决定订货批量。决定订货项目和选择供应单位是销售部门、采购部门和生产部门的职责。财务部门要做的是决定订货时间和决定订货批量。按照存货管理的目的,需要通过确定合理的订货批量和订货时间,使存货的总成本最低,这个批量叫作经济订货量或经济批量。

与存货总成本有关的变量(即影响总成本的因素)很多,为了解决比较复杂的问题,这里需要设立一些假设,在此假设基础上建立经济订货量的基本模型。

经济订货批量基本模型以如下假设为前提:①企业能够及时补充存货,即需要订货时便可立即取得存货。②能集中到货,而不是陆续入库。③不允许缺货,即无缺货成本,这是因为良好的存货管理本来就不应该出现缺货成本。④需求量稳定,并且能预测,即为已知常量。⑤存货单价不变,不考虑现金折扣。⑥企业现金充足,不会因现金短缺而影响订货。⑦所需存货市场供应充足,不会因买不到需要的存货而影响其他。

设立了上述假设条件后,由于企业不允许缺货,即每当存货数量降至零时,下一批订货便会随即全部购入,故不存在缺货成本。此时与存货订购批量、批次直接相关的就只有订货费用和储存成本两项。

则有:

$$存货相关总成本 = \frac{存货全年计划进货总量}{每次进货批量} \times 每次进货费用 + \frac{每次进货批量}{2} \times 单位存货年储存成本$$

假设: $Q$ 为经济订货批量; $A$ 为某种存货年度计划订货总量; $B$ 为平均每次订货费用; $C$ 为单位存货年度单位储存成本; $P$ 为订货单价。存货相关总成本 $TC$ 的值大小取决于 $Q$。为了求出 $TC$ 的极小值,对其进行求导演算,可得出下列公式:

$$经济订货批量\ Q=\sqrt{\frac{2AB}{C}}$$

经济订货批量的存货相关总成本 $TC=\sqrt{2ABC}$

经济订货批量平均占用资金 $W=\dfrac{PQ}{2}=P\sqrt{\dfrac{AB}{2C}}$

年度最佳订货批次 $N=\dfrac{A}{Q}=\sqrt{\dfrac{AC}{2B}}$

腾越公司每年需耗用甲材料 3 600 吨,该材料的单位采购成本 10 万元,单位年储存成本 2 万元,平均每次订货费用 25 万元,则:

经济订货批量 $Q=\sqrt{\dfrac{2AB}{C}}=\sqrt{\dfrac{2\times 3\,600\times 25}{2}}=300$(吨)

经济订货批量的存货相关总成本 $TC=\sqrt{2ABC}=\sqrt{2\times 3\,600\times 25\times 2}=600$(万元)

经济订货批量平均占用资金 $W=\dfrac{PQ}{2}=P\sqrt{\dfrac{AB}{2C}}=\dfrac{10\times 300}{2}=1\,500$(万元)

年度最佳订货批次 $N=\dfrac{A}{Q}=\sqrt{\dfrac{AC}{2B}}=\dfrac{3\,600}{300}=12$(次)

上述计算表明,当订货批量为 300 吨时,订货费用与储存成本总额最低。

#### 10.2.3 实行商业折扣的经济订货批量模型

为了鼓励客户购买更多的商品,销售企业通常会给予不同程度的价格优惠,即商业折扣或称价格折扣,购买产品越多,所获得的价格优惠越大。此时,订货企业对经济订货批量的确定,除了要考虑订货费用与储存成本外,还应考虑存货的进价成本,因为此时的存货进价成本已经与订货数量的大小有了直接的联系,属于决策的相关成本。即在经济订货批量基本模型其他各种假设条件均具备的前提下,存在商业折扣时的存货相关总成本可按下式计算:

存货相关总成本＝订货成本＋相关订货费用＋相关存储成本

实行商业折扣的经济订货批量具体确定步骤如下:

第一步,按照基本经济订货批量模型确定经济订货批量;

第二步,计算按经济订货批量订货时的存货相关总成本;

第三步,计算按给予商业折扣的订货批量订货时,各种订货批量存货相关总成本。

如果给予数量折扣的订货批量是一个范围,如订货数量在 1 000~1 999 千克之间可享受 2% 的价格优惠,此时按给予数量折扣的最低订货批量,即按 1 000 千克计算存货相关总成本。

第四步,比较不同订货批量的存货相关总成本,最低存货相关总成本对应的订货批量就是实行数量折扣的最佳经济订货批量。

腾越公司每年需耗用甲材料 3 600 千克,该材料的单位采购成本 10 元,单位年储存成本 2 元,平均每次订货费用 25 元,销售企业规定:客户每批购买量不足 500 千克的,按照标准价格计算;每批购买量 500 千克以上、1 000 千克以下的,价格优惠 2%;每批购买量 1 000 千克以上、1 500 千克以下的,价格优惠 3%;每批购买量 1 500 千克以上的,价格优惠 4%。

则按经济订货批量基本模型确定的经济订货批量为:

经济订货批量 $Q=\sqrt{\dfrac{2AB}{C}}=\sqrt{\dfrac{2\times 3\,600\times 25}{2}}=300$(千克)

每次订货 300 千克的存货相关总成本

$$=3\,600\times10+3\,600/300\times25+300/2\times2=36\,600(元)$$

每次订货 500 千克时的存货相关总成本

$$=3\,600\times10\times(1-2\%)+3\,600/500\times25+500/2\times2=35\,960(元)$$

每次订货 1 000 千克时的存货相关总成本

$$=3\,600\times10\times(1-3\%)+3\,600/1\,000\times25+1\,000/2\times2=36\,010(元)$$

每次订货 1 500 千克时的存货相关总成本

$$=3\,600\times10\times(1-4\%)+3\,600/1\,500\times25+1\,500/2\times2=36\,120(元)$$

通过比较发现,每次订货为 500 千克时的存货相关总成本最低,所以此时最佳经济订货批量为 500 千克。

### 10.2.4 允许缺货时的经济订货模型

在允许缺货的情况下,企业对经济订货批量的确定,就不仅要考虑订货费用与储存费用,而且还必须对可能的缺货成本加以考虑,即能够使三项成本总和最低的批量便是经济订货批量。

设:$S$ 为缺货量;$R$ 为单位缺货成本;$Q$ 为允许缺货时的经济订货批量;$A$ 为某种存货年度计划订货总量;$B$ 为平均每次订货费用;$C$ 为单位存货年度单位储存成本;$P$ 为订货单价。则有:

$$允许缺货时的经济订货批量\ Q=\sqrt{\frac{2AB}{C}\times\frac{C+R}{R}}$$

$$平均缺货量\ S=\frac{Q\times C}{C+R}$$

式中,缺货成本可以根据存货中断的概率和相应的存货中断造成的损失进行计算。

腾越公司甲材料年需要量为 3 200 000 千克,每次订货费用为 60 元,单位储存成本为 4 元,单位缺货成本为 8 元。则允许缺货时的经济订货批量和平均缺货量为:

$$经济订货批量\ Q=\sqrt{\frac{2AB}{C}\times\frac{C+R}{R}}=\sqrt{\frac{2\times3\,200\,000\times60}{4}\times\frac{4+8}{8}}=12\,000\ 千克$$

$$平均缺货量\ S=\frac{Q\times C}{C+R}=\frac{12\,000\times4}{4+8}=4\,000(千克)$$

## 10.3 储备量决策

为了保证生产和销售正常进行,企业必须在材料用完之前订货,这就是再订货点的控制和订货提前期的确定问题。此外,企业在生产经营过程中经常要面对很多不确定的情况,很难做到均匀使用原料和订货批次之间的完美衔接。为了保证企业生产经营正常进行,企业需要安排一个保险储备,以应对耗用量突然增加或交货延期等意外情况。

### 10.3.1 再订货点

一般情况下,企业的存货不能做到随用随时补充,因此不能等存货用完再去订货,而需要在没有用完时提前订货。在提前订货的情况下,企业再次发出订货单时,尚有存货的库存量,称为再订货点,用 $R$ 来表示。它的数量等于交货时间($L$)和每日平均需用量($d$)的乘积:

$$R=L\times d$$

腾越公司生产周期为一年,甲种原材料年需要量 3 600 000 千克,则该企业每日平均需用量($d$)为:

$$d=3\,600\,000/360=10\,000(千克)$$

如上述企业订购原材料的在途时间为两天,则该企业的再订货点为:
$R = 10\,000 \times 2 = 20\,000$(千克)
也就是说,当该企业的库存原材料数量降低到 20 000 千克时,就需要发出订购指令。

### 10.3.2 订货提前期

订货提前期是指从发出订单到货物验收完毕所用的时间。订货提前期的计算公式为:

$$订货提前期 = \frac{预计交货期内原材料使用量}{原材料日使用量}$$

腾越公司预计交货期内原材料的用量为 1 000 千克,原材料日使用量为 100 千克/天,无延期交货的情况。则该企业的订货提前期为:

$$订货提前期 = \frac{预计交货期内原材料使用量}{原材料日使用量} = \frac{1\,000}{100} = 10(天)$$

也就是说,当该企业的库存原材料数量还差 10 天用完时,就需要发出订购指令。

### 10.3.3 保险储备

上述讨论假定存货的供需稳定且确知,即每日需求量不变,交货时间也固定不变。实际上,每日需求量可能变化,交货时间也可能变化。按照某一订货批量(如经济订货批量)和再订货点发出订单后,如果需求增大或送货延迟,就会发生缺货或供货中断。为防止由此造成的损失,就需要多储备一些存货以备应急之需,称为保险储备(安全存量)。

腾越公司平均每天正常耗用甲材料 10 千克,订货提前期为 10 天,预计每天的最大耗用量为 12 千克,预计最长订货提前期为 15 天,则保险储备量为:

保险储备量 $= 12 \times 15 - 10 \times 10 = 80$(千克)

建立保险储备,固然可以使企业避免缺货或供应中断造成的损失(缺货成本),但存货平均储备量加大却会使储备成本升高。研究保险储备的目的,就是要求管理人员必须在缺货成本和保持保险储备耗费的成本之间作出权衡。找出合理的保险储备量,使缺货或供应中断损失和储备成本之和最小。确定方法上,可先计算出各不同保险储备量的总成本,然后再对总成本进行比较,选定其中最低的。

需要指出,保险储备的存在不会影响经济订货批量的计算,但会影响再订货点的确定。考虑保险储备情况下的再订货点计算公式为:

$$RP = R \times DT + SS$$

式中:$SS$ 代表保险储备;$R$ 代表原材料日使用量;$DT$ 代表原材料的在途时间。

根据上例资料,该公司考虑保险储备情况下的再订货点:

再订货点 $= 10 \times 10 + 80 = 180$(千克)

保险储备的存在虽然可以减少缺货成本,但增加了储存成本,最优的存货政策就要在这些成本之间权衡,选择使总成本最低的再订货点和保险储备量。

腾越公司每年需要某种原材料 360 000 千克,每次订货的固定成本为 200 元,每千克原材料年储存保管费 4 元,已经计算得到经济订货批量为 6 000 千克,另外,已知交货期内的平均需求是 1 000 千克,也就是说再订货点等于保险储备再加上 1 000 千克。

根据这些资料,该企业每年需要订货 60 次(360 000/6 000 = 60),每年的订货成本为 12 000 元(200 × 60 = 12 000)。

该公司拟保持在 0 至 1 500 千克的保险储备水平,表 10-1 给出了不同保险储备下企业预计总成本。

表 10-1 腾越公司的最优安全储备量和再订货点分析

| 再订货点（千克） | 安全储备（千克） | 平均存货水平(千克) | 缺货成本（元） | 储存成本（元） | 订货成本（元） | 总成本（元） |
| --- | --- | --- | --- | --- | --- | --- |
| 1 000 | 0 | 3 000 | 3 000 | 12 000 | 12 000 | 27 000 |
| 1 500 | 500 | 3 500 | 500 | 14 000 | 12 000 | 26 500 |
| 2 000 | 1 000 | 4 000 | 200 | 16 000 | 12 000 | 28 200 |
| 2 500 | 1 500 | 4 500 | 0 | 18 000 | 12 000 | 30 000 |

注：各项目的计算过程如下：
再订货点：再订货点＝交货期的需求＋保险储备
保险储备：企业设定的不同档次的保险储备
平均存货水平：平均存货水平＝经济订货批量/2＋保险储备
缺货成本：企业根据各方面条件预计得出
储存成本：储存成本＝平均存货水平×单位储存保管费率
订货成本：订货成本＝单位订货成本×订货次数
总成本：总成本＝缺货成本＋储存成本＋订货成本

从表 10-1 中可以看出，当保险储备为零时，预计缺货成本很高，但随着保险储备的增加迅速变小，当保险储备下降的幅度大于储存成本上升的幅度时，加大保险储备是有利的，可以降低总成本。但超过一定限度后，保险储备的增加所带来的储存成本增加要大于缺货成本的减少，此时会对总成本产生不利影响。该企业的最小存货总成本为 26 500 元，最佳再订货点 1 500 千克，对应的保险储备为 500 千克。

## 10.4 存货的控制系统

伴随着业务流程重组的兴起以及计算机行业的发展，库存管理系统也得到了很大的发展。从 MRP（物料资源规划）发展到 MRPⅡ（制造资源规划），再到 ERP（企业资源规划），以及后来的柔性制造和供应链管理，甚至是外包等管理方法的快速发展，都大大促进了企业库存管理方法的发展。这些新的生产方式与信息技术革命进步融为一体，提高了企业的整体运作效率。以下将对两个典型的库存控制系统进行介绍。

### 10.4.1 ABC 控制系统

ABC 控制法就是把企业种类繁多的存货，依据其重要程度、价值大小或者资金占用等标准分为三大类：A 类高价值库存，品种数量约占整个库存的 10% 至 15%，但价值约占全部库存的 50% 至 70%；B 类中等价值库存，品种数量约占全部库存的 20% 至 25%，价值约占全部库存的 15% 至 20%；C 类低价值库存，品种数量多，约占整个库存的 60% 至 70%，价值约占全部库存的 10% 至 35%。针对不同类别的库存分别采用不同的管理方法，A 类库存应作为管理的重点，实行重点控制、严格管理；而对 B 类和 C 类库存的重视程度则可依次降低，采取一般管理。

### 10.4.2 适时制库存控制系统

适时制库存控制系统，又称零库存管理、看板管理系统。它最早由丰田公司提出并将其应用于实践，是指制造企业事先与供应商和客户协调好，只有当制造企业在生产过程中需要原料或零件时,供应商才会将原料或零件送来;而每当产品生产出来就被客户拉走。这样,制造企业的库存持有水平就可以大大下降。显然,适时制库存控制系统需要的是稳定而标准的生产程序以及与供应商的诚信,否则,任何一环出现差错将导致整个生产线的停止。目前,已有越来越多的公司利用适时制库存控制系统减少甚至消除对库存的需求,即实行零库存管理,比如,沃尔玛、丰田、海尔等。适时制库存控制系统进一步的发展被应用于企业整个生产管理过程中——集开发、生产、库存和分销于一体,大大提高了企业运营管理效率。

**【任务实施】**

(1)经济订货批量=$\sqrt{2\times 30\,000\times 200/(100\times 3\%)}$=2 000(千克)

(2)最小存货成本=$\sqrt{2\times 30\,000\times 200\times 100\times 3\%}$=6 000(元)

(3)经济订货批量平均占用资金=2 000/2×100=100 000(元)

(4)年度最佳订货批次=30 000/2 000=15(次)

(5)最佳订货周期=360/15=24(天)

## 单元小结

● 企业持有一定数量现金的原因,主要是满足交易性需要、预防性需要和投机性需要。

● 企业持有现金的成本包括持有成本、转换成本、短缺成本。

● 现金的管理除了做好日常收支外,还必须保持一定数量的现金余额,这就需要控制好现金持有规模。确定最佳现金持有量的模式主要有成本分析模式和存货模式。

● 应收账款是指因对外赊销产品、材料、供应劳务及其他原因,应向购货单位或接受劳务的单位及其他单位收取的款项,包括应收销售款、其他应收款、应收票据等。

● 应收账款管理的效果好坏,依赖于企业信用政策的制定。信用政策包括:信用期间、信用标准和现金折扣政策。

● 存货的经济订货批量是指能够使一定时期存货的相关总成本达到最低点的订货数量。

● 决定存货经济订货批量的成本因素主要包括变动性订货费用、变动性储存成本、允许缺货时的缺货成本。如何协调各项成本间的关系,使其总和保持最低水平,是企业组织订货过程需解决的主要问题。

## 闯关考验

### 一、知识思考

1. 简述营运资金的概念及特点。
2. 货币资金管理的目标是什么?
3. 如何进行货币资金的收支管理?
4. 企业保持一定货币资金余额的动机是什么?

5. 如何确定最佳货币资金持有量？

6. 确定目标现金持有量有哪些模式？

7. 什么是存货管理的 ABC 分类控制法？

8. 应收账款日常管理的主要措施有哪些？

## 二、技能测试

程力公司现在要从甲、乙两家企业中选择一家作为供应商。两家供应商的信用条件分别为：甲企业的信用条件为"2/10,n/30"，乙企业的信用条件为"1/20,n/30"。要求帮助该公司回答下列互不相关的三个问题：

(1)假如选择甲企业作为供应商，程力公司在 10～30 天之间有一投资机会，投资回报率为 40%，程力公司应否在折扣期内归还甲公司的应付账款以取得现金折扣？

(2)当程力公司准备放弃现金折扣时，那么应选择哪家供应商？

(3)当程力公司准备享受现金折扣时，那么应选择哪家供应商？（假设仅从现金折扣成本考虑）

## 三、理论测试

### （一）单项选择题

1. 企业持有现金的动机包括交易性需求、预防性需求和投机性需求，企业为满足交易性需求而持有现金，所需考虑的主要因素是（　　）。

A. 企业维持日常周转及正常商业活动

B. 企业临时融资能力

C. 企业对待风险的态度

D. 金融市场投资机会的多少

2. 企业拟将信用期由目前的 30 天放宽为 60 天，预计赊销额由 1 000 万元变为 1 200 万元，变动成本率为 60%，等风险投资的最低报酬率为 10%，则放宽信用期后应收账款占用资金应计利息增加（　　）万元。（一年按 360 天计算）

A. 17　　　　　B. 5　　　　　C. 7　　　　　D. 12

3. 某企业年销售收入为 720 万元，信用条件为"1/10,n/30"时，预计有 20% 的客户选择享受现金折扣优惠，其余客户在信用期付款，变动成本率为 70%，资金成本率为 10%，则下列选项不正确的是（　　）。

A. 平均收账天数为 26 天

B. 应收账款占用资金应计利息 5.2 万元

C. 应收账款占用资金为 36.4 万元

D. 应收账款占用资金应计利息为 3.64 万元

4. 假设正保公司 2017 年 3 月底应收账款为 360 万元，信用条件为在 30 天按全额付清货款，过去三个月的销售收入分别为 270 万元、280 万元、260 万元，则平均逾期（　　）天。

A. 40　　　　　B. 10　　　　　C. 44　　　　　D. 30

5. 以下各项中，不属于应收账款监控方法的是（　　）。

A. 应收账款周转天数分析　　　　　B. 账龄分析表

C. 应收账款账户余额的模式　　　　D. 应收账款收现保证率分析

6. 以下成本中，属于固定储存成本的是（　　）。
A. 仓库折旧　　　　　　　　　　　B. 存货资金的应计利息
C. 存货的破损和变质损失　　　　　D. 存货的保险费用

7. 某企业每年耗用原材料 3 600 千克，该材料的单位成本为 20 元，单位材料年持有成本为 1 元，一次订货成本 50 元，则该企业经济订货批量为（　　）千克，最小存货成本为（　　）元。
A. 300　3 000　　B. 600　600　　C. 600　300　　D. 600　6 000

8. 某企业按年利率 6% 向银行借款 1 000 万元，银行要求保留 10% 的补偿性余额，同时要求按照贴现法计息，则这项借款的实际利率约为（　　）。
A. 6.67%　　　　B. 6.38%　　　　C. 7.14%　　　　D. 6%

9. 某企业按照"2/10, n/60"的信用条件购进一批商品。若企业放弃现金折扣，在信用期内付款，则放弃现金折扣的机会成本为（　　）。
A. 20.41%　　　　B. 12.24%　　　　C. 14.70%　　　　D. 20%

10. 某企业按"2/10, n/30"的条件购进一批商品。若企业放弃现金折扣，在 50 天付款，则其放弃现金折扣的机会成本为（　　）。
A. 16.18%　　　　B. 20%　　　　C. 14%　　　　D. 18.37%

11. 某企业与银行商定的周转信贷额为 1 000 万元，年利率 1%，承诺费率为 0.5%，年度内企业使用了 600 万元，平均使用 8 个月，则企业本年度应向银行支付的承诺费为（　　）万元。
A. 2　　　　　　B. 10　　　　　C. 3　　　　　　D. 1

12. 在下列各项中，不属于商业信用融资内容的是（　　）
A. 应付账款　　　　　　　　　　　B. 预收账款
C. 办理应收票据贴现　　　　　　　D. 应计未收款

13. 已知某种存货的全年需要量为 36 000 个单位，该种存货的再订货点为 1 000 个单位，则其交货间隔时间为（　　）。
A. 36 天　　　　　B. 10 天　　　　C. 18 天　　　　D. 12 天

14. 在存在有数量折扣的条件下，与最优经济批量无关成本是（　　）。
A. 储存成本　　　　B. 购置成本　　　C. 订货成本　　　D. 资金成本

15. 某企业 2017 年度预计的赊销净额为 1 200 万元，变动成本为 900 万元，固定成本为 100 万元，应收账款信用期限缩短为 60 天。则该企业应收账款的平均余额所占用资金为（　　）。
A. 200 万元　　　　B. 150 万元　　　C. 160 万元　　　D. 600 万元

(二) 多项选择题

1. 营运资金的公式有（　　）。
A. 营运资金=流动资产-流动负债
B. 营运资金=流动资产-非流动资产+所有者权益
C. 营运资金=长期负债+所有者权益-非流动资产
D. 营运资金=长期负债+所有者权益-流动负债

2. 企业营运资金来源于（　　）。
A. 权益资本　　　B. 长期投资收回　　　C. 长期负债　　　D. 企业利润

3. 确定营运资金合理的规模,必须考虑的因素有(　　)。
A. 收益要求　　　B. 成本约束　　　C. 偿债风险　　　D. 企业投资要求
4. 流动资产变现过程的不确定性因素包括(　　)。
A. 存货削价损失　B. 坏账损失　　　C. 存货积压　　　D. 机器技术落后
5. 出于投机动机,企业应(　　)。
A. 利用证券市价大幅度上涨时购入有价证券
B. 利用证券市价大幅度跌落时购入有价证券
C. 当证券价格上涨时卖出证券
D. 当证券价格下跌时卖出证券
6. 确定最佳现金持有量的模式包括(　　)。
A. 随机模式　　　　　　　　　　　B. 存货模式
C. 转换模式　　　　　　　　　　　D. 经济持有量模式
7. 现金的转换成本包括(　　)。
A. 实物交割手续费用　　　　　　　B. 存货模式
C. 委托买卖佣金　　　　　　　　　D. 证券过户费
8. "5C"系统包括(　　)。
A. 资本　　　　　B. 偿付能力　　　C. 信用品质　　　D. 抵押品
9. 信用条件包括(　　)。
A. 现金折扣　　　B. 商业折扣　　　C. 信用期限　　　D. 折扣期限
10. 确定坏账损失的标准有(　　)。
A. 债务人死亡,依照行政诉讼以其遗产清偿后,确实无法收回应收款项
B. 经主管财政机关核准的债务人逾期未履行偿债义务超过三年仍无法收回的应收款项
C. 因债务人破产,依照民事诉讼以其破产财产清偿后,确实无法收回的应收款项
D. 经主管财政机关核准的债务人逾期未履行偿债义务超过两年仍无法收回的应收款项

(三) 判断题
1. 存货经济批量是指使一定时期存货的订购成本达到最低点的进货数量。(　　)
2. 调整净收益法能反映企业经营活动中现金收支的具体情况。(　　)
3. 持有现金的总额等于持有现金的三个动机各自持有量之和。(　　)
4. 企业持有的现金,并不要求必须是完全的货币形态。(　　)
5. 现金持有成本一般仅就机会成本而言。(　　)
6. 催账费用与坏账损失之间存在线性关系,收账费用越多,坏账损失越少。(　　)
7. 现金会导致利用效率的降低和现金的机会成本的增加。(　　)
8. 现金最佳持有量的实质是安排现金与有价证券的比例关系。(　　)
9. 存货的保本天数是根据本量利的平衡关系推导出来的。(　　)
10. 现金持有成本就是机会成本。(　　)

(四) 计算分析题
1. 某公司的年赊销收入为720万元,平均收账期为60天,坏账损失为赊销额的10%,年收账费用为5万元。该公司认为通过增加收账人员等措施,可以使平均收账期降为50天,坏

账损失降为赊销额的7%。假设公司的资本成本率为6%,变动成本率为50%。

要求:计算为使上述变更经济合理,新增收账费用的上限(每年按360天计算)。

2. 某公司预测的年度赊销收入为5 500万元,总成本4 850万元(其中,固定成本1 000万元),信用条件为(n/30),资金成本率为10%。该公司为扩大销售,拟订A、B两个信用条件方案。A方案:将信用条件放宽到(n/60),预计坏账损失率为4%,收账费用80万元。B方案:将信用条件放宽为(2/10、1/20、n/60),估计有70%的客户(按赊销额计算)会利用2%的现金折扣,10%的客户会利用1%的现金折扣,坏账损失率3%,收账费用60万元。

要求:
(1)计算增加收益;
(2)计算增加机会成本;
(3)计算增加收账费用及坏账损失;
(4)计算增加现金折扣;
(5)计算增加税前损益,并确定该公司应选择何种信用条件方案。

3. 某企业预测2017年度销售收入为5 400万元,现销与赊销比例为4∶1,应收账款平均收账天数为40天,变动成本率为60%,企业的资金成本率为10%,一年按360天计算。

要求:
(1)计算2017年度赊销额;
(2)计算2017年度应收账款的平均余额;
(3)计算2017年度维持赊销业务所需要的资金额;
(4)计算2017年度应收账款的机会成本额;
(5)若2017年应收账款平均余额需要控制在60万元,其他条件不变,应收账款平均收账天数应调整为多少天?

4. 已知:某公司现金收支平稳,预计全年(按360天计算)现金需要量为360 000元,现金与有价证券的转换成本为每次300元,有价证券年均报酬率为6%。

要求:
(1)运用存货模式计算最佳现金持有量;
(2)计算最佳现金持有量下最低现金相关总成本、现金转换成本和现金持有机会成本;
(3)计算最佳现金持有量下的全年有价证券交易次数和有价证券交易间隔期。

5. 某企业将一张不带息的票据向银行办理贴现,票据面额为10 000元,银行规定月贴现率为6‰,贴现天数155天。

要求:计算企业实得的借款和企业实际负担的月利率。

6. 某公司拟采购一批商品,供应商报价如下:①立即付款,价格为9 630元;②30天内付款,价格为9 750元;③31天至60天付款,价格为9 870元;④61天至90天付款,价格为10 000元。假设银行借款利率为15%,每年按360天计算。

要求:计算放弃现金折扣成本,并确定该公司最有利的日期和价款。

7. 某企业每月货币资金需用量为60万元,每天货币资金支出量基本稳定,每次有价证券变现固定费用为50元,有价证券月利率5‰。

要求:计算最佳现金持有量、最低现金管理成本,并确定证券的变现次数与时间。

# 单元五 利润分配管理

**知识目标**
- 了解利润分配的顺序
- 掌握利润分配的程序
- 掌握不同股利政策的特点

**能力目标**
- 能够判断各种股利政策对投资者的影响
- 能够判断企业采取何种股利政策

**单元描述**

利润分配管理是企业对收益与分配的主要活动及其形成的财务关系的组织与调节,是企业将一定时期所创造的经营成果合理地在企业内、外部各利益相关者之间进行有效分配的过程。其管理主要包括股利政策、股利分配的理论、利润分配制约因素、股利支付形式与程序、股票分割和股票回购等内容。利润分配管理是财务管理中的一项重要管理工作,不仅会影响企业的筹资和投资决策,而且还涉及多方面的利益关系。

## 任务十一 利润分配概述

【任务布置】

龙利公司为股份有限公司,2017年有关资料如下:2016年度实现利润总额4 800万元,所得税税率为25%,公司前两年累计亏损800万元,经董事会决定,任意盈余公积提取比例为20%,支付1 000万股普通股股利,每股1.5元。

要求:根据上述资料分析龙利公司利润分配的程序。

【知识准备】

## 11.1 利润分配的顺序

利润分配是将企业在一定时期内实现的利润在国家、企业、股东、企业职工、债权人等与企业有经济利益关系的各种当事人之间所进行的分配。由于分配活动涉及各当事人的切身利益，分配不当会影响企业的生存和发展，因此，合理进行利润分配是财务管理活动的重要内容。

利润分配的内容包括以下部分：

第一，公积金。法定公积金从净利润中提取形成，用于弥补公司亏损，扩大公司生产经营或者转为增加公司资本。公司分配当年税后利润时应当按照10%的比例提取法定公积金；当公积金累计达到公司注册资本的50%时，可不再继续提取。任意盈余公积金的提取由股东会根据需要决定。

第二，股利（向投资者分配利润）。公司向股东支付股利，要在提取公积金之后。股利的分配应以各股东持有股份的数额为依据，每一股东取得的股利与其持有的股份数成正比。股份有限公司原则上应从累计盈利中分配股利，无盈利不得支付股利，即所谓"无利不分"的原则。但若公司用公积金抵补亏损以后，为维护其股票信誉，经股东大会特别决议，也可用公积金支付股利。

## 11.2 利润分配的程序

### 11.2.1 计算可供分配的利润

将本年净利润（或亏损）与年初未分配利润（或亏损）合并，计算出可供分配利润。如果可供分配利润为负数，则不能进行后续分配；如果为正数，则进一步进行分配。

### 11.2.2 提取法定盈余公积金

提取法定盈余公积金是指企业按照抵减年初累计亏损后的本年净利润的一定比例提取的盈余公积金。提取公积金的基数，不一定是可供分配的利润，也不一定是本年的税后利润。只有不存在年初累计亏损时，才能按本年税后计算应提取数。根据公司法的规定，公司制企业（包括国有独资公司、有限责任公司和股份有限公司）按10%的比例提取；其他企业可以根据需要确定提取比例，但至少应按10%提取。企业提取的法定盈余公积金累计额已达到注册资本的50%时，可以不再提取。

### 11.2.3 提取任意盈余公积金

公司制企业提取法定盈余公积金后，经过股东大会决议，可以提取任意盈余公积金；其他企业也可以根据需要提取任意盈余公积金。任意盈余公积金的提取比例由企业视情况而定。

### 11.2.4 向投资者分配利润

企业当年实现的净利润扣除抵补亏损和提取的法定公积金后所余税后利润可向投资者分配。利润的分配应以各投资者持有的投资额为依据，每个投资者分得的利润与其持有的投资额成正比。

## 11.3 股利的种类

### 11.3.1 根据股东的持股类别划分

根据股东的持股类别,股利可分为优先股股利和普通股股利。

(1)优先股股利

按股利分配条款,优先股股利又有两种划分:根据获得优先股股利后,是否有权同普通股股东参与分配剩余利润,可分为参加优先股和非参加优先股;根据对积欠股息是否可以递延到以后年度予以补发,可分为累积优先股和非累积优先股。

我国优先股在股利方面具有如下特点:第一,优先股股利分配优先于普通股;第二,公司对优先股的股利须按事先确定的比率即股息率支付;第三,当年可供分配利润不足以按约定的股息率支付优先股股利的,由以后年度的可供分配利润进行补发。由此可见,我国优先股应属累积非参加优先股。

(2)普通股股利

普通股股利在分配顺序上处于优先股之后,股利支付额度由公司根据盈利状况自主决定。

### 11.3.2 根据股利支付方式划分

常见的股利支付方式有现金股利、财产股利、负债股利和股票股利。

(1)现金股利

现金股利是股份公司以现金形式发放给股东的股利,是最常用的股利分派形式。发放现金股利将减少公司资产负债表上的现金和留存收益。现金股利发放的多少主要取决于公司的股利政策和经营业绩,会对股票价格产生直接的影响,在股票除息日之后,一般来说股票价格会下跌。

(2)财产股利

除发放现金股利之外,公司有时会用现金以外的其他非现金资产来发放股利,如本公司的产品、服务、公司持有的其他公司所发行的有价证券等。公司宣告用非现金资产所发放的股利称为财产股利。

(3)负债股利

负债股利是公司以负债支付的股利,通常以公司的应付票据支付给股东,在不得已的情况下也有发行公司债券抵付股利的。财产股利和负债股利实际上是现金股利的替代,这两种股利支付方式目前在我国公司实务中很少使用,但并非法律所禁止。

(4)股票股利

股票股利是公司以发放的股票作为股利的支付方式。股票股利并不直接增加股东的财富,不会导致公司资产的流出和负债的增加,因而不是公司资金的使用,同时也并不因此而增加公司的财产,但会引起所有者权益内部各项目的结构发生变化。

某公司在发放股票股利之前,股东权益情况见表11-1。

表 11-1　股东权益情况表　　　　　　　　　　　　　　　　单位:元

| 项　目 | 金　额 |
|---|---|
| 普通股(面额 1 元,已发行 300 000 股) | 300 000 |
| 资本公积 | 500 000 |
| 未分配利润 | 2 000 000 |
| 股东权益合计 | 2 800 000 |

假定该公司宣布发放 10%的股票股利,即发放 30 000 股普通股股票,并规定现有股东每持有 10 股可得 1 股新发行股票。若该股票当时市价 16 元,则需要从"未分配利润"项目划出的资金为:16×300 000×10%=480 000(元)。

由于股票面值 1 元不变,发放 30 000 股普通股,应增加"普通股"项目 30 000 元,其余的 450 000 元(480 000-30 000)应作为股票溢价转至"资本公积"项目,而公司的股东权益总额保持不变。发放股票股利后,公司股东权益各项目见表 11-2。

表 11-2　发放股票股利后公司股东权益表　　　　　　　　　单位:元

| 项　目 | 金　额 |
|---|---|
| 普通股(面额 1 元,已发行 330 000 股) | 330 000 |
| 资本公积 | 950 000 |
| 未分配利润 | 1 520 000 |
| 股东权益合计 | 2 800 000 |

可见,发放股票股利不会对公司股东权益总额产生影响,但会发生资金在各股东权益项目间的再分配。

## 11.4　股利的派发程序

股份有限公司向股东支付股利,主要经历股利宣告日、股权登记日和股利支付日。

### 11.4.1　股利宣告日

股利宣告日(declaration date)即公司董事会决定要在某日发放股利的日期,也就是宣布分派股利的当天。公告中将宣布每股支付的股利、股权登记期限、股利支付日期等事项。通常股份公司都应该定期宣布发放股利方案,我国股份公司一般是一年发放一次或两次股利,即在年末和年中分配。

### 11.4.2　股权登记日

股权登记日(record date)即有权领取股利的股东有资格登记的截止日期。企业规定股权登记日是明确股东能否领取股利的日期界限,因为股票是经常流动的,所以确定这个日期非常必要。只有在股权登记日前在公司股东名册上有名的股东,才有权分享股利,而在这一天之后才列入股东名册的股东,将得不到这次分派的股利,其股利仍归原股东所有。

### 11.4.3　除息日

除息日(exclude dividend date)是指领取股利的权利与股票相互分离的日期。除息日在股市指一个特定日期,股权登记日后的第一个交易日就是除息日,如果某一上市公司宣布派发股息,在除息日之前一日持有它的股票的人士(即股东)可享有该期股息,在除息日当日或以后才买入该公司股票的人则不能享有该期股息。

### 11.4.4 股利支付日

股利支付日即将股利正式支付给股东的日期,在这一天开始的几天内,公司应通过各种手段将股利支付给股东,同时冲销股利负债。

假定 A 公司 2016 年 11 月 15 日发布公告:"本公司董事会在 2016 年 11 月 15 日的会议上决定,本年度发放每股为 3 元的股利;本公司将于 2017 年 1 月 2 日将上述股利支付给已在 2016 年 12 月 15 日登记为本公司股东的人士。"

本例中,2016 年 11 月 15 日为 A 公司的股利宣告日;2016 年 12 月 15 日为其股权登记日;2017 年 1 月 2 日则为其股利支付日。

【任务实施】

(1)计算弥补亏损并交纳所得税后的净利润=(4 800−800)×(1−25%)=3 000(万元)

(2)提取法定盈余公积=3 000×10%=300(万元)

(3)提取任意盈余公积=3 000×20%=600(万元)

(4)可用于支付股利的利润=3 000−300−600=2 100(万元)

(5)实际支付普通股股利=1 000×1.5=1 500(万元)

(6)年末未分配利润=2 100−1 500=600(万元)

# 任务十二　股利分配政策

【任务布置】

正乾公司 2015 年度的税后利润为 1 200 万元,该年分配股利 600 万元,2017 年拟投资 1 000 万元引进一条生产线以扩大生产能力,该公司目标资本结构为自有资金占 80%,借入资金占 20%。该公司 2016 年度的税后利润为 1 300 万元。

要求:

(1)如果该公司执行的是固定股利政策,并保持资本结构不变,则 2017 年度该公司为引进生产线需要从外部筹集多少自有资金?

(2)如果该公司执行的是固定股利支付率政策,并保持资本结构不变,则 2017 年度该公司为引进生产线需要从外部筹集多少自有资金?

(3)如果该公司执行的是剩余股利政策,本年不需要计提盈余公积金,则 2016 年度公司可以发放多少现金股利?

## 【知识准备】

### 12.1 股利政策

#### 12.1.1 剩余股利分配政策

(1)剩余股利政策的含义

剩余股利政策是指公司生产经营所获得的税后利润首先应较多地考虑满足公司有利可图的投资项目的需要,即增加资本或公积金,只有当增加的资本额达到预定的目标资本结构(最佳资本结构),如果有剩余,则派发股利;如果没有剩余,则不派发股利。

(2)剩余股利政策的理论依据是 MM 理论(股利无关论)

股利无关论认为,在完全资本市场中,股份公司的股利政策与公司普通股每股市价无关,公司派发股利的高低不会对股东的财富产生实质性的影响,公司决策者不必考虑公司的股利分配方式,公司的股利政策将随公司投资、融资方案的制订而确定。因此,在完全资本市场的条件下,股利完全取决于投资项目需用盈余后的剩余,投资者对于盈利的留存或发放股利毫无偏好。

(3)剩余股利政策的具体应用程序

①根据投资机会计划和加权平均的边际资本成本函数的交叉点确定最佳资本预算水平;
②利用最优资本结构比例,预计确定企业投资项目的权益资金需要额;
③尽可能地使用留存收益来满足投资所需的权益资本数额;
④留存收益在满足投资需要后尚有剩余时,则派发现金股利。

美通股份公司 2016 年的税后净利润为 8 000 万元,发行在外的普通股 10 000 万股。由于公司尚处于初创期,产品市场前景看好,产业优势明显。确定的目标资本结构为:负债资本为 30%,股东权益资本为 70%。如果 2017 年该公司有较好的投资项目,需要投资 6 000 万元,该公司采用剩余股利政策,则该公司应当如何分配股利和进行外部筹资?

**解**:按目标资本结构需要确定筹集的股东权益资本为:6 000×70%=4 200(万元)

确定应分配的股利总额为:8 000−4 200=3 800(万元)

每股股利为:3 800/10 000=0.38(元/股)

外部筹集的负债资本为:6 000−4 200=1 800(万元)

(4)剩余股利政策的优缺点及适用性

剩余股利政策的优点表现在:充分利用留存利润筹资成本最低的资本来源,保持理想的资本结构,使综合资本成本最低,实现企业价值的长期最大化。

剩余股利政策的缺点表现在:完全遵照执行剩余股利政策,将使股利发放额每年随投资机会和盈利水平的波动而波动。即使在盈利水平不变的情况下,股利将与投资机会的多寡呈反方向变动,投资机会越多,股利越小;反之,投资机会越少,股利发放越多。而在投资机会维持不变的情况下,则股利发放额将因公司每年盈利的波动而同方向波动。

剩余股利政策一般适用于公司初创阶段。

### 12.1.2 固定股利或稳定增长的股利分配政策

(1) 固定股利或稳定增长的股利政策的含义

固定股利或稳定的股利政策是公司将每年派发的股利额固定在某一特定水平上,然后在一段时间内不论公司的盈利情况和财务状况如何,派发的股利额均保持不变。只有当企业对未来利润增长确有把握,并且这种增长被认为是不可逆转时,才增加每股股利额。

(2) 采用该政策的理论依据是"在手之鸟"理论和股利信息传递理论

股利信息传递理论认为,股利政策向投资者传递重要信息。如果公司支付的股利稳定,就说明该公司的经营业绩比较稳定,经营风险较小,有利于股票价格上升;如果公司的股利政策不稳定,股利忽高忽低,这就给投资者传递企业经营不稳定的信息,导致投资者对风险的担心,进而使股票价格下降。稳定的股利政策,是许多依靠固定股利收入生活的股东更喜欢的股利支付方式,它更利于投资者有规律地安排股利收入和支出。普通投资者一般不愿意投资于股利支付额忽高忽低的股票,因此,这种股票不大可能长期维持于相对较高的价位。

(3) 固定股利或稳定增长股利政策的具体应用

沿用美通股份公司例子,公司采用固定股利或稳定增长股利政策,公司确定每股分派股利 0.3 元/股,企业如何分派股利和进行外部筹资?

**解**:公司分配的股利总额为:$0.3 \times 10\,000 = 3\,000$(万元)

分配股利后剩余为:$8\,000 - 3\,000 = 5\,000$(万元)

需要外部筹集的资金为:$6\,000 - 5\,000 = 1\,000$(万元)

(4) 固定股利或稳定增长股利政策的优缺点及适用性

固定股利或稳定增长股利政策的优点:稳定的股利有利于投资者安排股利收入和支出,特别是那些对股利极度依赖的股东;稳定的股利向市场传递着公司正常发展的信息,有利于树立公司良好的形象,增强投资者对公司的信心,稳定股票的价格。

固定股利或稳定增长股利政策的缺陷:公司股利支付与公司盈利相脱离,造成投资的风险与投资的收益不对称;它可能会给公司造成较大的财务压力,甚至侵蚀公司留存利润和公司资本,公司很难长期采用该政策。

固定股利或稳定增长股利政策一般适用于经营比较稳定的企业。

### 12.1.3 固定股利支付率政策

(1) 固定股利支付率政策的含义

固定股利支付率政策是指公司确定一个股利占盈余的比率,长期按此比率支付股利的政策。这一股利政策下,各年支付的股利随公司经营的好坏而上下波动,获得较多盈余的年份股利额高,获得盈余少的年份股利额低。

(2) 固定股利支付率政策的理论依据是"在手之鸟"理论

"在手之鸟"理论认为,用留存利润再投资带给投资者的收益具有很大的不确定性,并且投资风险随着时间的推移将进一步增大,因此,投资者更倾向获得现在的固定比率的股利收入。如果有 A 和 B 股票,它们的基本情况相同,A 股票支付股利,而 B 股票不支付股利,那么,A 股票价格要高于不支付股利 B 股票的价格。同样股利支付率高的股票价格肯定要高于股利支付率低的股票价格。显然,股利分配模式与股票市价相关。

(3)固定股利支付率政策的具体应用

沿用美通股份公司例子,公司采用固定股利支付率政策,确定的股利支付率为30%,则企业如何进行股利分配和外部资本筹集?

**解**:公司分配的股利总额为:8 000×30%=2 400(万元)

每股股利为:2 400/10 000=0.24(元/股)

支付股利后剩余:8 000-2 400=5 600(万元)

需要从外部筹集的资金为:6 000-5 600=400(万元)

(4)固定股利支付率政策的优缺点及适用性

固定股利支付率政策的优点:

①使股利与企业盈余紧密结合,以体现多盈多分、少盈少分、不盈不分的原则。

②保持股利与利润间的一定比例关系,体现了风险投资与风险收益的对称。

固定股利支付率政策的缺点:

①股票价格波动较大。这一政策必然导致公司股利随盈利的高低而频繁变化,从而给股票投资者该公司经营不稳定的印象,使股票价格波动较大;同时它不可能使公司的价值实现最大化。

②公司财务压力较大。根据固定股利支付率政策,公司实现利润越多,派发股利也就应当越多。而公司实现利润多只能说明公司盈利状况好,并不能表明公司的财务状况就一定好。在此政策下,用现金分派股利是刚性的,这必然给公司带来相当的财务压力。

③缺乏财务弹性。股利支付率是公司股利政策的主要内容,股利分配模式的选择、股利政策的制定是公司的财务手段和方法。在公司发展的不同阶段,公司应当根据自身的财务状况制定不同的股利政策,这样更有利于实现公司的财务目标。但在固定股利支付率政策下,公司丧失了利用股利政策的财务方法,缺乏财务弹性。

④确定合理的固定股利支付率难度很大。一个公司如果股利支付率确定低了,则不能满足投资者对现实股利的要求;反之,公司股利支付率确定高了,就会使大量资金因支付股利而流出,公司又会因资金缺乏而制约其发展。可见,确定公司较优的股利支付率是具有相当难度的工作。

固定股利支付率政策只能适用于稳定发展的公司和公司财务状况较稳定的阶段。

### 12.1.4 低正常股利加额外股利政策

(1)低正常股利加额外股利政策含义

低正常股利加额外股利政策是公司事先设定一个较低的经常性股利额,一般情况下,公司每期都按此金额支付正常股利,只有企业盈利较多时,再根据实际情况发放额外股利。

(2)低正常股利加额外股利政策的理论依据是"在手之鸟"理论和股利信息传递理论

将公司派发的股利固定地维持在较低的水平,则当公司盈利较少或需用较多的保留盈余进行投资时,公司仍然能够按照既定的股利水平派发股利,体现了"在手之鸟"理论。而当公司盈利较大且有剩余现金,公司可派发额外股利,体现了股利信息传递理论,公司将派发额外股利的信息传递给股票投资者,有利于股票价格的上扬。

(3)低正常股利加额外股利政策优缺点及适用性

低正常股利加额外股利政策的优点:股利政策具有较大的灵活性;既可以维持股利的一定稳定性,又有利于企业的资本结构达到目标资本结构,使灵活性与稳定性较好地相结合,因而为许多企业所采用。

低正常股利加额外股利政策的缺点:股利派发仍然缺乏稳定性,额外股利随盈利的变化,时有时无,给人漂浮不定的印象;如果公司较长时期一直发放额外股利,股东就会误认为这是"正常股利",一旦取消,极易造成公司"财务状况"逆转的负面影响,股价下跌在所难免。

低正常股利加额外股利政策给企业较大的灵活性,一般适用于收益较不稳定、高速成长的企业。

## 12.2 股利分配制约因素

企业的股利分配涉及企业相关各方的切身利益,受众多不确定因素的影响,在确定分配政策时,应当考虑各种相关因素的影响,主要包括法律、公司、股东及其他因素。

### 12.2.1 法律因素

为了保护债权人和股东的利益,法律就公司的利润分配作出如下规定:

①资本保全约束。规定公司不能用资本(包括实收资本或股本和资本公积)发放股利,目的在于维持企业资本的完整性,保护企业完整的产权基础,保障债权人的利益。

②资本积累约束。规定公司必须按照一定的比例和基数提取各种公积金,股利只能从企业的可供分配利润中支付。此处可供分配利润包含公司当期的净利润按照规定提取各种公积金后的余额和以前累积的未分配利润。另外,在进行利润分配时,一般应当贯彻"无利不分"的原则,即当企业出现年度亏损时,一般不进行利润分配。

③超额累积利润约束。由于资本利得与股利收入的税率不一致,如果公司为了避税而使得盈余的保留大大超过了公司目前及未来的投资需要时,将被加征额外的税款。

④偿债能力约束。要求公司考虑现金股利分配对偿债能力的影响,确定在分配后仍能保持较强的偿债能力,以维持公司的信誉和借贷能力,从而保证公司的正常资金周转。

### 12.2.2 公司因素

公司基于短期经营和长期发展的考虑,在确定利润分配政策时,需要关注以下因素:

①现金流量。由于会计规范的要求和核算方法的选择,公司盈余与现金流量并非完全同步,净收益的增加不一定意味着可供分配的现金流量的增加。公司在进行利润分配时,要保证正常的经营活动对现金的需求,以维持资金的正常周转,使生产经营得以有序进行。

②资产的流动性。企业现金股利的支付会减少其现金持有量,降低资产的流动性,而保持一定的资产流动性是企业正常运转的必备条件。

③盈余的稳定性。一般来讲,公司的盈余越稳定,其股利支付水平也就越高。

④投资机会。如果公司的投资机会多,对资金的需求量大,那么它就很可能会考虑采用低股利支付水平的分配政策;相反,如果公司的投资机会少,对资金的需求量小,那么它就很可能倾向于采用较高的股利支付水平。此外,如果公司将留存收益用于再投资所得报酬低于股东个人单独将股利收入投资于其他投资机会所得的报酬时,公司就不应多留存收益,而应多发股利,这样有利于股东价值的最大化。

⑤筹资因素。如果公司具有较强的筹资能力,随时能筹集到所需资金,那么它会具有较强的股利支付能力。另外,留存收益是企业内部筹资的一种重要方式,它同发行新股或举债相比,不需花费筹资费用,同时增加了公司权益资本的比重,降低了财务风险,便于低成本取得债务资本。

⑥其他因素。由于股利的信号传递作用,公司不宜经常改变其利润分配政策,应保持一定的连续性和稳定性。此外,利润分配政策还会受到其他公司的影响,比如不同发展阶段、不同行业的公司股利支付比例会有差异,这就要求公司在进行政策选择时要考虑发展阶段以及所处行业状况。

### 12.2.3 股东因素

股东在控制权、收入和税赋方面的考虑也会对公司的利润分配政策产生影响。

①控制权。现有股东往往将股利政策作为维持其控制地位的工具。企业支付较高的股利导致留存收益的减少,当企业为有利可图的投资机会筹集所需资金时,发行新股的可能性增大,新股东的加入必然稀释公司的控制权。所以,股东会倾向于较低的股利支付水平,以便从内部的留存收益中取得所需资金。

②稳定的收入。如果股东以现金股利维持生活,他们往往要求企业能够支付稳定的股利,而反对过多的留存。

③避税。由于股利收入的税率要高于资本利得的税率,一些高股利收入的股东出于避税的考虑而往往倾向于较低的股利支付水平。

### 12.2.4 其他因素

①债务契约。一般来说,股利支付水平越高,留存收益越少,企业的破产风险加大,就越有可能损害到债权人的利益。因此,为了保证自己的利益不受侵害,债权人通常都会在债务契约、租赁合同中加入关于借款企业股利政策的限制条款。

②通货膨胀。通货膨胀会带来货币购买力水平下降,导致固定资产重置资金不足,此时,企业往往不得不考虑留用一定的利润,以便弥补由于购买力下降而造成的固定资产重置资金缺口。因此,在通货膨胀时期,企业一般会采取偏紧的利润分配政策。

## 12.3 股利支付形式与程序

### 12.3.1 股利支付形式

股利支付形式可以分为不同的种类,主要有以下四种:

(1)现金股利

现金股利是以现金支付的股利,它是股利支付的最常见的方式。公司选择发放现金股利除了要有足够的留存收益外,还要有足够的现金,而现金充足与否往往会成为公司发放现金股利的主要制约因素。

(2)财产股利

财产股利,是以现金以外的其他资产支付的股利,主要是以公司所拥有的其他公司的有价证券,如债券、股票等,作为股利支付给股东。

(3)负债股利

负债股利,是以负债方式支付的股利,通常以公司的应付票据支付给股东,有时也以发放公司债券的方式支付股利。

财产股利和负债股利实际上是现金股利的替代,但这两种股利支付形式在我国公司实务中很少使用。

(4)股票权利

股票权利,是公司以增发股票的方式所支付的股利,我国实务中通常也称其为"红股"。股票股利对公司来说,并没有现金流出企业,也不会导致公司的财产减少,而只是将公司的留存收益转化为股本和资本公积。但股票权利会增加流通在外的股票数量,同时降低股票的每股价值。它不改变公司股东权益总额,但会改变股东权益的构成。

某上市公司在 2017 年发放股票股利前,其资产负债表上的股东权益账户情况如表 12-1 所示。

表 12-1 某上市公司股东权益账户情况　　　　　　　　　　　　　　单位:万元

| 项目 | 金额 |
| --- | --- |
| 普通股(面值 1 元,发行在外 2 000 万股) | 2 000 |
| 资本公积 | 3 000 |
| 盈余公积 | 2 000 |
| 未分配利润 | 3 000 |
| 股东权益合计 | 10 000 |

假设该公司宣布发放 10%的股票股利,现有股东每持有 10 股,即可获赠 1 股普通股。若该股票当时市价为 5 元,那么随着股票股利的发放,需从"未分配利润"项目划转出的资金为:

2 000×10%×5=1 000(万元)

由于股票面值(1 元)不变,发放 200 万股,"普通股"项目只应增加 200 万元,其余的 800 万元(1 000−200)应作为股票溢价转至"资本公积"项目,而公司的股东权益总额并未发生改变,仍是 10 000 万元。股票股利发放后的资产负债表上的股东权益部分如表 12-2 所示。

表 12-2 股票股利发放后股东权益　　　　　　　　　　　　　　　　单位:万元

| 项目 | 金额 |
| --- | --- |
| 普通股(面值 1 元,发行在外 2 200 万股) | 2 200 |
| 资本公积 | 3 800 |
| 盈余公积 | 2 000 |
| 未分配利润 | 2 000 |
| 股东权益合计 | 10 000 |

假设某股东在公司派发股票股利之前持有公司的普通股 10 万股,那么,他所拥有的股权比例为:

10 万股÷2 000 万股=0.5%

派发股利之后,他所拥有的股票数量和股份比例为:

10×(1+10%)=11(万股)

11 万股÷2 200 万股=0.5%

可见,发放股票股利,不会对公司股东权益总额产生影响,但会引起资金在各股东权益项目间的再分配。而股票股利派发前后每一位股东的持股比例也不会发生变化。需要说明的是,例题中股票股利以市价计算价格的做法,是很多西方国家所通行的,但在我国,股票股利价格则是按照股票面值来计算的。

发放股票股利虽不直接增加股东的财富，也不增加公司的价值，但对股东和公司都有特殊意义。

对股东来讲，股票股利的优点主要有：

①派发股票股利后，理论上每股市价会成比例下降，但实务中这并非必然结果。因为市场和投资者普遍认为，发放股票股利往往预示着公司会有较大的发展和成长，这样的信息传递会稳定股价或使股价下降比例减少甚至不降反升，股东便可以获得股票价值相对上升的好处。

②由于股利收入和资本利得税率的差异，如果股东把股票股利出售，还会给他带来资本利得纳税上的好处。

对公司来讲，股票股利的优点主要有：

①发放股票股利不需要向股东支付现金，在再投资机会较多的情况下，公司就可以为再投资提供成本较低的资金，从而有助于公司的发展。

②发放股票股利可以降低公司股票的市场价格，既有利于促进股票的交易和流通，又有利于吸引更多的投资者成为公司股东，进而使股权更为分散，有效地防止公司被恶意控制。

③股票股利的发放可以传递公司未来发展前景良好的信息，从而增强投资者的信心，在一定程度上稳定股票价格。

### 12.3.2 股利支付程序

公司股利的发放必须遵守相关的要求，按照日程安排来进行。一般情况下，先由董事会提出分配预案，然后提交股东大会决议通过才能进行分配。股东大会决议通过分配预案后，要向股东宣布发放股利的方案，并确定股权登记日、除息日和股利发放日。

①股利宣告日，即股东大会决议通过并由董事会将股利支付情况予以公告的日期。公告中将宣布每股应支付的股利、股权登记日、除息日以及股利支付日。

②股权登记日，即有权领取本期股利的股东资格登记截止日期。凡是在此指定日期收盘之前取得公司股票，成为公司在册股东的投资者都可以作为股东享受公司分派的股利。在这一天之后取得股票的股东则无权领取本次分派的股利。

③除息日，即领取股利的权利与股票分离的日期。在除息日之前购买的股票才能领取本次股利，而在除息日当天或是以后购买的股票，则不能领取本次股利。由于失去了"付息"的权利，除息日的股票价格会下跌。

④股利发放日，即公司按照公布的分红方案向股权登记日在册的股东实际支付股利的日期。

## 12.4 股票分割与股票回购

### 12.4.1 股票分割

股票分割又称拆股，即将一股股票拆分成多股股票的行为。股票分割一般只会增加发行在外的股票总数，但不会对公司的资本结构产生任何影响。股票分割与股票股利非常相似，都是在不增加股东权益的情况下增加了股份的数量，所不同的是，股票股利虽不会引起股东权益总额的改变，但股东权益的内部结构会发生变化，而股票分割之后，股东权益总额及其内部结构都不会发生任何变化，变化的只是股票面值。

股票分割的作用如下：

①降低股票价格。股票分割会使每股市价降低，买卖该股票所需资金量减少，从而可以促进股票的流通和交易。流通性的提高和股东数量的增加，会在一定程度上加大对公司股票恶意收购的难度。此外，降低股票价格还可以为公司发行新股做准备，因为股价太高会使许多潜在投资者力不从心而不敢轻易对公司股票进行投资。

②向市场和投资者传递"公司发展前景良好"的信号，有助于提高投资者对公司股票的信心。

与股票分割相反，如果公司认为其股票价格过低，不利于其在市场上的声誉和未来的再筹资，为提高股票的价格，会采取反分割措施。反分割又称股票合并或逆向分割，是指将多股股票合并为一股股票的行为。反分割显然会降低股票的流通性，提高公司股票投资的门槛，它向市场传递的信息通常都是不利的。

某上市公司在2016年年末资产负债表上的股东权益账户情况如表12-3所示。

表12-3　某上市公司2016年年末股东权益　　　　　　　　　　　单位：万元

| 普通股(面值10元,发行在外1 000万股) | 10 000 |
|---|---|
| 资本公积 | 10 000 |
| 盈余公积 | 5 000 |
| 未分配利润 | 8 000 |
| 股东权益合计 | 33 000 |

假设股票市价为20元，该公司宣布发放10%的股票股利，即现有股东每持有10股即可获赠1股普通股。发放股票股利后，股东权益有何变化？每股净资产是多少？

假设该公司按照1∶2的比例进行股票分割。股票分割后，股东权益有何变化？每股净资产是多少？

根据上述资料，分析计算如下：

①发放股票股利后股东权益情况如表12-4所示。

表12-4　发放股票股利后股东权益情况　　　　　　　　　　　单位：万元

| 普通股(面值10元,发行在外1 100万股) | 11 000 |
|---|---|
| 资本公积 | 11 000 |
| 盈余公积 | 5 000 |
| 未分配利润 | 6 000 |
| 股东权益合计 | 33 000 |

每股净资产为：33 000÷(1 000+100)=30(元/股)

②股票分割后股东权益情况如表12-5所示。

表12-5　股票分割后股东权益情况　　　　　　　　　　　单位：万元

| 普通股(面值5元,发行在外2 000万股) | 10 000 |
|---|---|
| 资本公积 | 10 000 |
| 盈余公积 | 5 000 |
| 未分配利润 | 8 000 |
| 股东权益合计 | 33 000 |

每股净资产为:33 000÷(1 000×2)=16.5(元/股)

### 12.4.2 股票回购

(1)股票回购的含义及方式

股票回购是指上市公司出资将其发行在外的普通股以一定价格购买回来予以注销或作为库存股的一种资本运作方式。公司不得随意收购本公司的股份。只有满足相关法律规定的情形才允许股票回购。

股票回购的方式主要包括公开市场回购、要约回购和协议回购三种。其中,公开市场回购,是指公司在公开交易市场上以当前市价回购股票;要约回购是指公司在特定期间向股东发出的以高出当前市价回购股票;协议回购则是指公司以协议价格直接向一个或几个主要股东回购股票。

(2)股票回购的动机

在证券市场上,股票回购的动机多种多样,主要有以下几点:

①现金股利的替代。现金股利政策会对公司产生未来的派现压力,而股票回购不会。当公司有富余资金时,通过回购股东所持股票将现金分配给股东,这样,股东就可以根据自己的需要选择继续持有股票或出售获得现金。

②改变公司的资本结构。无论是现金回购还是举债回购股份,都会提高公司的财务杠杆水平,改变公司的资本结构。公司认为权益资本在资本结构中所占比例较大时,为了调整资本结构而进行股票回购,可以在一定程度上降低整体资金成本。

③传递公司信息。由于信息不对称和预期差异,证券市场上的公司股票价格可能被低估,而过低的股价将会对公司产生负面影响。一般情况下,投资者会认为股票回购意味着公司认为其股票价值被低估而采取的应对措施。

④基于控制权的考虑。控股股东为了保证其控制权,往往采取直接或间接的方式回购股票,从而巩固既有的控制权。另外,股票回购使流通在外的股份数变少,股价上升,从而可以有效地防止敌意收购。

(3)股票回购的影响

股票回购对上市公司的影响主要表现在以下几个方面:

①股票回购需要大量资金支付会构成本,容易造成资金紧张,降低资产流动性,影响公司的后续发展。

②股票回购无异于股东退股和公司资本的减少,也可能会使公司的发起人股东更注重创业利润的实现,从而不仅在一定程度上削弱了对债权人利益的保护,而且忽视了公司的长远发展,损害了公司的根本利益。

③股票回购容易导致公司操纵股价。公司回购自己的股票容易导致其利用内幕消息进行炒作,加剧公司行为的非规范化,损害投资者的利益。

**【任务实施】**

(1)2016年度公司留存利润=1 300-600=700(万元)

2017年自有资金需要量=1 000×80%=800(万元)

2017年外部自有资金筹集数额=800-700=100(万元)

(2)2015年股利支付率=600/1 200=50%

2016年公司留存利润＝1 300×(1－50％)＝650(万元)
2017年自有资金需要量＝1 000×80％＝800(万元)
2017年外部自有资金筹集数额＝800－650＝150(万元)
(3)2017年自有资金需要量＝1 000×80％＝800(万元)
2016年发放的现金股利＝1 300－800＝500(万元)

## 单元小结

● 利润分配是将企业在一定时期内实现的利润在国家、企业、股东、企业职工、债权人等与企业有经济利益关系的各种当事人之间所进行的分配。

● 利润分配的程序：计算可供分配的利润，提取法定盈余公积金，提取任意盈余公积金，向投资者分配利润。

● 常见的股利支付方式有现金股利、财产股利、负债股利和股票股利。

● 剩余股利政策是指公司生产经营所获得的税后利润首先应较多地考虑满足公司有利可图的投资项目的需要，即增加资本或公积金，只有当增加的资本额达到预定的目标资本结构(最佳资本结构)，如果有剩余，则派发股利；如果没有剩余，则不派发股利。

● 固定股利或稳定的股利政策是公司将每年派发的股利额固定在某一特定水平上，然后在一段时间内不论公司的盈利情况和财务状况如何，派发的股利额均保持不变。只有当企业对未来利润增长确有把握，并且这种增长被认为是不可逆转时，才增加每股股利额。

● 固定股利支付率政策是指公司确定一个股利占盈余的比率，长期按此比率支付股利的政策。各年支付的股利随公司经营的好坏而上下波动，获得较多盈余的年份股利额高，获得盈余少的年份股利额低。

● 低正常股利加额外股利政策是公司事先设定一个较低的经常性股利额，一般情况下，公司每期都按此金额支付正常股利，只有企业盈利较多时，再根据实际情况发放额外股利。

## 闯关考验

### 一、知识思考

1. 简述企业的税后利润分配顺序。
2. 选择股利政策时应考虑的因素有哪些？
3. 股利分配政策有哪几种？
4. 各股利分配政策的主要观点是什么？
5. 简述剩余股利政策的含义及其步骤。
6. 简述股票股利和股票分割的异同。

## 二、技能测试

保成公司成立于2015年1月1日。2015年度实现的净利润为1 000万元,分配现金股利550万元,提取盈余公积450万元(所提盈余公积均已指定用途)。2016年度实现的净利润为900万元(不考虑计提法定盈余公积的因素)。2017年计划增加投资,所需资金为700万元。假定公司目标资本结构为自有资金占60%,借入资金占40%。

**要求:**

(1)在保持目标资本结构的前提下,计算2017年投资方案所需的自有资金金额和需要从外部借入的资金金额;

(2)在保持目标资本结构的前提下,如果公司执行剩余股利政策,计算2016年度应分配的现金股利;

(3)在不考虑目标资本结构的前提下,如果公司执行固定股利政策,计算2016年应分配的现金股利、可用于2017年投资的留存收益和需要额外筹集的资金额;

(4)在不考虑目标资本结构的前提下,如果公司执行固定股利支付率政策,计算该公司的股利支付率和2016年度应分配的现金股利;

(5)假定公司2017年面临着从外部筹资的困难,只能从内部筹资,不考虑目标资本结构,计算在此情况下2016年度应分配的现金股利。

## 三、理论测试

### (一)单项选择题

1.下列项目中,资本保全约束规定不得用于支付股利的权益资金是(    )。
A. 资本公积             B. 任意盈余公积
C. 法定盈余公积         D. 上年未分配利润

2.下列各项中不属于确定收益分配政策的法律因素内容的是(    )。
A. 资产的流动性         B. 偿债能力
C. 资本积累             D. 超额累积利润

3.认为用留存收益再投资带给投资者的收益具有很大的不确定性,并且投资风险随着时间的推移将进一步增大,因此,投资者更喜欢现金股利,而不愿意将收益留在公司内部的股利理论是(    )。
A. 股利重要论           B. 信号传递理论
C. 代理理论             D. 股利无关论

4.某公司2016年度净利润为500万元,预计2017年投资所需的资金为1 000万元,假设目标资金结构是负债资金占60%,企业按照15%的比例计提盈余公积金,公司采用剩余股利政策发放股利,则2016年度企业可向投资者支付的股利为(    )万元。
A. 25        B. 100        C. 500        D. 75

5.主要依靠股利维持生活的股东和养老基金管理人最不赞成的公司股利政策是(    )。
A. 固定或稳定增长股利政策        B. 剩余股利政策
C. 固定股利支付率政策            D. 低正常股利加额外股利政策

6.(    )只是比较适用于那些处于稳定发展且财务状况也较稳定的公司。

A. 剩余股利政策　　　　　　　　　B. 固定股利政策
C. 固定股利支付率政策　　　　　　D. 低正常股利加额外股利政策

7. 固定股利支付率政策的优点是(　　　)。
A. 有利于树立良好的形象
B. 有利于投资者安排收入和支出
C. 有利于企业价值的长期最大化
D. 体现了多盈多分、少盈少分、无盈不分的股利分配原则

8. 在企业的净利润与现金流量不够稳定时,采用(　　　)对企业和股东都是有利的。
A. 剩余股利政策　　　　　　　　　B. 低正常股利加额外股利政策
C. 固定股利支付率政策　　　　　　D. 固定股利政策

9. 某企业2016年实现销售收入2 480万元,全年固定成本570万元(含利息),变动成本率55%,所得税率25%。年初已超过5年的尚未弥补亏损40万元,按15%提取盈余公积金,向投资者分配利润的比率为可供投资者分配利润的40%,不存在纳税调整事项。则2016年的未分配利润为(　　　)万元。
A. 365.82　　　　B. 110.78　　　　C. 193.55　　　　D. 276.95

10. 股票分割后没有影响的项目有(　　　)。
A. 每股面值　　　　　　　　　　　B. 每股市价
C. 股东持股比例　　　　　　　　　D. 普通股股数

## (二)多项选择题

1. 以下属于企业收益与分配意义的是(　　　)。
A. 收益分配集中体现了企业所有者、经营者与劳动者之间的关系
B. 收益分配是企业再生产的条件以及优化资本结构的重要措施
C. 收益分配是国家建设资金的重要来源之一
D. 收益分配是企业扩大再生产的条件以及优化资本结构的重要措施

2. 法定盈余公积可用于(　　　)。
A. 弥补亏损　　　　　　　　　　　B. 扩大公司生产经营
C. 转增资本　　　　　　　　　　　D. 职工集体福利

3. 企业在进行收益分配时应遵循的原则有(　　　)。
A. 资本保全原则　　　　　　　　　B. 兼顾各方面利益原则
C. 分配与积累并重原则　　　　　　D. 投资与收益对等原则

4. 确定企业收益分配政策时需要考虑的公司因素主要包括(　　　)。
A. 盈利的稳定性　　　　　　　　　B. 股利政策惯性
C. 偿债能力　　　　　　　　　　　D. 现金流量

5. 关于股票股利,下列说法正确的有(　　　)。
A. 股票股利会引起所有者权益各项目的结构发生变化
B. 股票股利会导致股票每股面值降低
C. 股票股利不会导致公司资产的流出
D. 股票股利不会引起负债的增加

6. 固定或稳定增长股利政策的优点有(　　　)。

A. 体现了多盈多分、少盈少分、无盈不分的股利分配原则
B. 有利于树立良好的形象
C. 有利于投资者安排各种经常性的消费和其他支出
D. 有利于稳定股票价格

7. 确定股利支付水平应考虑的因素包括( )。
   A. 企业所处的成长周期　　　　　B. 企业的投资机会
   C. 企业的资本结构　　　　　　　D. 股利信号传递功能

8. 股票回购对上市公司的影响包括( )。
   A. 造成资金紧缺,影响公司后续发展　　B. 发起人忽视公司的长远发展
   C. 降低企业股票价值　　　　　　　　　D. 容易导致公司操纵股价

9. 下列关于固定股利支付率政策的说法正确的是( )。
   A. 使股利和公司盈余紧密结合　　B. 有利于传递公司上升发展的信息
   C. 公司面临的财务压力较大　　　D. 制定合适的固定股利支付率难度较大

10. 下列情况下,企业会采取偏紧的股利政策的有( )。
    A. 投资机会较多　　　　　　　　B. 筹资能力较强
    C. 资产流动性能较好　　　　　　D. 通货膨胀

11. 股利相关理论认为,企业的股利政策会影响到股票价格和公司价值。主要观点包括( )。
    A. "手中鸟"理论　　　　　　　　B. 信号传递理论
    C. 代理理论　　　　　　　　　　D. 所得税差异理论

12. 下列各项中属于对公司的利润分配政策产生影响的股东因素有( )。
    A. 债务因素　　B. 控制权　　C. 投资机会　　D. 避税

13. 下列关于股票回购方式的说法正确的有( )。
    A. 公司在股票的公开交易市场上按照高出股票当前市场价格的价格回购
    B. 公司在股票的公开交易市场上按照公司股票当前市场价格回购
    C. 公司在特定期间向市场发出以高于股票当前市场价格的某一价格回购既定数量股票的要约
    D. 公司以协议价格直接向一个或几个主要股东回购股票,协议价格一般高于当前的股票市场价格

14. 根据《中华人民共和国公司法》规定,下列关于盈余公积金的说法不正确的有( )。
    A. 只要弥补亏损后,当年的税后利润还有剩余,就必须计提盈余公积金
    B. 法定盈余公积的提取比例为当年税后利润(弥补亏损后)的 10%
    C. 法定盈余公积可用于弥补亏损、扩大公司生产经营或转增资本
    D. 用盈余公积金转增资本后,法定盈余公积金的余额不得低于转增后公司注册资本的 25%

(三)判断题

1. 根据《中华人民共和国公司法》的规定,法定盈余公积的提取比例为当年税后利润的 10%。　　　　　　　　　　　　　　　　　　　　　　　　　　　　　( )
2. 公司的老股东出于控制权考虑,往往要求较多地支付股利。　　　( )

3. 公司应按同股同权、同股同利的原则,向普通股股东支付股利。（   ）
4. 只要企业有足够的现金就可以发放现金股利。（   ）
5. 股票分割能有助于公司并购政策的实施,增加对被并购方的吸引力。（   ）
6. 盈余不稳定的企业较多采取高股利支付率政策。（   ）
7. 代理理论认为理想的股利政策应该是代理成本最小的股利政策。（   ）
8. 股利无关论的假定条件之一是不存在任何公司或个人所得税。（   ）
9. 从理论上说,债权人不得干预企业的资金投向和股利分配方案。（   ）
10. 企业发放股票股利将使企业的利润下降。（   ）
11. 采用固定或稳定增长股利政策公司财务压力较小,有利于股票价格的稳定与上涨。（   ）
12. 剩余股利政策能保持理想的资本结构,使企业价值长期最大化。（   ）
13. 根据代理理论可知,较多地派发现金股利可以通过资本市场的监督减少代理成本。（   ）
14. 股权登记日在除息日之前。（   ）
15. 协议回购,是指公司以协议价格直接向一个或几个主要股东回购股票。协议价格一般高于当前的股票市场价格。（   ）

（四）计算分析题

1. 某公司成立于 2016 年 1 月 1 日。2016 年度实现的净利润为 1 000 万元,分配现金股利 550 万元,提取盈余公积 450 万元（所提盈余公积均已指定用途）。2017 年度实现的净利润为 900 万元（不考虑计提法定盈余公积的因素）。2018 年计划增加投资,所需资金为 700 万元。假定公司目标资本结构为自有资金占 60%,借入资金占 40%。

**要求:**

(1) 在保持目标资本结构的前提下,计算 2018 年投资方案所需的自有资金金额和需要从外部借入的资金金额;

(2) 在保持目标资本结构的前提下,如果公司执行剩余股利政策,计算 2017 年度应分配的现金股利;

(3) 在不考虑目标资本结构的前提下,如果公司执行固定股利政策,计算 2017 年应分配的现金股利、可用于 2018 年投资的留存收益和需要额外筹集的资金额;

(4) 在不考虑目标资本结构的前提下,如果公司执行固定股利支付率政策,计算该公司的股利支付率和 2017 年度应分配的现金股利;

(5) 假定公司 2018 年面临着从外部筹资的困难,只能从内部筹集筹资,不考虑目标资本结构,计算在此情况下 2017 年度应分配的现金股利。

2. 某公司年终进行收益分配前的股东权益情况如下表所示:

单位:万元

| | |
|---|---|
| 股本（面值 2 元,已发行 100 万股） | 200 |
| 资本公积 | 400 |
| 未分配利润 | 200 |
| 股东权益合计 | 800 |

回答下列互不关联的两个问题:

(1)如果公司宣布发放10%的股票股利,并按发放股票股利后的股数发放现金股利,每股0.1元,发放的股票股利按照面值计价。计算发放股利后的股东权益各项目的数额。

(2)如果按照1∶2的比例进行股票分割,计算进行股票分割后股东权益各项目的数额。

# 单元六　财务分析

### 知识目标

- 掌握财务分析方法
- 掌握财务指标的计算
- 掌握财务综合分析体系

### 能力目标

- 学会计算财务指标
- 会应用财务分析指标对一般公司进行财务分析
- 能应用财务分析指标对上市公司进行财务分析

### 单元描述

　　财务分析是以企业财务报告及其他相关资料为主要依据，对企业的财务状况和经营成果进行评价和剖析，反映企业在运营过程中的利弊得失和发展趋势，从而为改进企业财务管理工作和优化经济决策提供重要的依据。一般公司通过学习财务分析方法，进一步掌握财务比率分析。财务比率分别对企业的偿债能力、营运能力、获利能力和发展能力进行分析，重点是要掌握各项财务比率的计算，并能够合理运用财务比率对企业的相关能力进行评价。除了基本财务分析指标外，上市公司财务分析指标主要有每股收益、每股股利、市盈率、每股净资产、市净率等。管理层讨论与分析是上市公司定期报告中管理层对于企业过去经营状况的评价分析以及对企业和未来发展趋势的前瞻性判断。财务分析的最终目的在于全面、准确、客观地揭示与披露企业财务状况和经营情况，并借以对企业经济效益优劣做出合理的评价。因此，只有将企业偿债能力、营运能力、获利能力和发展趋势等各项分析指标有机地联系起来，作出一套完整的体系，相互配合使用，做出系统的综合评价，才能从总体意义上把握企业财务状况和经营情况的优劣。

## 任务十三　一般公司财务分析

**【任务布置】**

龙庆公司 2016 年有关财务资料如下：年末流动比率为 2.1，年末速动比率为 1.2，存货周转率为 5 次。年末资产总额 60 万元（年初 160 万元），年末流动负债 14 万元，年末长期负债 42 万元，年初存货成本为 15 万元。2016 年销售收入 128 万元，管理费用 9 万元，利息费用 10 万元。所得税税率 25%。

要求：

(1) 计算该企业 2016 年年末流动资产总额、年末资产负债率、权益乘数和总资产周转率。

(2) 计算该企业 2016 年年末存货成本、销售成本、净利润、销售净利润率和净资产收益率。

**【知识准备】**

### 13.1　财务分析的方法

#### 13.1.1　比较分析法

比较分析法，是通过对比两期或连续数期财务报告中的相同指标，确定其增减变动的方向、数额和幅度，来说明企业财务状况或经营成果变动趋势的一种方法。比较分析法可以分析引起变化的主要原因、变动的性质，并预测企业未来的发展趋势。

(1) 比较分析法的方式

① 重要财务指标的比较。重要财务指标的比较是将不同时期财务报告中的相同指标或比率进行纵向比较、与同行业平均水平或先进企业进行横向比较，直接观察其增减变动情况及变动幅度，考察其发展趋势，预测其发展前景。主要有以下两种方法：

a. 定基动态比率。

定基动态比率，是以某一时期的数额为固定的基期数额而计算出来的动态比率。其计算公式为：

$$\text{定基动态比率} = \frac{\text{分析期数额}}{\text{固定基期数额}} \times 100\%$$

b. 环比动态比率。

环比动态比率，是以每一分析期的数据与上期数据相比较计算出来的动态比率。其计算公式为：

$$\text{环比动态比率} = \frac{\text{分析期数额}}{\text{前期数额}} \times 100\%$$

② 会计报表的比较。会计报表的比较是指将连续数期的会计报表的金额并列起来，比较各指标不同期间的增减变动金额和幅度，据以判断企业财务状况和经营成果发展变化的一种方法。具体包括资产负债表比较、利润表比较和现金流量表比较等。

③会计报表项目构成的比较。会计报表项目构成的比较方法是在会计报表比较的基础上发展而来的,是以会计报表中的某个总体指标作为100%,再计算出各组成项目占该总体指标的百分比,从而比较各个项目百分比的增减变动,以此来判断有关财务活动的变化趋势。

(2)比较分析法的注意事项

①用于对比的各个时期的指标,其计算口径必须保持一致。

②应剔除偶发性项目的影响,使分析所利用的数据能反映正常的生产经营状况。

③应运用例外原则对某项有显著变动的指标做重点分析,以便采取对策,趋利避害。

### 13.1.2 比率分析法

比率分析法是通过计算各种比率指标来确定财务活动变动程度的方法,主要的类型有结构比率、效率比率、相关比率三类。

(1)结构比率

结构比率,是某项财务指标的各组成部分数值占总体数值的百分比,反映部分与总体的关系。如:资产构成比率、负债构成比率等。利用结构比率,可以考察总体中某个部分的形成和安排是否合理,以便协调各项财务活动。

其计算公式为:

$$结构比率 = \frac{某个组成部分数值}{总体数值} \times 100\%$$

(2)相关比率

相关比率,是同一时期财务报表及有关资料中两项相关数值的比率,反映有关经济活动的相互关系。利用相关比率指标,可以考察企业相互关联的业务安排得是否合理,以保障经营活动顺畅进行。如:营业利润率、资产负债率等。

采用比率分析法的注意事项:①对比项目的相关性;②对比口径的一致性;③衡量标准的科学性。

(3)效率比率

效率比率,是某项财务活动中所费与所得的比率,反映投入与产出的关系。利用效率比率指标,可以进行得失比较,考察经营成果,评价经济效益。如:成本利润率、销售利润率等。

### 13.1.3 因素分析法

因素分析法是依据分析指标与其影响因素的关系,从数量上确定各因素对分析指标影响方向和影响程度的一种方法。具体包括两种:连环替代法和差额分析法。

(1)连环替代法

连环替代法,是将分析指标分解为各个可以计量的因素,并根据各个因素之间的依存关系,顺次用各因素的实际值替代基准值,据以测定各因素对分析指标的影响。

腾越公司2016年9月某种原材料费用的实际数是61 600元,而其计划数是54 000元。实际比计划增加7 600元。

由于原材料费用由产品产量、单位产品材料消耗量和材料单价三个因素的乘积组成,因此,把材料费用这一总指标分解为三个因素,然后逐个分析各个因素对材料费用总额的影响程度。三个影响因素的数值如表13-1所示。

表 13-1 材料费用三个影响因素

| 项 目 | 单 位 | 计划数 | 实际数 |
| --- | --- | --- | --- |
| 产品产量 | 件 | 1 000 | 1 100 |
| 单位产品材料消耗量 | 千克 | 9 | 8 |
| 材料单价 | 元 | 6 | 7 |
| 材料费用总额 | 元 | 54 000 | 61 600 |

根据表 13-1 中资料,材料费用总额实际数比计划数增加 7 600 元。运用连环替代法,可以计算各因素变动对材料费用总额的影响。

计划指标：1 000×9×6＝54 000(元)①
第一次替代：1 100×9×6＝59 400(元)②
第二次替代：1 100×8×6＝52 800(元)③
第三次替代：1 100×8×7＝61 600(元)④
实际指标：

②－①＝59 400－54 000＝5 400(元)　　　产量增加的影响
③－②＝52 800－59 400＝－6 600(元)　　材料节约的影响
④－③＝61 600－52 800＝8 800(元)　　　价格提高的影响
5 400－6 600＋8 800＝7 600(元)　　　　全部因素的影响

(2)差额分析法

差额分析法是连环替代法的一种简化形式,是利用各个因素的实际值与基准值之间的差额,来计算各因素对分析指标的影响。

以腾越公司资料为例,采用差额分析法计算确定各因素变动对材料费用的影响。

①由于产量增加对材料费用的影响：
(1 100－1 000)×9×6＝5 400(元)

②由于材料消耗节约对材料费用的影响：
(8－9)×1 100×6＝－6 600(元)

③由于价格提高对材料费用的影响：
(7－6)×1 100×8＝8 800(元)

④全部因素的影响为：5 400－6 600＋8 800＝7 600(元)

(3)因素分析法的注意事项

①因素分解的关联性。构成经济指标的因素,必须是客观上存在着的因果关系,要能够反映形成该项指标差异的内在构成原因。

②因素替代的顺序性。确定替代因素时,必须根据各因素的依存关系,遵循一定的顺序并依次替代,不可随意加以颠倒。

③顺序替代的连环性。该方法在计算每一因素变动的影响时,都是在前一次计算的基础上进行,并采用连环比较的方法确定因素变化影响结果。

④计算结果的假定性。因素分析法计算的各因素变动的影响数,会因替代顺序不同而有差别,因此,该方法是在某种假定前提下进行的影响因素分析。

## 13.2 财务指标分析

　　财务分析的依据是企业财务报表,主要有资产负债表、利润表、现金流量表和所有者权益变动表。运用财务比率分别对企业的偿债能力、营运能力、获利能力和发展能力进行分析,重点是要掌握各项财务比率的计算,并能够合理运用财务比率对企业的相关能力进行评价。

　　现以龙威公司的资料(见表 13-2 和表 13-3)为例,分别对企业的偿债能力比率、营运能力比率、获利能力比率、发展能力比率进行介绍。

表 13-2　资产负债表

编制单位:龙威公司　　　　　　2016 年 12 月 31 日　　　　　　　　　　　　　　单位:万元

| 资　产 | 期末余额 | 年初余额 | 负债和所有者权益<br>(或股东权益) | 期末余额 | 年初余额 |
| --- | --- | --- | --- | --- | --- |
| 流动资产: | | | 流动负债: | | |
| 　货币资金 | 410 | 220 | 　短期借款 | 300 | 210 |
| 　交易性金融资产 | 30 | 15 | 　交易性金融负债 | | |
| 　应收票据 | | | 　应付票据 | | |
| 　应收账款 | 1 600 | 1 500 | 　应付账款 | 1 800 | 1 900 |
| 　预付款项 | 280 | 230 | 　预收款项 | 410 | 320 |
| 　应收利息 | | | 　应付职工薪酬 | | |
| 　应收股利 | | | 　应交税费 | | |
| 　其他应收款 | | | 　应付利息 | | |
| 　存货 | 2 100 | 2 000 | 　应付股利 | | |
| 　一年内到期的非流动资产 | | | 　其他应付款 | 100 | 100 |
| 　其他流动资产 | | | 　一年内到期的非流动负债 | | |
| 流动资产合计 | 4 420 | 3 965 | 　其他流动负债 | | |
| 非流动资产: | | | 流动负债合计 | 2 610 | 2 530 |
| 　可供出售金融资产 | | | 非流动负债: | | |
| 　持有至到期投资 | | | 　长期借款 | 1 200 | 1 300 |
| 　长期应收款 | | | 　应付债券 | | |
| 　长期股权投资 | 500 | 500 | 　长期应付款 | | |
| 　投资性房地产 | | | 　专项应付款 | | |
| 　固定资产 | 2 600 | 2 500 | 　预计负债 | | |
| 　在建工程 | | | 　递延所得税负债 | | |
| 　工程物资 | | | 　其他非流动负债 | | |
| 　固定资产清理 | | | 非流动负债合计 | | |
| 　生产性生物资产 | | | 负债合计 | 3 810 | 3 830 |
| 　油气资产 | | | 所有者权益(或股东权益): | | |
| 　无形资产 | 650 | 550 | 　实收资本(或股本) | 3 100 | 2 800 |
| 　开发支出 | | | 　资本公积 | | |
| 　商誉 | | | 　减:库存股 | | |

续表 13-2

| 资　产 | 期末余额 | 年初余额 | 负债和所有者权益<br>（或股东权益） | 期末余额 | 年初余额 |
|---|---|---|---|---|---|
| 长期待摊费用 | | | 盈余公积 | 500 | 400 |
| 递延所得税资产 | | | 未分配利润 | 760 | 485 |
| 其他非流动资产 | | | 所有者权益（或股东权益）合计 | 4 360 | 3 685 |
| 非流动资产合计 | 3 750 | 3 550 | | | |
| 资产总计 | 8 170 | 7 515 | 负债和所有者权益（或股东权益）总计 | 8 170 | 7 515 |

表 13-3　利　润　表

编制单位：龙威公司　　　　　　　　2016 年 12 月　　　　　　　　单位：万元

| 项　目 | 本年数 | 上年数 |
|---|---|---|
| 一、营业收入 | 8 600 | 7 500 |
| 　减：营业成本 | 6 300 | 5 600 |
| 　　税金及附加 | 490 | 420 |
| 　　销售费用 | 200 | 160 |
| 　　管理费用 | 300 | 200 |
| 　　财务费用 | 170（利息 120） | 150（利息 100） |
| 　　资产减值损失 | | |
| 　加：公允价值变动收益（损失以"－"填列） | | |
| 　　投资收益（亏损以"－"号填列） | 40 | 30 |
| 　　其中：对联营企业和合营企业的投资收益 | | |
| 二、营业利润（亏损以"－"号填列） | 1 180 | 1 000 |
| 　加：营业外收入 | 50 | 40 |
| 　减：营业外支出 | 30 | 40 |
| 　　其中：非流动资产处理损失 | | |
| 三、利润总额（亏损总额以"－"号填列） | 1 200 | 1 000 |
| 　减：所得税（税率 25%） | 300 | 250 |
| 四、净利润（净亏损以"－"号填列） | 900 | 750 |

补充报表资料：

①资产负债表：2015 年年初应收账款为 1 450 万元，存货 1 900 万元，流动资产余额 3 800 万元，资产 6 500 万元，所有者权益 3 000 万元。

②现金流量表：2015 年度、2016 年度经营活动产生的现金流量净额分别为 1 700 万元、1 200 万元。

### 13.2.1　偿债能力分析

短期偿债能力比率是指企业流动资产对流动负债及时足额偿还的保证制度，是衡量企业当期财务能力，特别是流动资产变现能力的重要标志。

反映企业短期偿债能力的财务比率主要有：流动比率、速动比率和现金流动负债比率等。

(1) 流动比率

流动比率是流动资产与流动负债的比率,它表明企业每一元流动负债有多少流动资产作为偿还保证,反映企业用可在短期内转变为现金的流动资产偿还到期流动负债的能力。其计算公式为:

$$流动比率 = \frac{流动资产}{流动负债} \times 100\%$$

根据表13-2的资料,龙威公司2016年年初的流动比率为:

$$流动比率 = \frac{流动资产}{流动负债} \times 100\% = \frac{3\,965}{2\,530} = 1.57$$

运用流动比率时,决策依据如下:

①一般情况下,流动比率越高,反映企业短期偿债能力越强,债权人的权益越有保证。

②国际上通常认为:流动比率为2较为适当。

③流动比率只有和同行业平均流动比率、本企业历史的流动比率进行比较,才能知道这个比率是高还是低。

运用流动比率时,注意事项如下:

①流动比率过低,表明企业可能难以按期偿还债务。但也不是绝对的,如:交通运输企业,其资产大多数是固定资产,流动资产相对较少,流动比率较低时也是正常的。

②流动比率过高,而货币资金严重短缺,表明流动资产可能存在长期化问题。可能是存货积压、应收账款增多且收款期延长所致。因此,企业应在分析流动比率的基础上,进一步对现金流量加以考察。

③流动比率过高,可能闲置货币资金的持有量过多,必然造成企业机会成本的增加和获利能力的降低。

④要注意企业有没有人为粉饰流动比率的状况。如:企业期末大量生产产品。

⑤流动比率是否合理,不可一刀切。要注意时期差别、行业差别。

(2) 速动比率

速动比率是企业速动资产与流动负债的比率。所谓速动资产,是指流动资产减去变现能力较差且不稳定的存货、预付账款、一年内到期的非流动资产和其他流动资产等之后的余额。

速动比率比流动比率能够更加准确、可靠地评价企业资产的流动性及其偿还短期负债的能力。其计算公式为:

$$速动比率 = \frac{速动资产}{流动负债} \times 100\%$$

$$= \frac{(流动资产 - 存货 - 预付账款 - 一年内到期的非流动资产 - 其他流动资产)}{流动负债}$$

$$= \frac{(货币资金 + 交易性金融资产 + 应收账款 + 应收票据 + 应收利息 + 应收股利 + 其他应收款)}{流动负债}$$

根据表13-2的资料,龙威公司2016年年初的速动比率为:

$$速动比率 = \frac{3\,965 - 2\,000 - 230}{2\,530} \times 100\% = 0.69$$

运用速动比率时,决策依据如下:

①一般情况下,速动比率越高,反映企业短期偿债能力越强,债权人的权益越有保证。

②国际上通常认为:速动比率为1较为适当。

③速动比率只有和同行业平均速动比率、本企业历史的速动比率进行比较,才能知道这个比率是高还是低。

运用速动比率时,注意事项如下:

①速动资产不等于企业的现时支付能力。影响速动比率可信性的重要因素是应收账款的变现能力。

②速动比率较低,表明企业可能难以按期偿还债务。但也不是绝对的,如果存货流转顺畅,变现能力较强,即使速动比率较低,只要流动比率高,企业仍然有望偿还短期债务。如:商品流通企业(零售企业)。

③要注意企业有没有人为粉饰速动比率的状况。如:期末改变销售政策,大量赊销。

(3)现金流动负债比率

现金流动负债比率是企业一定时期的经营现金净流量与流动负债的比率。该指标从现金流量角度更好地反映企业的即刻偿债能力,是最稳健的短期偿债能力的比率。其计算公式为:

$$现金流动负债比率 = \frac{年经营现金净流量}{流动负债} \times 100\%$$

根据表13-2和补充资料,龙威公司2016年的现金流动负债比率为:

$$现金流动负债比率 = \frac{1\,200}{2\,530} \times 100\% = 0.47$$

运用现金流动负债比率时,决策依据如下:

①一般情况下,该指标越大,反映企业短期偿债能力越强,债权人的权益越有保证。

②应根据行业实际情况确定最佳比率。

运用现金流动负债比率时,现金流动负债比率过大,表明企业流动资金利用不充分,机会成本增加,获利能力不强。

(4)资产负债率

资产负债率是指企业负债总额对资产总额的比率。它表明在企业资产总额中,债权人提供资金所占的比重,以及企业资产对债权人权益的保障制度。其计算公式为:

$$资产负债率 = \frac{负债总额}{资产总额} \times 100\%$$

根据表13-2的资料,龙威公司2016年年初的资产负债率为:

$$资产负债率 = \frac{3\,830}{7\,517} \times 100\% = 50.95\%$$

运用资产负债率时,决策依据如下:

①一般情况下,资产负债率越小,反映企业长期债权能力越强,债权人的权益越有保证。

②保守的观点认为资产负债率不应高于50%,而国际上通常认为资产负债率等于60%时较为适当。

运用资产负债率时,注意事项如下:

①从债权人角度,该指标越小越好,企业偿债越有保证。

②从企业投资者角度,如果该指标较大,可以获得财务杠杆收益;如果该指标过小,则表明企业对财务杠杆利用不够。

③资产负债率过大,则表明企业的债务负担重,企业资金实力不强,不仅对债权人不利,而且企业有濒临倒闭的危险。

④企业的长期债权能力与获利能力密切相关,因此企业经营决策者应当将偿债能力指标(风险)与获利能力指标(收益)结合起来分析,予以平衡考虑。

(5)产权比率

产权比率是指企业负债总额与所有者权益总额的比率,是企业财务结构稳健与否的重要标志。它反映企业所有者权益对债权人权益的保障制度。其计算公式为:

$$产权比率 = \frac{负债总额}{所有者权益总额} \times 100\%$$

根据表13-2的资料,龙威公司2016年年初的产权比率为:

$$产权比率 = \frac{3\,830}{3\,685} \times 100\% = 103.93\%$$

运用产权比率时,决策依据如下:一般情况下,产权比率越低,反映企业长期偿债能力越强,债权人权益越有保障。

运用产权比率时,注意事项如下:产权比率低,企业不能充分发挥负债的财务杠杆效应。因此,企业在评价产权比率适度与否时,应从获利能力两个方面综合进行,即在保障债务偿还安全的前提下,应尽可能提高产权比率。

(6)已获利息倍数

已获利息倍数是指企业息税前利润与利息费用的比率,用以衡量企业偿付借款利息的能力。该指标不仅反映企业获利能力的大小,而且反映了获利能力对偿还到期债务的保证程度,是衡量企业长期偿债能力大小的重要标志。其计算公式为:

$$已获利息倍数 = \frac{息税前利润}{利息费用}$$

根据表13-3的资料,龙威公司2016年年初的已获利息倍数为:

$$已获利息倍数 = \frac{1\,000 + 100}{100} = 11$$

该指标决策依据如下:

①一般情况下,该指标越大,反映企业长期偿债能力越强。

②国际上通常认为,该指标为3较为适当。

③从长期看,该指标至少应当大于1,如果小于1,企业则面临很大的财务风险。企业应根据往年经验结合行业特点确定适当的已获利息倍数。

### 13.2.2 运营能力分析

运营能力比率又称资产管理比率,是用来衡量企业在资产管理方面效率的财务比率。反映企业运营能力的财务比率主要有:存货周转率、应收账款周转率、流动资产周转率和总资产周转率等。

资产运营能力的强弱取决于资产的周转速度、资产运行状况、资产管理水平等多种因素。一般来说,周转速度越快,资产的使用效率越高,则资产运营能力越强;反之,资产运营能力越差。资产周转速度通常用周转率和周转期表示。周转率是企业在一定时期内资产的周转额与平均余额的比率,它反映资产一定时期的周转次数。周转次数越多,表明周转速度越快,资产

运营能力越强。周转次数的反指标是周转天数。二者计算公式如下:

$$周转率(次数) = \frac{周转额}{资产平均余额}$$

$$周转期(天数) = \frac{计算天数}{周转次数} = 资产平均余额 \times \frac{计算天数}{周转额}$$

(1) 应收账款周转率

它是企业一定时期营业收入与平均应收账款余额的比率,是反映应收账款周转速度的指标。其计算公式如下:

$$应收账款周转率(次数) = \frac{营业收入}{应收账款平均余额}$$

$$应收账款平均余额 = \frac{应收账款余额年初数 + 应收账款余额年末数}{2}$$

$$应收账款周转天数 = \frac{360}{应收账款周转次率}$$

根据表13-2、表13-3的资料,龙威公司2016年年初的应收账款周转率为:

$$平均应收账款余额 = \frac{1\ 450 + 1\ 500}{2} = 1\ 475(万元)$$

$$应收账款周转率(次) = \frac{7\ 500}{1\ 475} = 5.08(次)$$

$$应收账款周转天数 = \frac{360}{5.08} = 70.87(天)$$

该指标决策依据如下:一般情况下,应收账款周转率越高,应收账款周转天数越短,说明应收账款回收速度越快,资产利用效率越高。

计算应收账款周转率时,注意事项如下:

① 公式中的应收账款包括会计核算中"应收账款"和"应收票据"等全部赊销账款在内。

② 分子、分母的数据应注意时间的对应性。

(2) 存货周转率

存货周转率是企业一定时期营业成本与平均存货余额的比率,它是衡量和评价企业生产经营各环节存货运营效率的一个综合性指标。其计算公式如下:

$$存货周转率(次数) = \frac{营业成本}{平均存货余额}$$

$$平均存货余额 = \frac{存货余额年初数 + 存货余额年末数}{2}$$

$$存货周转期(天数) = \frac{360}{存货周转次数}$$

根据表13-2、表13-3的资料,龙威公司2016年年初的存货周转率为:

$$平均存货余额 = \frac{1\ 900 + 2\ 000}{2} = 1\ 950(万元)$$

$$存货周转率(次数) = \frac{5\ 600}{1\ 950} = 2.87(次)$$

$$存货周转期(天数) = \frac{360}{2.87} = 125.44(天)$$

该指标决策依据如下：一般情况下，存货周转速度越快，存货的占用水平越低，流动性越强，存货转换为现金或应收账款的速度越快；反之则越慢。

计算存货周转率时，注意事项如下：

①要考虑存货订货批量、生产销售的季节性、存货结构、存货质量等情况。

②要注意存货计价方法的口径一致性。

(3) 流动资产周转率

流动资产周转率是企业一定时期营业收入与平均流动资产总额的比率，是反映企业流动资产周转速度的指标。其计算公式如下：

$$流动资产周转率（次数）= \frac{营业收入}{平均流动资产总额}$$

$$平均流动资产总额 = \frac{流动资产总额年初数 + 流动资产总额年末数}{2}$$

$$流动资产周转期（天数）= \frac{360}{流动资产周转次数}$$

根据表13-2、表13-3的资料，龙威公司2016年年初的流动资产周转率为：

$$平均流动资产总额 = \frac{3\,800 + 3\,965}{2} = 3\,882.5（万元）$$

$$流动资产周转率（次数）= \frac{7\,500}{3\,882.5} = 1.93（次）$$

$$流动资产周转期（天数）= \frac{360}{1.93} = 186.53（天）$$

该指标决策依据为：一般情况下，流动资产周转率越大，周转天数越短，表明企业流动资产利用效果越好。

(4) 固定资产周转率

固定资产周转率是企业一定时期营业收入与平均固定资产净值的比值，是衡量固定资产利用效率的一项指标。其计算公式为：

$$固定资产周转率（次数）= \frac{营业收入}{平均固定资产净值}$$

$$平均固定资产净值 = \frac{固定资产净值年初数 + 固定资产净值年末数}{2}$$

$$固定资产周转期（天数）= \frac{360}{固定资产周转次数}$$

如果龙威公司2015年初、2016年初的固定资产净值分别为2 300万元、2 500万元，则2016年年初的固定资产周转率为：

$$平均固定资产净值 = \frac{2\,300 + 2\,500}{2} = 2\,400（万元）$$

$$固定资产周转率（次数）= \frac{7\,500}{2\,400} = 3.13（次）$$

$$固定资产周转期（天数）= \frac{360}{3.13} = 115.02（天）$$

该指标决策依据如下：一般情况下，固定资产周转率越高，表明企业固定资产利用效果越好;反之则越差。

计算固定资产周转率时,注意事项如下:

①固定资产净值为固定资产原价扣除已计提的累计折旧后的金额(即固定资产净值=固定资产原价-累计折旧)。

②要注意折旧方法的不同。

(5)总资产周转率

总资产周转率是企业一定时期营业收入与平均资产总额的比值,是衡量全部资产利用效率的一项指标。其计算公式为:

$$总资产周转率 = \frac{营业收入}{平均资产总额}$$

$$平均资产总额 = \frac{资产总额年初数 + 资产总额年末数}{2}$$

$$总资产周转期(天数) = \frac{360}{总资产周转次数}$$

根据表13-2、表13-3的资料,龙威公司2016年年初的总资产周转率为:

$$平均资产总额 = \frac{6\ 500 + 7\ 515}{2} = 7\ 007.5(万元)$$

$$总资产周转率 = \frac{7\ 500}{7\ 007.5} = 1.07(次)$$

$$总资产周转期(天数) = \frac{360}{1.07} = 336.45(万元)$$

该指标决策依据为:一般情况下,总资产周转率越大,周转天数越短,表明企业全部资产利用效果越好;反之则越差。

### 13.2.3 盈利能力分析

盈利能力就是企业资金增值的能力,通常表现为企业收益数额的大小与水平的高低。反映企业盈利能力的财务比率主要有:营业利润率、成本费用利润率、总资产报酬率和净资产收益率等。此外,上市公司经常使用的获利能力指标还有每股收益、每股股利、市盈率和每股净资产等。

(1)营业利润率

营业利润率是企业一定时期营业利润与营业收入的比率。其计算公式为:

$$营业利润率 = \frac{营业利润}{营业收入} \times 100\%$$

$$营业毛利率 = \frac{营业收入 - 营业成本}{营业收入} \times 100\%$$

$$营业净利率 = \frac{净利润}{营业收入} \times 100\%$$

根据表13-3的资料,龙威公司2016年的营业利润率为:

$$营业利润率 = \frac{1\ 180}{8\ 600} \times 100\% = 13.72\%$$

该指标决策依据为:营业利润率越高,表明企业市场竞争力越强,发展潜力越大,盈利能力越强。

计算该指标需要注意利润的不同层次,如:营业利润、毛利润、利润总额、净利润等。

(2)成本费用利润率

成本费用利润率是企业一定时期利润总额与成本费用总额的比率。其计算公式为:

$$成本费用利润率 = \frac{利润总额}{成本费用总额} \times 100\%$$

式中:　成本费用总额＝营业成本＋税金及附加＋销售费用＋管理费用＋财务费用

根据表13-3的资料,龙威公司2015年的成本费用利润率为:

$$成本费用利润率 = \frac{1\ 000}{5\ 600+420+160+200+150} \times 100\% = 15.31\%$$

该指标决策依据为:该指标越高,表明企业为取得利润而付出的代价越小,成本费用控制得越好,获利能力越强。

计算该指标需要注意成本费用的不同层次,如:主营业务成本、营业成本等,应当注意成本费用与利润之间在计算层次和口径上的对应关系。

(3)总资产报酬率

总资产报酬率是企业一定时期内获得的报酬总额与平均资产总额的比率。它是反映企业资产综合利用效果的指标,也是衡量企业利用债权人和所有者权益总额所取得盈利的重要指标。其计算公式为:

$$总资产报酬率 = \frac{息税前利润}{平均资产总额} \times 100\%$$

根据表13-2、13-3的资料及补充资料,龙威公司2015年的总资产报酬率为:

$$平均资产总额 = \frac{6\ 500+7\ 515}{2} = 7\ 007.5(万元)$$

$$总资产报酬率 = \frac{1\ 000+100}{7\ 007.5} \times 100\% = 15.70\%$$

该指标决策依据为:一般情况下,该指标越高,表明企业的资产利用效益越好,整个企业获利能力越强,经营管理水平越高。

(4)净资产收益率

净资产收益率是企业一定时期的净利润与平均净资产的比率,是反映企业自有资金投资收益水平的指标,是评价企业获利能力的核心指标。其计算公式为:

$$净资产收益率 = \frac{净利润}{平均净资产} \times 100\%$$

式中:　$$平均净资产 = \frac{所有者权益年初数 + 所有者权益年末数}{2}$$

根据表13-2、13-3的资料及补充资料,龙威公司2015年的净资产收益率为:

$$平均净资产 = \frac{3\ 000+3\ 685}{2} = 3\ 342.5(万元)$$

$$净资产收益率 = \frac{750}{3\ 342.5} \times 100\% = 22.44\%$$

该指标决策依据为:一般认为,净资产收益率越高,企业自有资本获取收益的能力越强,运营效益越好,对企业投资人和债权人利益的保证程度越高。

该指标通用性强,适用范围广,不受行业局限,在国际上的企业综合评价中使用率非常高。通过对该指标的综合对比分析,可以看出企业获利能力在同行业中所处地位,以及与同类企业的差异水平。

### 13.2.4 发展能力分析

发展能力指标是企业在生存的基础上,扩大规模、壮大实力的潜在能力。发展能力分析的主要指标包括:营业收入增长率、资本保值增值率、总资产增长率和营业利润增长率。

(1) 营业收入增长率

营业收入增长率是企业本年营业收入增长额与上年营业收入总额的比率。其计算公式为:

$$营业收入增长率 = \frac{本年营业收入增长额}{上年营业收入总额} \times 100\%$$

根据表13-3的资料,龙威公司2016年的营业收入增长率为:

$$营业收入增长率 = \frac{8\ 600 - 7\ 500}{7\ 500} \times 100\% = 14.67\%$$

营业收入增长率反映的是企业营业收入的增加变动情况,是评价企业成长状况和发展能力的重要指标,是衡量企业经营状况和市场占有能力、预测企业经营业务拓展趋势的重要指标。

该指标决策依据为:该指标若大于零,指标值越高,表明增长速度越快,企业市场前景越好;若该指标小于零,指标值越低,则表明企业市场前景差。

该指标在实际操作时,应结合企业历年的营业收入水平、企业市场占有情况、行业未来发展及其他影响企业发展的潜在因素进行前瞻性预测,或者结合企业前三年的营业收入增长率作出趋势性分析判断。

(2) 资本保值增值率

资本保值增值率是企业扣除客观因素后的本年末所有者权益总额与年初数所有者权益总额的比率,反映企业当年资本的实际增减变动的情况。其计算公式为:

$$资本保值增值率 = \frac{扣除客观因素后的年末所有者权益总额}{年初所有者权益} \times 100\%$$

根据表13-2的资料,龙威公司2016年的资本保值增值率为:

$$资本保值增值率 = \frac{4\ 360}{3\ 685} \times 100\% = 118.32\%$$

该指标决策依据为:一般认为,资本保值增值率越高,表明企业的资本保全状态越好,所有者权益增长越快,债权人的债务越有保障。该指标通常应当大于100%。

(3) 总资产增长率

总资产增长率是企业本年总资产增长额与年初资产总额的比率,它反映企业本期资产规模的增长情况。该指标是从企业资产总量扩张方面衡量企业的发展能力,表明企业规模增长水平对企业发展后劲的影响。其计算公式为:

$$总资产增长率 = \frac{本年总资产增长额}{年初资产总额} \times 100\%$$

根据表 13-2 的资料,龙威公司 2016 年的总资产增长率为:

$$总资产增长率 = \frac{8\,170 - 7\,515}{7\,515} \times 100\% = 8.72\%$$

该指标决策依据为:该指标越高,表明企业一定时期内资产经营规模扩张的速度越快。在实际分析时,应注意考虑资产规模扩张质和量的关系,以及企业的后续发展能力,避免资产盲目扩张。

(4)营业利润增长率

营业利润增长率是企业本年营业利润增长额与上年营业利润总额的比率,反映企业营业利润的增减变动情况。其计算公式为:

$$营业利润增长率 = \frac{本年营业利润增长额}{年初营业利润总额} \times 100\%$$

根据表 13-3 的资料,龙威公司 2016 年的营业利润增长率为:

$$营业利润增长率 = \frac{1\,180 - 1\,000}{1\,000} \times 100\% = 18\%$$

## 13.3 财务综合分析

财务综合分析就是将营运能力、偿债能力、盈利能力等诸方面分析纳入一个有机的整体之中,全面地对企业经营状况、财务状况进行解剖和分析,从而对企业经济效益的优劣作出准确的评价与判断。

财务综合分析的特点体现在财务指标体系的要求上。一个健全有效的综合财务指标体系必须具备的基本要素是:指标要素齐全适当;主辅指标功能匹配;满足多方信息需要。

### 13.3.1 杜邦财务分析体系

杜邦财务分析体系(简称杜邦体系)是根据各财务指标间的内在关系,进行系统分析评价企业综合经营理财及经济效益的方法。因其最初由美国杜邦公司创立并成功运用而得名。

杜邦体系以净资产收益率为核心,将其分解为若干财务指标,通过分析各分解指标的变动对净资产收益率的影响来揭示企业获利能力及其变动原因。

杜邦体系的主要指标关系式如下:

$$净资产收益率 = 总资产净利率 \times 权益乘数$$
$$= 营业净利率 \times 总资产周转率 \times 权益乘数$$
$$= \frac{净利润}{营业收入} \times \frac{营业收入}{平均资产总额} \times \frac{1}{1 - 资产负债率}$$

根据表 13-2、表 13-3 及其补充资料,可计算龙威公司 2016 年度的杜邦体系中的各项指标,如图 13-1 所示。

在具体运用杜邦体系进行分析时,可采用因素分析法,首先确定营业净利率、总资产周转率和权益乘数的基准值,然后顺次代入这三个指标的实际值,分别计算分析这三个指标的变动对净资产收益率的影响程度。通过杜邦体系自上而下的分析,不仅可以揭示出公司各项财务指标间的结构关系,查明各项主要财务指标变动的影响因素,而且为决策者优化经营理财决策、提高公司经营效益提供了思路。

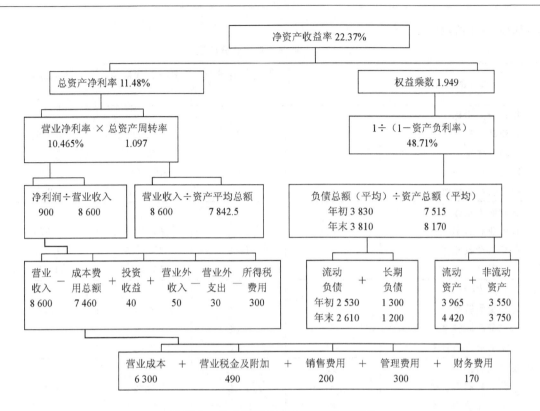

图 13-1 龙威公司 2016 年度的杜邦体系

### 13.3.2 沃尔比重评分法

沃尔比重评分法是指将选定的财务比率用线性关系结合起来,并分别给定各自的分数比重,然后通过与标准比率进行比较,确定各项指标的得分及总体指标的累计分数,从而对企业的信用水平作出评价的方法。

该方法选择了流动比率、产权比率、固定资产比率、存货周转率、应收账款周转率、固定资产周转率、自有资金周转率等七项财务比率,其缺陷是所选定的七项财务比率缺乏证明力,已经不能适用于当前企业评价的需要。因此,采用此法进行综合财务分析时,关键在于指标的选择、权重的分配及标准值的确定。选择的指标应当涉及偿债能力、营运能力、获利能力和发展能力。

沃尔比重评分法的基本步骤如下:

第一步:选择评价指标并分配指标权重。

第二步:确定各项指标的标准值。财务指标的标准值一般可以行业平均数、企业历史先进数、国家有关标准或者国际公认标准来加以确定。

第三步:对各项评价指标计分并计算综合分数。

$$各项评价指标得分 = 各项指标权重 \times \frac{实际值}{标准值}$$

$$综合分数 = \sum 各项评价指标得分$$

根据表 13-2、表 13-3 及其补充资料,采用沃尔比重评分法评价龙威公司 2016 年度财务状况,如表13-4所示。

表13-4 财务比率综合分析表

| 选择的指标 | 分配的权重<br>① | 指标的标准值<br>② | 指标的实际值<br>③ | 实际得分<br>④＝①×③÷② |
|---|---|---|---|---|
| 一、偿债能力指标 | 23 | | | |
| 1.流动比率 | 7 | 2 | 1.69 | 5.915 |
| 2.速动比率 | 5 | 1 | 0.78 | 3.9 |
| 3.资产负债率 | 6 | 40% | 46.63% | 6.995 |
| 4.已获利息倍数 | 5 | 7 | 11 | 7.857 |
| 二、获利能力指标 | 36 | | | |
| 1.营业利润率 | 8 | 10% | 13.72% | 10.976 |
| 2.净资产收益率 | 20 | 15% | 22.37% | 29.827 |
| 3.总资产报酬率 | 8 | 12% | 16.83% | 11.22 |
| 三、运营能力指标 | 17 | | | |
| 1.存货周转率 | 5 | 4次 | 3.07 | 3.838 |
| 2.总资产周转率 | 5 | 1次 | 1.1 | 5.5 |
| 3.流动资产周转率 | 7 | 3次 | 2.05 | 4.783 |
| 四、发展能力指标 | 24 | | | |
| 1.营业利润增长率 | 8 | 15% | 18% | 9.6 |
| 2.资本保值增值率 | 8 | 110% | 118.32% | 8.605 |
| 3.总资产增长率 | 8 | 6% | 8.72% | 11.627 |
| 综合得分 | 100 | | — | 120.643 |

从表13-4看出,龙威公司2016年度财务指标的综合指数为120.643,大于100,说明龙威公司财务状况良好。

【任务实施】

(1)年末流动资产＝14×2.1＝29.4(万元)

年末资产负债率＝(14＋42)/60＝93.33%

权益乘数＝1/(1－35%)＝1.54

总资产周转率＝128/[(60＋160)÷2]＝1.16(次)

(2)年末存货＝29.4－1.2×14＝12.6(万元)

平均存货＝(15＋12.6)/2＝13.8(万元)

销售成本＝13.8×5＝69(万元)

净利润＝(128－69－9－10)×(1－25%)＝30(万元)

销售净利润率＝30/128＝23.44%

净资产收益率＝23.44%×1.16×1.54＝41.87%

## 拓展案例

### 华能国际财务比率分析

华能国际的母公司及控股股东华能国电是于1985年成立的中外合资企业,它与电厂所在地的多家政府投资公司于1994年6月共同发起在北京注册成立了股份有限公司。总股本60亿股,2001年在国内发行3.5亿股A股,其中流通股2.5亿股,而后分别在香港、纽约上市。在过去的几年中,华能国际通过项目开发和资产收购不断扩大经营规模,保持盈利稳步增长。目前,华能国际已成为中国最大的独立发电公司之一。

在财务分析中,从存货周转率、应收账款周转率和资产周转率指标来看,公司资产管理比率较高,其中,存货周转率超过行业平均水平,说明存货管理能力增强,物料流转加快,库存不多。应收账款周转率远高于同行业平均水平,说明资金回收速度快,销售运行流畅。公司资产总额增长较快,销售收入净额增长也很快,所以资产周转率呈快速上升趋势,在行业中处于领先水平,说明公司的资产使用效率很高,规模的扩张带来了更高的规模收益,呈良性发展。

公司负债比率逐年降低,主要是因为公司成立初期举债大量贷款和外债进行电厂建设,随着电厂相继投产获利,逐渐还本付息,使公司负债比率降低;此外,公司负债比率降低也与企业不断地增资扩股有关,并且已获利息倍数指标发展趋势较好,公司有充分能力偿还利息及本金,长期偿债能力在行业中处于领先优势。公司获利能力指标数值基本上均高于行业平均水平,并处于领先地位,特别是资产收益率有相当大的领先优势。这说明公司一系列举措获得了良好效果和收益。

(资料来源:http://wenku.baidu.com/view/440fa4c658f5f61fb73666e3.html.)

## 任务十四 上市公司财务分析

### 【任务布置】

龙利公司为上市公司,2016年度归属于普通股股东的净利润为4 840万元。2015年末的股本为9 000万股,2016年2月12日,经公司2015年度股东大会决议,以截至2015年末公司总股本为基础,向全体股东每10股送红股5股,工商注册登记变更后公司总股本变为13 500万股。2016年6月1日经批准回购本公司股票2 400万股。假设上市公司2016年年末股东权益总额为22 200万元,每股市价7.2元。该上市公司2016年10月1日按面值发行年利率2%的可转换公司债券,面值10 000万元,期限6年,利息每年年末支付一次,发行结束一年后可以转换股票,转换价格为每股8元。债券利息全部费用化,使用的所得税税率为25%。假设不考虑可转换公司债券在负债成分和权益成本之间的分析,且债券票面利率等于实际利率。

要求:

(1)计算该上市公司2016年年末的基本每股收益和每股净资产。

(2) 计算该上市公司2016年年末的市盈率和市净率。

(3) 假设可转换公司债券全部转股,计算该上市公司2016年增加的净利润和增加的平均普通股股数。

(4) 假设可转换公司债券全部转股,计算增量股的每股收益,并分析可转换公司债券是否具有稀释作用。

(5) 如果该可转换公司债券具有稀释作用,计算稀释每股收益。

**【知识准备】**

## 14.1 上市公司基本财务分析

### 14.1.1 每股收益

每股收益是综合反映企业获利能力的重要指标,可以用来判断和评价管理层的经营业绩。

(1) 基本每股收益

基本每股收益的计算公式为:

$$基本每股收益 = \frac{归属于公司普通股股东的净利润}{发行在外的普通股加权平均数}$$

腾越公司20×8年度归属于普通股股东的净利润为25 000万元。20×7年末的股本为8 000万股,20×8年2月8日,经公司20×7年度股东大会决议,以截至20×7年末公司总股本为基础,向全体股东每10股送红股10股,工商注册登记变更完成后公司总股本变为16 000万股。20×8年11月29日发行新股6 000万股。

$$基本每股收益 = \frac{25\ 000}{8\ 000 + 8\ 000 + 6\ 000 \times 1/12} \approx 1.52(元/股)$$

在上例计算中,公司20×7年度分配10送10导致股本增加8 000万股,由于送红股是将公司以前年度的未分配利润转为普通股,转化与否都一直作为资本使用,因此新增的这8 000万股不需要按照实际增加的月份加权计算,可以直接计入分母;而公司发行新股6 000万股,这部分股份由于在11月底增加,对全年的利润贡献只有1个月,因此应该按照1/12的权数进行加权计算。

(2) 稀释每股收益

企业存在稀释性潜在普通股的,应当计算稀释每股收益。潜在普通股主要包括:可转换公司债券、认股权证和股份期权等。

①可转换公司债券。对于可转换公司债券,计算稀释每股收益时,分子的调整项目为可转换公司债券当期已确认为费用的利息等的税后影响额;分母的调整项目为假定可转换公司债券当期期初或发行日转换为普通股的股数加权平均数。

②认股权证和股份期权。认股权证、股份期权等的行权价格低于当期普通股平均市场价格时,应当考虑其稀释性。

计算稀释每股收益时,作为分子的净利润金额一般不变;分母的调整项目为增加的普通股股数,同时还应考虑时间权数。

行权价格和拟行权时转换的普通股股数,按照有关认股权证合同和股份期权合约确定。

公式中的当期普通股平均市场价格,通常按照每周或每月具有代表性的股票交易价格进行简单算术平均计算。在股票价格比较平稳的情况下,可以采用每周或每月股票的收盘价作为代表性价格;在股票价格波动较大的情况下,可以采用每周或每月股票最高价与最低价的平均值作为代表性价格。无论采用何种方法计算平均市场价格,一经确定,不得随意变更,除非有确凿证据表明原计算方法不再适用。当期发行认股权证或股份期权的,普通股平均市场价格应当自认股权证或股份期权的发行日起计算。

腾越公司 20×8 年 7 月 1 日按面值发行年利率 3% 的可转换公司债券,面值 10 000 万元,期限为 5 年,利息每年末支付一次,发行结束一年后可以转换股票,转换价格为每股 5 元,即每 100 元债券可转换为 1 元面值的普通股 20 股。20×8 年该公司归属于普通股股东的净利润为 30 000 万元,20×8 年发行在外的普通股加权平均数为 40 000 万股,债券利息不符合资本化条件,直接计入当期损益,所得税税率 25%。假设不考虑可转换公司债券在负债成分和权益成分之间的分拆,且债券票面利率等于实际利率。则稀释每股收益计算如下:

基本每股收益 $= \dfrac{30\ 000}{40\ 000} = 0.75$(元)

假设全部转股,所增加的净利润 $= 10\ 000 \times 3\% \times \dfrac{6}{12} \times (1-25\%) = 112.5$(万元)

假设全部转股,所增加的年加权平均普通股股数 $= \dfrac{10\ 000}{100} \times 20 \times \dfrac{6}{12} = 1\ 000$(万股)

增量股的每股收益 $= \dfrac{112.5}{1\ 000} = 0.112\ 5$(元)

增量股的每股收益小于原每股收益,可转换债券具有稀释作用。

稀释每股收益 $= \dfrac{30\ 000 + 112.5}{40\ 000 + 1\ 000} \approx 0.73$(元)

在分析每股收益指标时,应注意企业利用回购库存股的方式减少发行在外的普通股股数,使每股收益增加。另外,如果企业将盈利用于派发股票股利或配售股票,就会使企业流通在外的股票数量增加,这样将会大量稀释每股收益。在分析上市公司公布的信息时,投资者应注意区分公布的每股收益是按原始股股数还是按完全稀释后的股份计算规则计算的,以免受到误导。

对投资者来说,每股收益是一个综合性的盈利概念,能比较恰当地说明收益的增长或减少。人们一般将每股收益视为企业能否成功地达到其利润目标的计量标志,也可以将其看成一家企业管理效率、盈利能力和股利来源的标志。

每股收益这一财务指标在不同行业、不同规模的上市公司之间具有相当大的可比性,因而在各上市公司之间的业绩比较中被广泛地加以引用。此指标越大,盈利能力越好,股利分配来源越充足,资产增值能力越强。

### 14.1.2 每股股利

每股股利是企业股利总额与企业流通股数的比值。其计算公式为:

$$\text{每股股利} = \dfrac{\text{股利总额}}{\text{流通股数}}$$

腾越公司 20×8 年度发放普通股股利 3 600 万元,年末发行在外的普通股股数为 12 000 万股。每股股利计算如下:

$$每股股利 = \frac{3\ 600}{12\ 000} = 0.3(元)$$

每股股利反映的是上市公司每一普通股获取股利的大小。每股股利越大,则企业股本获利能力就越强;每股股利越小,则企业股本获利能力就越弱。但须注意,上市公司每股股利发放多少,除了受上市公司获利能力大小影响以外,还取决于企业的股利发放政策。如果企业为了增强企业发展后劲而增加企业的公积金,则当前的每股股利必然会减少;反之,则当前的每股股利会增加。

反映每股股利和每股收益之间关系的一个重要指标是股利发放率,即每股股利分配额与当期的每股收益之比。借助于该指标,投资者可以了解一家上市公司的股利发放政策。

### 14.1.3 市盈率

市盈率是股票每股市价与每股收益的比率,其计算公式如下:

$$市盈率 = \frac{每股市价}{每股收益}$$

腾越公司 20×8 年末每股市价 30.4 元,基本每股收益为 1.52 元。则该公司 20×8 年末市盈率计算如下:

$$市盈率 = \frac{30.4}{1.52} = 20(倍)$$

一方面,市盈率越高,意味着企业未来成长的潜力越大,也即投资者对该股票的评价越高;反之,投资者对该股票评价越低。另一方面,市盈率越高,说明投资于该股票的风险越大;市盈率越低,说明投资于该股票的风险越小。

影响企业股票市盈率的因素有:第一,上市公司盈利能力的成长性。如果上市公司预期盈利能力不断提高,说明企业具有较好的成长性,虽然目前市盈率较高,也值得投资者进行投资。第二,投资者所获取报酬率的稳定性。如果上市公司经营效益良好且相对稳定,则投资者获取的收益也较高且稳定,投资者就愿意持有该企业的股票,则该企业的股票市盈率会由于众多投资者的普遍看好而相应提高。第三,市盈率也受到利率水平变动的影响。当市场利率水平变化时,市盈率也应作相应的调整。在股票市场的实务操作中,利率与市盈率之间的关系常用如下公式表示:

$$市场平均市盈率 = \frac{1}{市场利率}$$

所以,上市公司的市盈率一直是广大股票投资者进行中长期投资的重要决策指标。

对于因送红股、公积金转增资本、配股造成股本总数比上一年年末数增加的公司,其每股税后利润按变动后的股本总数予以相应的摊薄。

### 14.1.4 每股净资产

每股净资产,又称每股账面价值,是指企业净资产与发行在外的普通股股数之间的比率。用公式表示为:

$$每股净资产 = \frac{股东权益总额}{发行在外的普通股股数}$$

腾越公司 20×8 年年末股东权益为 15 600 万元,全部为普通股,年末普通股股数为 12 000 万股。则每股净资产计算如下:

$$每股净资产 = \frac{15\,600}{12\,000} = 1.3(元)$$

每股净资产显示了发行在外的每一普通股股份所能分配的企业账面净资产的价值。这里所说的账面净资产是指企业账面上的总资产减去负债后的余额，即股东权益总额。每股净资产指标反映了在会计期末每一股份在企业账面上到底值多少钱，它与股票面值、发行价值、市场价值乃至清算价值等往往有较大差距。

利用该指标进行横向和纵向对比，可以衡量上市公司股票的投资价值。如在企业性质相同、股票市价相近的条件下，某一企业股票的每股净资产越高，则企业发展潜力与其股票的投资价值越大，投资者所承担的投资风险越小。但是也不能一概而论，在市场投机气氛较浓的情况下，每股净资产指标往往不太受重视。投资者，特别是短线投资者注重股票市价的变动，有的企业的股票市价低于其账面价值，投资者会认为这个企业没有前景，从而失去对该企业股票的兴趣；如果市价高于其账面价值，而且差距较大，投资者会认为企业前景良好，有潜力，因而甘愿承担较大的风险购进该企业股票。

### 14.1.5 市净率

市净率是每股市价与每股净资产的比率，是投资者用以衡量、分析个股是否具有投资价值的工具之一。市净率的计算公式如下：

$$市净率 = \frac{每股市价}{每股净资产}$$

同时假定腾越公司 20×8 年年末每股市价为 3.9 元，则该公司 20×8 年年末市净率计算如下：

$$市净率 = \frac{3.9}{1.3} = 3(倍)$$

净资产代表的是全体股东共同享有的权益，是股东拥有公司财产和公司投资价值最基本的体现，它可以用来反映企业的内在价值。一般来说，市净率较低的股票，投资价值较高；反之，则投资价值较低。但有时较低市净率反映的可能是投资者对公司前景的不良预期，而较高市净率则相反。因此，在判断某只股票的投资价值时，还要综合考虑当时的市场环境以及公司经营情况、资产质量和盈利能力等因素。

## 14.2 管理层讨论与分析

管理层讨论与分析是上市公司定期报告中管理层对于本企业过去经营状况的评价分析以及对企业和未来发展趋势的前瞻性判断，是对企业财务报表中所描述的财务状况和经营成果的解释，是对经营中固有风险和不确定性的揭示，同时也是对企业未来发展前景的预期。

管理层讨论与分析是上市公司定期报告的重要组成部分。要求上市公司编制并披露管理层讨论与分析的目的在于，使公众投资者能够有机会了解管理层自身对企业财务状况与经营成果的分析评价，以及企业未来一定时期内的计划。这些信息在财务报表及附注中并没有得到充分揭示，对投资者的投资决策却相当重要。

管理层讨论与分析信息大多涉及"内部性"较强的定性型软信息，无法对其进行详细的强制规定和有效监控，因此，西方国家的披露原则是强制与自愿相结合，企业可以自主决定如何披露这类信息。我国也基本实行这种原则，如中期报告中的"管理层讨论与分析"部分以及年度报告中的"董事会报告"部分，都是规定某些管理层讨论与分析信息必须披露，而另一些管理层讨论与分析信息鼓励企业自愿披露。

上市公司"管理层讨论与分析"主要包括两部分：报告期间经营业绩变动的解释与前瞻性信息。

(1) 报告期间经营业绩变动的解释

①分析企业主营业务及其经营状况。

②概述企业报告期内总体经营情况，列示企业主营业务收入、主营业务利润、净利润的同比变动情况，说明引起变动的主要影响因素。企业应当对前期已披露的企业发展战略和经营计划的实现或实施情况、调整情况进行总结，若企业实际经营业绩较曾公开披露过的本年度盈利预测或经营计划低10%以上或高20%以上，应详细说明造成差异的原因。企业可以结合企业业务发展规模、经营区域、产品等情况，介绍与企业业务相关的宏观经济层面或外部经营环境的发展现状和变化趋势，企业的行业地位或区域市场地位，分析企业存在的主要优势和困难，分析企业经营和盈利能力的连续性和稳定性。

③说明报告期企业资产构成、企业销售费用、管理费用、财务费用、所得税等财务数据同比发生重大变动的情况及发生变化的主要影响因素。

④结合企业现金流量表相关数据，说明企业经营活动、投资活动和筹资活动产生的现金流量的构成情况，若相关数据发生重大变动，应当分析其主要影响因素。

⑤企业可以根据实际情况对企业设备利用情况、订单的获取情况、产品的销售或积压情况、主要技术人员变动情况等与企业经营相关的重要信息进行讨论和分析。

⑥企业主要控股企业及参股企业的经营情况及业绩分析。

(2) 企业未来发展的前瞻性信息

①企业应当结合回顾的情况，分析所处行业的发展趋势及企业面临的市场竞争格局。产生重大影响的，应给予管理层基本判断的说明。

②企业应当向投资者提示管理层所关注的未来企业发展机遇和挑战，披露企业发展战略，以及拟开展的新业务、拟开发的新产品、拟投资的新项目等。若企业存在多种业务的，还应当说明各项业务的发展规划。同时，企业应当披露新年度的经营计划，包括（但不限于）收入、费用成本计划以及新年度的经营目标，如销售额的提升、市场份额的扩大、成本升降、研发计划等，为达到上述经营目标拟采取的策略和行动。企业可以编制并披露新年度的盈利预测，该盈利预测必须经过具有证券期货相关业务资格的会计师事务所审核并发表意见。

③企业应当披露为实现未来发展战略所需的资金需求及使用计划，以及资金来源情况，说明维持企业当前业务完成在建投资项目的资金需求，未来重大的资本支出计划等，包括未来已知的资本支出承诺、合同安排、时间安排等。同时，对企业资金来源的安排、资金成本及使用情况进行说明。企业应当区分债务融资、表外融资、股权融资、衍生产品融资等项目对企业未来资金来源进行披露。

④所有风险因素（包括宏观政策风险、市场或业务经营风险、财务风险、技术风险等），企业应当针对自身特点进行风险揭示，披露的内容应当充分、准确、具体。同时企业可以根据实际情况，介绍已（或拟）采取的对策和措施，对策和措施应当内容具体，具备可操作性。

**【任务实施】**

(1) 基本每股收益 = 4 840/(9 000+9 000×50%−2 400×7/12) = 0.40(元)

每股净资产 = 22 200/(9 000+9 000×50%−2 400) = 2(元)

(2) 市盈率 = 7.2/0.4 = 18

市净率 = 7.2/2 = 3.6

(3) 假设可转换公司债券全部转股，增加净利润 = 10 000×2%×3/12×(1−25%) = 37.5(万元)

假设可转换公司债券全部转股，增加平均普通股股数 = 10 000/8×3/12 = 312.5(万股)

(4) 增量股的每股收益 = 37.5/312.5 = 0.12(元)

由于增量股的每股收益小于基本的每股收益，所以可转换公司债券具有稀释作用。

(5) 稀释每股收益 = (4 840+37.5)/(9 000+4 500−2 400×7/12+312.5) = 0.39(元)

## 单元小结

● 比较分析法，是通过对比两期或连续数期财务报告中的相同指标，确定其增减变动的方向、数额和幅度，来说明企业财务状况或经营成果变动趋势的一种方法。

● 比率分析法是通过计算各种比率指标来确定财务活动变动程度的方法，主要的类型有结构比率、效率比率、相关比率三类。

● 因素分析法是依据分析指标与其影响因素的关系，从数量上确定各因素对分析指标影响方向和影响程度的一种方法。具体包括两种：连环替代法和差额分析法。

● 财务分析的依据是企业财务报表，主要有资产负债表、利润表、现金流量表和所有者权益变动表。运用财务比率分别对企业的偿债能力、营运能力、获利能力和发展能力进行分析，重点是要掌握各项财务比率的计算，并能够合理运用财务比率对企业的相关能力进行评价。

● 杜邦财务分析体系以净资产收益率为核心，将其分解为若干财务指标，通过分析各分解指标的变动对净资产收益率的影响来揭示企业获利能力及其变动原因。

● 沃尔比重评分法是指将选定的财务比率用线性关系结合起来，并分别给定各自的分数比重，然后通过与标准比率进行比较，确定各项指标的得分及总体指标的累计分数，从而对企业的信用水平作出评价的方法。

## 闯关考验

### 一、知识思考

1. 简述财务分析的目的和内容。
2. 简述流动比率和速动比率的概念及计算公式。
3. 短期偿债能力分析的指标有哪些？
4. 长期偿债能力分析的指标有哪些？

5.应收账款营运能力可通过哪些指标进行分析？
6.存货营运能力可通过哪些指标进行分析？
7.杜邦财务分析体系的核心指标是什么？

## 二、技能测试

某企业2017年12月31日的资产负债表（简表）如下表所示：

**资产负债表（简表）**

2017年12月31日                                                                单位：万元

| 资　产 | 期末数 | 负债及所有者权益 | 期末数 |
|---|---|---|---|
| 货币资金 | 300 | 应付账款 | 300 |
| 应收账款净额 | 900 | 应付票据 | 600 |
| 存货 | 1 800 | 长期借款 | 2 700 |
| 固定资产净值 | 2 100 | 实收资本 | 1 200 |
| 无形资产 | 300 | 留存收益 | 600 |
| 资产总计 | 5 400 | 负债及所有者权益总计 | 5 400 |

该企业2017年的主营业务收入净额为6 000万元，主营业务净利率为10%，净利润的50%分配给投资者。预计2018年主营业务收入净额比上年增长25%，为此需要增加固定资产200万元，增加无形资产100万元，根据有关情况分析，企业流动资产项目和流动负债项目将随主营业务收入同比例增减。

假定该企业2018年的主营业务净利率和利润分配政策与上年保持一致，该年度长期借款不发生变化；2018年年末固定资产净值和无形资产合计为2 700万元。2018年企业需要增加对外筹集的资金由投资者增加投入解决。

**要求：**

(1)计算2018年需要增加的营运资金额。
(2)预测2018年需要增加对外筹集的资金额(不考虑计提法定盈余公积的因素；以前年度的留存收益均已有指定用途)。
(3)预测2018年末的流动资产额、流动负债额、资产总额、负债总额和所有者权益总额。
(4)预测2018年的速动比率和产权比率。
(5)预测2018年的流动资产周转次数和总资产周转次数。
(6)预测2018年的净资产收益率。
(7)预测2018年的资本积累率和总资产增长率。

## 三、理论测试

**(一)单项选择题**

1.在下列财务分析主体中，必须高度关注企业资本的保值和增值状况的是（　　）。
　A.短期投资者　　　　B.企业债权人　　　　C.企业所有者　　　　D.税务机关
2.采用趋势分析法时，应注意的问题不包括（　　）。
　A.指标的计算口径必须一致　　　　　　B.衡量标准的科学性

C. 剔除偶发性项目的影响　　　　　　D. 运用例外原则

3. 关于衡量短期偿债能力的指标说法正确的是（　　）。

A. 流动比率较高时说明企业有足够的现金或存款用来偿债

B. 如果速动比率较低，则企业没有能力偿还到期的债务

C. 与其他指标相比，用现金流动负债比率评价短期偿债能力更加谨慎

D. 现金流动负债比率＝现金/流动负债

4. 长期债券投资提前变卖为现金，将会（　　）。

A. 对流动比率的影响大于对速动比率的影响

B. 对速动比率的影响大于对流动比率的影响

C. 影响速动比率但不影响流动比率

D. 影响流动比率但不影响速动比率

5. 收回当期应收账款若干，将会（　　）。

A. 增加流动比率　　　　　　　　　　B. 降低流动比率

C. 不改变速动比率　　　　　　　　　D. 降低速动比率

6. 假设业务发生前速动比率大于1，偿还应付账款若干，将会（　　）。

A. 增大流动比率，不影响速动比率　　B. 增大速动比率，不影响流动比率

C. 增大流动比率，也增大速动比率　　D. 降低流动比率，也降低速动比率

7. 如果企业的应收账款周转率高，则下列说法不正确的是（　　）。

A. 收账费用少　　　　　　　　　　　B. 短期偿债能力强

C. 收账迅速　　　　　　　　　　　　D. 坏账损失率高

8. 下列说法正确的是（　　）。

A. 企业通过降低负债比率可以提高其净资产收益率

B. 速动资产过多会增加企业资金的机会成本

C. 市盈率越高，说明投资者对于公司的发展前景看好，所以市盈率越高越好

D. 在其他条件不变的情况下，用银行存款购入固定资产会引起总资产报酬率降低

9. 不影响净资产收益率的指标包括（　　）。

A. 流动比率　　　　　　　　　　　　B. 营业净利率

C. 资产负债率　　　　　　　　　　　D. 总资产净利率

10. 在杜邦财务分析体系中，综合性最强的财务比率是（　　）。

A. 净资产收益率　　B. 总资产净利率　　C. 总资产周转率　　D. 权益乘数

（二）多项选择题

1. 下列各项中属于财务报表数据局限性的是（　　）。

A. 缺乏可比性　　B. 缺乏可比性　　C. 存在滞后性　　D. 缺乏具体性

2. 使用比率分析法应注意的问题包括（　　）。

A. 对比项目的相关性　　　　　　　　B. 对比口径的一致性

C. 衡量标准的科学性　　　　　　　　D. 计算结果的假定性

3. 下列各项中属于效率比率的有（　　）。

A. 资产周转率　　B. 销售毛利率　　C. 总资产报酬率　　D. 流动比率

4. 关于因素分析法下列说法不正确的是（　　）。

A. 使用因素分析法分析某一因素对分析指标的影响时,假定其他因素都不变
B. 在使用因素分析法时替代顺序无关紧要
C. 差额分析法是连环替代法的一种简化形式
D. 因素分析法的计算结果都是准确的

5. 某公司当年经营利润很多,却不能偿还当年债务,为查清原因,应检查的财务比率有(   )。
   A. 已获利息倍数              B. 流动比率
   C. 存货周转率                D. 应收账款周转率

6. 影响企业权益净利率的指标为(   )。
   A. 销售净利率    B. 总资产周转率    C. 权益乘数    D. 资产净利率

7. 财务分析的内容有(   )。
   A. 盈利能力      B. 偿债能力        C. 营运能力    D. 发展能力

8. 下列指标中,可用来衡量企业的盈利能力的指标有(   )。
   A. 社会积累率                B. 固定资产成新率
   C. 资本积累率                D. 资本保值增值率

9. 财务分析的方法主要有(   )。
   A. 趋势分析法    B. 差额分析法      C. 比率分析法  D. 因素分析法

10. 一般来说,提高存货周转率意味(   )。
    A. 存货变现的速度慢           B. 资金占用水平低
    C. 存货变现的速度快           D. 周转额大

(三)判断题

1. 在财务分析中,将通过对比两期或连续数期财务报告中的相同指标,以说明企业财务状况或经营成果变动趋势的方法称为水平分析法。(   )
2. 速动比率用于分析企业的短期偿债能力,所以,速动比率越大越好。(   )
3. 尽管流动比率可以反映企业的短期偿债能力,但有的企业流动比率较高,却有可能出现无力支付到期的应付账款的情况。(   )
4. 盈余现金保障倍数不仅反映了企业获利能力的大小,而且反映了获利能力对偿还到期债务的保证程度。(   )
5. 在其他条件不变的情况下,权益乘数越小,企业的负债程度越高,财务风险越大。(   )
6. 资产营运能力的强弱主要取决于资产的周转速度。(   )
7. 权益乘数越大,则资产负债率越小。(   )
8. 企业债权人在组织财务分析时最关注企业的投资报酬率。(   )
9. 速动比率很低的企业,其流动负债到期绝对不能偿还。(   )
10. 总资产报酬率反映了企业资本运营的综合效益,该指标在我国上市公司业绩综合排序中居于首位。(   )

(四)计算分析题

1. 2016年年初的负债总额1 500万元,股东权益是负债总额的2倍,年资本积累率30%,

2016年年末的资产负债率40%,负债的年均利率为5%。2016年实现净利润900万元,所得税税率25%。2016年末的股份总数为600万股(普通股股数年内无变动),普通股市价为15元/股。(计算结果保留两位小数)

要求：
(1)计算2016年年初的股东权益总额、资产总额、年初的资产负债率；
(2)计算2016年年末的股东权益总额、负债总额、资产总额、产权比率；
(3)计算2016年的总资产净利率、权益乘数(使用平均数计算)、平均每股净资产、基本收益、市盈率；
(4)已知2015年总资产净利率为12.24%,权益乘数(使用平均数计算)为1.60,平均每股净资产为5.45,计算2015年的每股收益并结合差额分析法依次分析2016年总资产净利率、权益乘数以及平均每股净资产对于每股收益的影响数额。

2.某公司有关资料如下表所示：

单位：万元

| 项 目 | 期初数 | 期末数 | 期末数或平均数 |
|---|---|---|---|
| 存货 | 150 | 250 | |
| 流动负债 | 200 | 300 | |
| 速动比率 | 0.6 | | |
| 流动比率 | | 1.6 | |
| 总资产周转次数 | | | 1.2 |
| 总资产 | | | 2 000 |

若该公司流动资产等于速动资产加存货。

要求：
(1)计算流动资产的期初数、期末数。
(2)计算本期速动比率。
(3)计算本期流动资产周转次数。

3.已知A公司有关资料如下：

**A公司资产负债表**
2016年12月31日            单位：万元

| 资　产 | 年　初 | 年　末 | 负债及所有者权益 | 年　初 | 年　末 |
|---|---|---|---|---|---|
| 流动资产 | | | 流动负债合计 | 175 | 150 |
| 货币资金 | 50 | 45 | 长期负债合计 | 245 | 200 |
| 应收账款 | 60 | 9 | 负债合计 | 420 | 350 |
| 存　货 | 92 | 144 | | | |
| 待摊费用 | 23 | 36 | | | |
| 流动资产合计 | 225 | 315 | 所有者权益合计 | 280 | 350 |
| 固定资产净值 | 475 | 385 | | | |
| 总　计 | 700 | 700 | 总　计 | 700 | 700 |

同时,该公司2016年度销售利润率为16%,总资产周转率为0.5次,权益乘数为2.5,净资产收益率为20%,2016年度销售收入为420万元,净利润为63万元。

**要求：**

(1)计算 2016 年年末的流动比率、速动比率、资产负债率和权益乘数；

(2)计算 2016 年总资产周转率、销售利润率和净资产收益率（均按期末数计算）；

(3)计算 2016 年度产权比率、资本保值增值率；

(4)分析销售利润率、总资产周转率和权益乘数变动对净资产收益率的影响（假设按此顺序分析）。

# 附录 资金时间价值系数表

## 附表一：复利终值系数表 $(F/P, i, n)$

| 期数 | 1% | 2% | 3% | 4% | 5% | 6% | 7% | 8% | 9% | 10% |
|---|---|---|---|---|---|---|---|---|---|---|
| 1 | 1.010 0 | 1.020 0 | 1.030 0 | 1.040 0 | 1.050 0 | 1.060 0 | 1.070 0 | 1.080 0 | 1.090 0 | 1.100 0 |
| 2 | 1.020 1 | 1.040 4 | 1.060 9 | 1.081 6 | 1.102 5 | 1.123 6 | 1.144 9 | 1.166 4 | 1.188 1 | 1.210 0 |
| 3 | 1.030 3 | 1.061 2 | 1.092 7 | 1.124 9 | 1.157 6 | 1.191 0 | 1.225 0 | 1.259 7 | 1.295 0 | 1.331 0 |
| 4 | 1.040 6 | 1.082 4 | 1.125 5 | 1.169 9 | 1.215 5 | 1.262 5 | 1.310 8 | 1.360 5 | 1.411 6 | 1.464 1 |
| 5 | 1.051 0 | 1.104 1 | 1.159 3 | 1.216 7 | 1.276 3 | 1.338 2 | 1.402 6 | 1.469 3 | 1.538 6 | 1.610 5 |
| 6 | 1.061 5 | 1.126 2 | 1.194 1 | 1.265 3 | 1.340 1 | 1.418 5 | 1.500 7 | 1.586 9 | 1.677 1 | 1.771 6 |
| 7 | 1.072 1 | 1.148 7 | 1.229 9 | 1.315 9 | 1.407 1 | 1.503 6 | 1.605 8 | 1.713 8 | 1.828 0 | 1.948 7 |
| 8 | 1.082 9 | 1.171 7 | 1.266 8 | 1.368 6 | 1.477 5 | 1.593 8 | 1.718 2 | 1.850 9 | 1.992 6 | 2.143 6 |
| 9 | 1.093 7 | 1.195 1 | 1.304 8 | 1.423 3 | 1.551 3 | 1.689 5 | 1.838 5 | 1.999 0 | 2.171 9 | 2.357 9 |
| 10 | 1.104 6 | 1.219 0 | 1.343 9 | 1.480 2 | 1.628 9 | 1.790 8 | 1.967 2 | 2.158 9 | 2.367 4 | 2.593 7 |
| 11 | 1.115 7 | 1.243 4 | 1.384 2 | 1.539 5 | 1.710 3 | 1.898 3 | 2.104 9 | 2.331 6 | 2.580 4 | 2.853 1 |
| 12 | 1.126 8 | 1.268 2 | 1.425 8 | 1.601 0 | 1.795 9 | 2.012 2 | 2.252 2 | 2.518 2 | 2.812 7 | 3.138 4 |
| 13 | 1.138 1 | 1.293 6 | 1.468 5 | 1.665 1 | 1.885 6 | 2.132 9 | 2.409 8 | 2.719 6 | 3.065 8 | 3.452 3 |
| 14 | 1.149 5 | 1.319 5 | 1.512 6 | 1.731 7 | 1.979 9 | 2.260 9 | 2.578 5 | 2.937 2 | 3.341 7 | 3.797 5 |
| 15 | 1.161 0 | 1.345 9 | 1.558 0 | 1.800 9 | 2.078 9 | 2.396 6 | 2.759 0 | 3.172 2 | 3.642 5 | 4.177 2 |
| 16 | 1.172 6 | 1.372 8 | 1.604 7 | 1.873 0 | 2.182 9 | 2.540 4 | 2.952 2 | 3.425 9 | 3.970 3 | 4.595 0 |
| 17 | 1.184 3 | 1.400 2 | 1.652 8 | 1.947 9 | 2.292 0 | 2.692 8 | 3.158 8 | 3.700 0 | 4.327 6 | 5.054 5 |
| 18 | 1.196 1 | 1.428 2 | 1.702 4 | 2.025 8 | 2.406 6 | 2.854 3 | 3.379 9 | 3.996 0 | 4.717 1 | 5.559 9 |
| 19 | 1.208 1 | 1.456 8 | 1.753 5 | 2.106 8 | 2.527 0 | 3.025 6 | 3.616 5 | 4.315 7 | 5.141 7 | 6.115 9 |
| 20 | 1.220 2 | 1.485 9 | 1.806 1 | 2.191 1 | 2.653 3 | 3.207 1 | 3.869 7 | 4.661 0 | 5.604 4 | 6.727 5 |
| 21 | 1.232 4 | 1.515 7 | 1.860 3 | 2.278 8 | 2.786 0 | 3.399 6 | 4.140 6 | 5.033 8 | 6.108 8 | 7.400 2 |
| 22 | 1.244 7 | 1.546 0 | 1.916 1 | 2.369 9 | 2.925 3 | 3.603 5 | 4.430 4 | 5.436 5 | 6.658 6 | 8.140 3 |
| 23 | 1.257 2 | 1.576 9 | 1.973 6 | 2.464 7 | 3.071 5 | 3.819 7 | 4.740 5 | 5.871 5 | 7.257 9 | 8.954 3 |
| 24 | 1.269 7 | 1.608 4 | 2.032 8 | 2.563 3 | 3.225 1 | 4.048 9 | 5.072 4 | 6.341 2 | 7.911 1 | 9.849 7 |
| 25 | 1.282 4 | 1.640 6 | 2.093 8 | 2.665 8 | 3.386 4 | 4.291 9 | 5.427 4 | 6.848 5 | 8.623 1 | 10.834 7 |
| 26 | 1.295 3 | 1.673 4 | 2.156 6 | 2.772 5 | 3.555 7 | 4.549 4 | 5.807 4 | 7.396 4 | 9.399 2 | 11.918 2 |
| 27 | 1.308 2 | 1.706 9 | 2.221 3 | 2.883 4 | 3.733 5 | 4.822 3 | 6.213 9 | 7.988 1 | 10.245 1 | 13.110 0 |
| 28 | 1.321 3 | 1.741 0 | 2.287 9 | 2.998 7 | 3.920 1 | 5.111 7 | 6.648 8 | 8.627 1 | 11.167 1 | 14.421 0 |
| 29 | 1.334 5 | 1.775 8 | 2.356 6 | 3.118 7 | 4.116 1 | 5.418 4 | 7.114 3 | 9.317 3 | 12.172 2 | 15.863 1 |
| 30 | 1.347 8 | 1.811 4 | 2.427 3 | 3.243 4 | 4.321 9 | 5.743 5 | 7.612 3 | 10.062 7 | 13.267 7 | 17.449 4 |

续附表一

| 期数 | 11% | 12% | 13% | 14% | 15% | 16% | 17% | 18% | 19% | 20% |
|---|---|---|---|---|---|---|---|---|---|---|
| 1 | 1.110 0 | 1.120 0 | 1.130 0 | 1.140 0 | 1.150 0 | 1.160 0 | 1.170 0 | 1.180 0 | 1.190 0 | 1.200 0 |
| 2 | 1.232 1 | 1.254 4 | 1.276 9 | 1.299 6 | 1.322 5 | 1.345 6 | 1.368 9 | 1.392 4 | 1.416 1 | 1.440 0 |
| 3 | 1.367 6 | 1.404 9 | 1.442 9 | 1.481 5 | 1.520 9 | 1.560 9 | 1.601 6 | 1.643 0 | 1.685 2 | 1.728 0 |
| 4 | 1.518 1 | 1.573 5 | 1.630 5 | 1.689 0 | 1.749 0 | 1.810 6 | 1.873 9 | 1.938 8 | 2.005 3 | 2.073 6 |
| 5 | 1.685 1 | 1.762 3 | 1.842 4 | 1.925 4 | 2.011 4 | 2.100 3 | 2.192 4 | 2.287 8 | 2.386 4 | 2.488 3 |
| 6 | 1.870 4 | 1.973 8 | 2.082 0 | 2.195 0 | 2.313 1 | 2.436 4 | 2.565 2 | 2.699 6 | 2.839 8 | 2.986 0 |
| 7 | 2.076 2 | 2.210 7 | 2.352 6 | 2.502 3 | 2.660 0 | 2.826 2 | 3.001 2 | 3.185 5 | 3.379 3 | 3.583 2 |
| 8 | 2.304 5 | 2.476 0 | 2.658 4 | 2.852 6 | 3.059 0 | 3.278 4 | 3.511 5 | 3.758 9 | 4.021 4 | 4.299 8 |
| 9 | 2.558 0 | 2.773 1 | 3.004 0 | 3.251 9 | 3.517 9 | 3.803 0 | 4.108 4 | 4.435 5 | 4.785 4 | 5.159 8 |
| 10 | 2.839 4 | 3.105 8 | 3.394 6 | 3.707 2 | 4.045 6 | 4.411 4 | 4.806 8 | 5.233 8 | 5.694 7 | 6.191 7 |
| 11 | 3.151 8 | 3.478 6 | 3.835 9 | 4.226 2 | 4.652 4 | 5.117 3 | 5.624 0 | 6.175 9 | 6.776 7 | 7.430 1 |
| 12 | 3.498 5 | 3.896 0 | 4.334 5 | 4.817 9 | 5.350 3 | 5.936 0 | 6.580 1 | 7.287 6 | 8.064 2 | 8.916 1 |
| 13 | 3.883 3 | 4.363 5 | 4.898 0 | 5.492 4 | 6.152 8 | 6.885 8 | 7.698 7 | 8.599 4 | 9.596 4 | 10.699 3 |
| 14 | 4.310 4 | 4.887 1 | 5.534 8 | 6.261 3 | 7.075 7 | 7.987 5 | 9.007 5 | 10.147 2 | 11.419 8 | 12.839 2 |
| 15 | 4.784 6 | 5.473 6 | 6.254 3 | 7.137 9 | 8.137 1 | 9.265 5 | 10.538 7 | 11.973 7 | 13.589 5 | 15.407 0 |
| 16 | 5.310 9 | 6.130 4 | 7.067 3 | 8.137 2 | 9.357 6 | 10.748 0 | 12.330 3 | 14.129 0 | 16.171 5 | 18.488 4 |
| 17 | 5.895 1 | 6.866 0 | 7.986 1 | 9.276 5 | 10.761 3 | 12.467 7 | 14.426 5 | 16.672 2 | 19.244 1 | 22.186 1 |
| 18 | 6.543 6 | 7.690 0 | 9.024 3 | 10.575 2 | 12.375 5 | 14.462 5 | 16.879 0 | 19.673 3 | 22.900 5 | 26.623 3 |
| 19 | 7.263 3 | 8.612 8 | 10.197 4 | 12.055 7 | 14.231 8 | 16.776 5 | 19.748 4 | 23.214 4 | 27.251 6 | 31.948 0 |
| 20 | 8.062 3 | 9.646 3 | 11.523 1 | 13.743 5 | 16.366 5 | 19.460 8 | 23.105 6 | 27.393 0 | 32.429 4 | 38.337 6 |
| 21 | 8.949 2 | 10.803 8 | 13.021 1 | 15.667 6 | 18.821 5 | 22.574 5 | 27.033 6 | 32.323 8 | 38.591 0 | 46.005 1 |
| 22 | 9.933 6 | 12.100 3 | 14.713 8 | 17.861 0 | 21.644 7 | 26.186 4 | 31.629 3 | 38.142 1 | 45.923 3 | 55.206 1 |
| 23 | 11.026 3 | 13.552 3 | 16.626 6 | 20.361 5 | 24.891 5 | 30.376 2 | 37.006 2 | 45.007 6 | 54.648 7 | 66.247 4 |
| 24 | 12.239 2 | 15.178 6 | 18.788 1 | 23.212 2 | 28.625 2 | 35.236 4 | 43.297 3 | 53.109 0 | 65.032 0 | 79.496 8 |
| 25 | 13.585 5 | 17.000 1 | 21.230 5 | 26.461 9 | 32.919 0 | 40.874 2 | 50.657 8 | 62.668 6 | 77.388 1 | 95.396 2 |
| 26 | 15.079 9 | 19.040 1 | 23.990 5 | 30.166 6 | 37.856 8 | 47.414 1 | 59.269 7 | 73.949 0 | 92.091 8 | 114.475 5 |
| 27 | 16.738 7 | 21.324 9 | 27.109 3 | 34.389 9 | 43.535 3 | 55.000 4 | 69.345 5 | 87.259 8 | 109.589 3 | 137.370 6 |
| 28 | 18.579 9 | 23.883 9 | 30.633 5 | 39.204 5 | 50.065 6 | 63.800 4 | 81.134 2 | 102.966 6 | 130.411 2 | 164.844 7 |
| 29 | 20.623 7 | 26.749 9 | 34.615 8 | 44.693 1 | 57.575 5 | 74.008 5 | 94.927 1 | 121.500 5 | 155.189 3 | 197.813 6 |
| 30 | 22.892 3 | 29.959 9 | 39.115 9 | 50.950 2 | 66.211 8 | 85.849 9 | 111.064 7 | 143.370 6 | 184.675 3 | 237.376 3 |

续附表一

| 期数 | 21% | 22% | 23% | 24% | 25% | 26% | 27% | 28% | 29% | 30% |
|---|---|---|---|---|---|---|---|---|---|---|
| 1 | 1.2100 | 1.2200 | 1.2300 | 1.2400 | 1.2500 | 1.2600 | 1.2700 | 1.2800 | 1.2900 | 1.3000 |
| 2 | 1.4641 | 1.4884 | 1.5129 | 1.5376 | 1.5625 | 1.5876 | 1.6129 | 1.6384 | 1.6641 | 1.6900 |
| 3 | 1.7716 | 1.8158 | 1.8609 | 1.9066 | 1.9531 | 2.0004 | 2.0484 | 2.0972 | 2.1467 | 2.1970 |
| 4 | 2.1436 | 2.2153 | 2.2889 | 2.3642 | 2.4414 | 2.5205 | 2.6014 | 2.6844 | 2.7692 | 2.8561 |
| 5 | 2.5937 | 2.7027 | 2.8153 | 2.9316 | 3.0518 | 3.1758 | 3.3038 | 3.4360 | 3.5723 | 3.7129 |
| 6 | 3.1384 | 3.2973 | 3.4628 | 3.6352 | 3.8147 | 4.0015 | 4.1959 | 4.3980 | 4.6083 | 4.8268 |
| 7 | 3.7975 | 4.0227 | 4.2593 | 4.5077 | 4.7684 | 5.0419 | 5.3288 | 5.6295 | 5.9447 | 6.2749 |
| 8 | 4.5950 | 4.9077 | 5.2389 | 5.5895 | 5.9605 | 6.3528 | 6.7675 | 7.2058 | 7.6686 | 8.1573 |
| 9 | 5.5599 | 5.9874 | 6.4439 | 6.9310 | 7.4506 | 8.0045 | 8.5948 | 9.2234 | 9.8925 | 10.6045 |
| 10 | 6.7275 | 7.3046 | 7.9259 | 8.5944 | 9.3132 | 10.0857 | 10.9153 | 11.8059 | 12.7614 | 13.7858 |
| 11 | 8.1403 | 8.9117 | 9.7489 | 10.6571 | 11.6415 | 12.7080 | 13.8625 | 15.1116 | 16.4622 | 17.9216 |
| 12 | 9.8497 | 10.8722 | 11.9912 | 13.2148 | 14.5519 | 16.0120 | 17.6053 | 19.3428 | 21.2362 | 23.2981 |
| 13 | 11.9182 | 13.2641 | 14.7491 | 16.3863 | 18.1899 | 20.1752 | 22.3588 | 24.7588 | 27.3947 | 30.2875 |
| 14 | 14.4210 | 16.1822 | 18.1414 | 20.3191 | 22.7374 | 25.4207 | 28.3957 | 31.6913 | 35.3391 | 39.3738 |
| 15 | 17.4494 | 19.7423 | 22.3140 | 25.1956 | 28.4217 | 32.0301 | 36.0625 | 40.5648 | 45.5875 | 51.1859 |
| 16 | 21.1138 | 24.0856 | 27.4462 | 31.2426 | 35.5271 | 40.3579 | 45.7994 | 51.9230 | 58.8079 | 66.5417 |
| 17 | 25.5477 | 29.3844 | 33.7588 | 38.7408 | 44.4089 | 50.8517 | 58.1652 | 66.4614 | 75.8621 | 86.5042 |
| 18 | 30.9127 | 35.8490 | 41.5233 | 48.0386 | 55.5112 | 64.0722 | 73.8698 | 85.0706 | 97.8622 | 112.4554 |
| 19 | 37.4043 | 43.7358 | 51.0737 | 59.5679 | 69.3889 | 80.7310 | 93.8147 | 108.8904 | 126.2422 | 146.1920 |
| 20 | 45.2593 | 53.3576 | 62.8206 | 73.8641 | 86.7362 | 101.7211 | 119.1446 | 139.3797 | 162.8524 | 190.0496 |
| 21 | 54.7637 | 65.0963 | 77.2694 | 91.5915 | 108.4202 | 128.1685 | 151.3137 | 178.4060 | 210.0796 | 247.0645 |
| 22 | 66.2641 | 79.4175 | 95.0413 | 113.5735 | 135.5252 | 161.4927 | 192.1684 | 228.3596 | 271.0027 | 321.1839 |
| 23 | 80.1795 | 96.8894 | 116.9008 | 140.8312 | 169.4066 | 203.4804 | 244.0538 | 292.3003 | 349.5935 | 417.5391 |
| 24 | 97.0172 | 118.2050 | 143.7880 | 174.6306 | 211.7582 | 256.3853 | 309.9483 | 374.1444 | 450.9756 | 542.8008 |
| 25 | 117.3909 | 144.2101 | 176.8593 | 216.5420 | 264.6978 | 323.0454 | 393.6344 | 478.9049 | 581.7585 | 705.6410 |
| 26 | 142.0429 | 175.9364 | 217.5369 | 268.5121 | 330.8722 | 407.0373 | 499.9157 | 612.9982 | 750.4685 | 917.3333 |
| 27 | 171.8719 | 214.6424 | 267.5704 | 332.9550 | 413.5903 | 512.8670 | 634.8929 | 784.6377 | 968.1044 | 1192.5333 |
| 28 | 207.9651 | 261.8637 | 329.1115 | 412.8642 | 516.9879 | 646.2124 | 806.3140 | 1004.3362 | 1248.8546 | 1550.2933 |
| 29 | 251.6377 | 319.4733 | 404.8072 | 511.9516 | 646.2349 | 814.2276 | 1024.0187 | 1285.5504 | 1611.0225 | 2015.3813 |
| 30 | 304.4816 | 389.7579 | 497.9129 | 634.8199 | 807.7936 | 1025.9267 | 1300.5038 | 1645.5046 | 2078.2190 | 2619.9956 |

## 附表二:复利现值系数表$(P/F, i, n)$

| 期数 | 1% | 2% | 3% | 4% | 5% | 6% | 7% | 8% | 9% | 10% |
|---|---|---|---|---|---|---|---|---|---|---|
| 1 | 0.990 1 | 0.980 4 | 0.970 9 | 0.961 5 | 0.952 4 | 0.943 4 | 0.934 6 | 0.925 9 | 0.917 4 | 0.909 1 |
| 2 | 0.980 3 | 0.961 2 | 0.942 6 | 0.924 6 | 0.907 0 | 0.890 0 | 0.873 4 | 0.857 3 | 0.841 7 | 0.826 4 |
| 3 | 0.970 6 | 0.942 3 | 0.915 1 | 0.889 0 | 0.863 8 | 0.839 6 | 0.816 3 | 0.793 8 | 0.772 2 | 0.751 3 |
| 4 | 0.961 0 | 0.923 8 | 0.888 5 | 0.854 8 | 0.822 7 | 0.792 1 | 0.762 9 | 0.735 0 | 0.708 4 | 0.683 0 |
| 5 | 0.951 5 | 0.905 7 | 0.862 6 | 0.821 9 | 0.783 5 | 0.747 3 | 0.713 0 | 0.680 6 | 0.649 9 | 0.620 9 |
| 6 | 0.942 0 | 0.888 0 | 0.837 5 | 0.790 3 | 0.746 2 | 0.705 0 | 0.666 3 | 0.630 2 | 0.596 3 | 0.564 5 |
| 7 | 0.932 7 | 0.870 6 | 0.813 1 | 0.759 9 | 0.710 7 | 0.665 1 | 0.622 7 | 0.583 5 | 0.547 0 | 0.513 2 |
| 8 | 0.923 5 | 0.853 5 | 0.789 4 | 0.730 7 | 0.676 8 | 0.627 4 | 0.582 0 | 0.540 3 | 0.501 9 | 0.466 5 |
| 9 | 0.914 3 | 0.836 8 | 0.766 4 | 0.702 6 | 0.644 6 | 0.591 9 | 0.543 9 | 0.500 2 | 0.460 4 | 0.424 1 |
| 10 | 0.905 3 | 0.820 3 | 0.744 1 | 0.675 6 | 0.613 9 | 0.558 4 | 0.508 3 | 0.463 2 | 0.422 4 | 0.385 5 |
| 11 | 0.896 3 | 0.804 3 | 0.722 4 | 0.649 6 | 0.584 7 | 0.526 8 | 0.475 1 | 0.428 9 | 0.387 5 | 0.350 5 |
| 12 | 0.887 4 | 0.788 5 | 0.701 4 | 0.624 6 | 0.556 8 | 0.497 0 | 0.444 0 | 0.397 1 | 0.355 5 | 0.318 6 |
| 13 | 0.878 7 | 0.773 0 | 0.681 0 | 0.600 6 | 0.530 3 | 0.468 8 | 0.415 0 | 0.367 7 | 0.326 2 | 0.289 7 |
| 14 | 0.870 0 | 0.757 9 | 0.661 1 | 0.577 5 | 0.505 1 | 0.442 3 | 0.387 8 | 0.340 5 | 0.299 2 | 0.263 3 |
| 15 | 0.861 3 | 0.743 0 | 0.641 9 | 0.555 3 | 0.481 0 | 0.417 3 | 0.362 4 | 0.315 2 | 0.274 5 | 0.239 4 |
| 16 | 0.852 8 | 0.728 4 | 0.623 2 | 0.533 9 | 0.458 1 | 0.393 6 | 0.338 7 | 0.291 9 | 0.251 9 | 0.217 6 |
| 17 | 0.844 4 | 0.714 2 | 0.605 0 | 0.513 4 | 0.436 3 | 0.371 4 | 0.316 6 | 0.270 3 | 0.231 1 | 0.197 8 |
| 18 | 0.836 0 | 0.700 2 | 0.587 4 | 0.493 6 | 0.415 5 | 0.350 3 | 0.295 9 | 0.250 2 | 0.212 0 | 0.179 9 |
| 19 | 0.827 7 | 0.686 4 | 0.570 3 | 0.474 6 | 0.395 7 | 0.330 5 | 0.276 5 | 0.231 7 | 0.194 5 | 0.163 5 |
| 20 | 0.819 5 | 0.673 0 | 0.553 7 | 0.456 4 | 0.376 9 | 0.311 8 | 0.258 4 | 0.214 5 | 0.178 4 | 0.148 6 |
| 21 | 0.811 4 | 0.659 8 | 0.537 5 | 0.438 8 | 0.358 9 | 0.294 2 | 0.241 5 | 0.198 7 | 0.163 7 | 0.135 1 |
| 22 | 0.803 4 | 0.646 8 | 0.521 9 | 0.422 0 | 0.341 8 | 0.277 5 | 0.225 7 | 0.183 9 | 0.150 2 | 0.122 8 |
| 23 | 0.795 4 | 0.634 2 | 0.506 7 | 0.405 7 | 0.325 6 | 0.261 8 | 0.210 9 | 0.170 3 | 0.137 8 | 0.111 7 |
| 24 | 0.787 6 | 0.621 7 | 0.491 9 | 0.390 1 | 0.310 1 | 0.247 0 | 0.197 1 | 0.157 7 | 0.126 4 | 0.101 5 |
| 25 | 0.779 8 | 0.609 5 | 0.477 6 | 0.375 1 | 0.295 3 | 0.233 0 | 0.184 2 | 0.146 0 | 0.116 0 | 0.092 3 |
| 26 | 0.772 0 | 0.597 6 | 0.463 7 | 0.360 7 | 0.281 2 | 0.219 8 | 0.172 2 | 0.135 2 | 0.106 4 | 0.083 9 |
| 27 | 0.764 4 | 0.585 9 | 0.450 2 | 0.346 8 | 0.267 8 | 0.207 4 | 0.160 9 | 0.125 2 | 0.097 6 | 0.076 3 |
| 28 | 0.756 8 | 0.574 4 | 0.437 1 | 0.333 5 | 0.255 1 | 0.195 6 | 0.150 4 | 0.115 9 | 0.089 5 | 0.069 3 |
| 29 | 0.749 3 | 0.563 1 | 0.424 3 | 0.320 7 | 0.242 9 | 0.184 6 | 0.140 6 | 0.107 3 | 0.082 2 | 0.063 0 |
| 30 | 0.741 9 | 0.552 1 | 0.412 0 | 0.308 3 | 0.231 4 | 0.174 1 | 0.131 4 | 0.099 4 | 0.075 4 | 0.057 3 |

续附表二

| 期数 | 11% | 12% | 13% | 14% | 15% | 16% | 17% | 18% | 19% | 20% |
|---|---|---|---|---|---|---|---|---|---|---|
| 1 | 0.900 9 | 0.892 9 | 0.885 0 | 0.877 2 | 0.869 6 | 0.862 1 | 0.854 7 | 0.847 5 | 0.840 3 | 0.833 3 |
| 2 | 0.811 6 | 0.797 2 | 0.783 1 | 0.769 5 | 0.756 1 | 0.743 2 | 0.730 5 | 0.718 2 | 0.706 2 | 0.694 4 |
| 3 | 0.731 2 | 0.711 8 | 0.693 1 | 0.675 0 | 0.657 5 | 0.640 7 | 0.624 4 | 0.608 6 | 0.593 4 | 0.578 7 |
| 4 | 0.658 7 | 0.635 5 | 0.613 3 | 0.592 1 | 0.571 8 | 0.552 3 | 0.533 7 | 0.515 8 | 0.498 7 | 0.482 3 |
| 5 | 0.593 5 | 0.567 4 | 0.542 8 | 0.519 4 | 0.497 2 | 0.476 1 | 0.456 1 | 0.437 1 | 0.419 0 | 0.401 9 |
| 6 | 0.534 6 | 0.506 6 | 0.480 3 | 0.455 6 | 0.432 3 | 0.410 4 | 0.389 8 | 0.370 4 | 0.352 1 | 0.334 9 |
| 7 | 0.481 7 | 0.452 3 | 0.425 1 | 0.399 6 | 0.375 9 | 0.353 8 | 0.333 2 | 0.313 9 | 0.295 9 | 0.279 1 |
| 8 | 0.433 9 | 0.403 9 | 0.376 2 | 0.350 6 | 0.326 9 | 0.305 0 | 0.284 8 | 0.266 0 | 0.248 7 | 0.232 6 |
| 9 | 0.390 9 | 0.360 6 | 0.332 9 | 0.307 5 | 0.284 3 | 0.263 0 | 0.243 4 | 0.225 5 | 0.209 0 | 0.193 8 |
| 10 | 0.352 2 | 0.322 0 | 0.294 6 | 0.269 7 | 0.247 2 | 0.226 7 | 0.208 0 | 0.191 1 | 0.175 6 | 0.161 5 |
| 11 | 0.317 3 | 0.287 5 | 0.260 7 | 0.236 6 | 0.214 9 | 0.195 4 | 0.177 8 | 0.161 9 | 0.147 6 | 0.134 6 |
| 12 | 0.285 8 | 0.256 7 | 0.230 7 | 0.207 6 | 0.186 9 | 0.168 5 | 0.152 0 | 0.137 2 | 0.124 0 | 0.112 2 |
| 13 | 0.257 5 | 0.229 2 | 0.204 2 | 0.182 1 | 0.162 5 | 0.145 2 | 0.129 9 | 0.116 3 | 0.104 2 | 0.093 5 |
| 14 | 0.232 0 | 0.204 6 | 0.180 7 | 0.159 7 | 0.141 3 | 0.125 2 | 0.111 0 | 0.098 5 | 0.087 6 | 0.077 9 |
| 15 | 0.209 0 | 0.182 7 | 0.159 9 | 0.140 1 | 0.122 9 | 0.107 9 | 0.094 9 | 0.083 5 | 0.073 6 | 0.064 9 |
| 16 | 0.188 3 | 0.163 1 | 0.141 5 | 0.122 9 | 0.106 9 | 0.093 0 | 0.081 1 | 0.070 8 | 0.061 8 | 0.054 1 |
| 17 | 0.169 6 | 0.145 6 | 0.125 2 | 0.107 8 | 0.092 9 | 0.080 2 | 0.069 3 | 0.060 0 | 0.052 0 | 0.045 1 |
| 18 | 0.152 8 | 0.130 0 | 0.110 8 | 0.094 6 | 0.080 8 | 0.069 1 | 0.059 2 | 0.050 8 | 0.043 7 | 0.037 6 |
| 19 | 0.137 7 | 0.116 1 | 0.098 1 | 0.082 9 | 0.070 3 | 0.059 6 | 0.050 6 | 0.043 1 | 0.036 7 | 0.031 3 |
| 20 | 0.124 0 | 0.103 7 | 0.086 8 | 0.072 8 | 0.061 1 | 0.051 4 | 0.043 3 | 0.036 5 | 0.030 8 | 0.026 1 |
| 21 | 0.111 7 | 0.092 6 | 0.076 8 | 0.063 8 | 0.053 1 | 0.044 3 | 0.037 0 | 0.030 9 | 0.025 9 | 0.021 7 |
| 22 | 0.100 7 | 0.082 6 | 0.068 0 | 0.056 0 | 0.046 2 | 0.038 2 | 0.031 6 | 0.026 2 | 0.021 8 | 0.018 1 |
| 23 | 0.090 7 | 0.073 8 | 0.060 1 | 0.049 1 | 0.040 2 | 0.032 9 | 0.027 0 | 0.022 2 | 0.018 3 | 0.015 1 |
| 24 | 0.081 7 | 0.065 9 | 0.053 2 | 0.043 1 | 0.034 9 | 0.028 4 | 0.023 1 | 0.018 8 | 0.015 4 | 0.012 6 |
| 25 | 0.073 6 | 0.058 8 | 0.047 1 | 0.037 8 | 0.030 4 | 0.024 5 | 0.019 7 | 0.016 0 | 0.012 9 | 0.010 5 |
| 26 | 0.066 3 | 0.052 5 | 0.041 7 | 0.033 1 | 0.026 4 | 0.021 1 | 0.016 9 | 0.013 5 | 0.010 9 | 0.008 7 |
| 27 | 0.059 7 | 0.046 9 | 0.036 9 | 0.029 1 | 0.023 0 | 0.018 2 | 0.014 4 | 0.011 5 | 0.009 1 | 0.007 3 |
| 28 | 0.053 8 | 0.041 9 | 0.032 6 | 0.025 5 | 0.020 0 | 0.015 7 | 0.012 3 | 0.009 7 | 0.007 7 | 0.006 1 |
| 29 | 0.048 5 | 0.037 4 | 0.028 9 | 0.022 4 | 0.017 4 | 0.013 5 | 0.010 5 | 0.008 2 | 0.006 4 | 0.005 1 |
| 30 | 0.043 7 | 0.033 4 | 0.025 6 | 0.019 6 | 0.015 1 | 0.011 6 | 0.009 0 | 0.007 0 | 0.005 4 | 0.004 2 |

续附表二

| 期数 | 21% | 22% | 23% | 24% | 25% | 26% | 27% | 28% | 29% | 30% |
|---|---|---|---|---|---|---|---|---|---|---|
| 1 | 0.8264 | 0.8197 | 0.8130 | 0.8065 | 0.8000 | 0.7937 | 0.7874 | 0.7813 | 0.7752 | 0.7692 |
| 2 | 0.6830 | 0.6719 | 0.6610 | 0.6504 | 0.6400 | 0.6299 | 0.6200 | 0.6104 | 0.6009 | 0.5917 |
| 3 | 0.5645 | 0.5507 | 0.5374 | 0.5245 | 0.5120 | 0.4999 | 0.4882 | 0.4768 | 0.4658 | 0.4552 |
| 4 | 0.4665 | 0.4514 | 0.4369 | 0.4230 | 0.4096 | 0.3968 | 0.3844 | 0.3725 | 0.3611 | 0.3501 |
| 5 | 0.3855 | 0.3700 | 0.3552 | 0.3411 | 0.3277 | 0.3149 | 0.3027 | 0.2910 | 0.2799 | 0.2693 |
| 6 | 0.3186 | 0.3033 | 0.2888 | 0.2751 | 0.2621 | 0.2499 | 0.2383 | 0.2274 | 0.2170 | 0.2072 |
| 7 | 0.2633 | 0.2486 | 0.2348 | 0.2218 | 0.2097 | 0.1983 | 0.1877 | 0.1776 | 0.1682 | 0.1594 |
| 8 | 0.2176 | 0.2038 | 0.1909 | 0.1789 | 0.1678 | 0.1574 | 0.1478 | 0.1388 | 0.1304 | 0.1226 |
| 9 | 0.1799 | 0.1670 | 0.1552 | 0.1443 | 0.1342 | 0.1249 | 0.1164 | 0.1084 | 0.1011 | 0.0943 |
| 10 | 0.1486 | 0.1369 | 0.1262 | 0.1164 | 0.1074 | 0.0992 | 0.0916 | 0.0847 | 0.0784 | 0.0725 |
| 11 | 0.1228 | 0.1122 | 0.1026 | 0.0938 | 0.0859 | 0.0787 | 0.0721 | 0.0662 | 0.0607 | 0.0558 |
| 12 | 0.1015 | 0.0920 | 0.0834 | 0.0757 | 0.0687 | 0.0625 | 0.0568 | 0.0517 | 0.0471 | 0.0429 |
| 13 | 0.0839 | 0.0754 | 0.0678 | 0.0610 | 0.0550 | 0.0496 | 0.0447 | 0.0404 | 0.0365 | 0.0330 |
| 14 | 0.0693 | 0.0618 | 0.0551 | 0.0492 | 0.0440 | 0.0393 | 0.0352 | 0.0316 | 0.0283 | 0.0254 |
| 15 | 0.0573 | 0.0507 | 0.0448 | 0.0397 | 0.0352 | 0.0312 | 0.0277 | 0.0247 | 0.0219 | 0.0195 |
| 16 | 0.0474 | 0.0415 | 0.0364 | 0.0320 | 0.0281 | 0.0248 | 0.0218 | 0.0193 | 0.0170 | 0.0150 |
| 17 | 0.0391 | 0.0340 | 0.0296 | 0.0258 | 0.0225 | 0.0197 | 0.0172 | 0.0150 | 0.0132 | 0.0116 |
| 18 | 0.0323 | 0.0279 | 0.0241 | 0.0208 | 0.0180 | 0.0156 | 0.0135 | 0.0118 | 0.0102 | 0.0089 |
| 19 | 0.0267 | 0.0229 | 0.0196 | 0.0168 | 0.0144 | 0.0124 | 0.0107 | 0.0092 | 0.0079 | 0.0068 |
| 20 | 0.0221 | 0.0187 | 0.0159 | 0.0135 | 0.0115 | 0.0098 | 0.0084 | 0.0072 | 0.0061 | 0.0053 |
| 21 | 0.0183 | 0.0154 | 0.0129 | 0.0109 | 0.0092 | 0.0078 | 0.0066 | 0.0056 | 0.0048 | 0.0040 |
| 22 | 0.0151 | 0.0126 | 0.0105 | 0.0088 | 0.0074 | 0.0062 | 0.0052 | 0.0044 | 0.0037 | 0.0031 |
| 23 | 0.0125 | 0.0103 | 0.0086 | 0.0071 | 0.0059 | 0.0049 | 0.0041 | 0.0034 | 0.0029 | 0.0024 |
| 24 | 0.0103 | 0.0085 | 0.0070 | 0.0057 | 0.0047 | 0.0039 | 0.0032 | 0.0027 | 0.0022 | 0.0018 |
| 25 | 0.0085 | 0.0069 | 0.0057 | 0.0046 | 0.0038 | 0.0031 | 0.0025 | 0.0021 | 0.0017 | 0.0014 |
| 26 | 0.0070 | 0.0057 | 0.0046 | 0.0037 | 0.0030 | 0.0025 | 0.0020 | 0.0016 | 0.0013 | 0.0011 |
| 27 | 0.0058 | 0.0047 | 0.0037 | 0.0030 | 0.0024 | 0.0019 | 0.0016 | 0.0013 | 0.0010 | 0.0008 |
| 28 | 0.0048 | 0.0038 | 0.0030 | 0.0024 | 0.0019 | 0.0015 | 0.0012 | 0.0010 | 0.0008 | 0.0006 |
| 29 | 0.0040 | 0.0031 | 0.0025 | 0.0020 | 0.0015 | 0.0012 | 0.0010 | 0.0008 | 0.0006 | 0.0005 |
| 30 | 0.0033 | 0.0026 | 0.0020 | 0.0016 | 0.0012 | 0.0010 | 0.0008 | 0.0006 | 0.0005 | 0.0004 |

## 附表三：年金终值系数表 $(F/A, i, n)$

| 期数 | 1% | 2% | 3% | 4% | 5% | 6% | 7% | 8% | 9% | 10% |
|---|---|---|---|---|---|---|---|---|---|---|
| 1 | 1.000 0 | 1.000 0 | 1.000 0 | 1.000 0 | 1.000 0 | 1.000 0 | 1.000 0 | 1.000 0 | 1.000 0 | 1.000 0 |
| 2 | 2.010 0 | 2.020 0 | 2.030 0 | 2.040 0 | 2.050 0 | 2.060 0 | 2.070 0 | 2.080 0 | 2.090 0 | 2.100 0 |
| 3 | 3.030 1 | 3.060 4 | 3.090 9 | 3.121 6 | 3.152 5 | 3.183 6 | 3.214 9 | 3.246 4 | 3.278 1 | 3.310 0 |
| 4 | 4.060 4 | 4.121 6 | 4.183 6 | 4.246 5 | 4.310 1 | 4.374 6 | 4.439 9 | 4.506 1 | 4.573 1 | 4.641 0 |
| 5 | 5.101 0 | 5.204 0 | 5.309 1 | 5.416 3 | 5.525 6 | 5.637 1 | 5.750 7 | 5.866 6 | 5.984 7 | 6.105 1 |
| 6 | 6.152 0 | 6.308 1 | 6.468 4 | 6.633 0 | 6.801 9 | 6.975 3 | 7.153 3 | 7.335 9 | 7.523 3 | 7.715 6 |
| 7 | 7.213 5 | 7.434 3 | 7.662 5 | 7.898 3 | 8.142 0 | 8.393 8 | 8.654 0 | 8.922 8 | 9.200 4 | 9.487 2 |
| 8 | 8.285 7 | 8.583 0 | 8.892 3 | 9.214 2 | 9.549 1 | 9.897 5 | 10.259 8 | 10.636 6 | 11.028 5 | 11.435 9 |
| 9 | 9.368 5 | 9.754 6 | 10.159 1 | 10.582 8 | 11.026 6 | 11.491 3 | 11.978 0 | 12.487 6 | 13.021 0 | 13.579 5 |
| 10 | 10.462 2 | 10.949 7 | 11.463 9 | 12.006 1 | 12.577 9 | 13.180 8 | 13.816 4 | 14.486 6 | 15.192 9 | 15.937 4 |
| 11 | 11.566 8 | 12.168 7 | 12.807 8 | 13.486 4 | 14.206 8 | 14.971 6 | 15.783 6 | 16.645 5 | 17.560 3 | 18.531 2 |
| 12 | 12.682 5 | 13.412 1 | 14.192 0 | 15.025 8 | 15.917 1 | 16.869 9 | 17.888 5 | 18.977 1 | 20.140 7 | 21.384 3 |
| 13 | 13.809 3 | 14.680 3 | 15.617 8 | 16.626 8 | 17.713 0 | 18.882 1 | 20.140 6 | 21.495 3 | 22.953 4 | 24.522 7 |
| 14 | 14.947 4 | 15.973 9 | 17.086 3 | 18.291 9 | 19.598 6 | 21.015 1 | 22.550 5 | 24.214 9 | 26.019 2 | 27.975 0 |
| 15 | 16.096 9 | 17.293 4 | 18.598 9 | 20.023 6 | 21.578 6 | 23.276 0 | 25.129 0 | 27.152 1 | 29.360 9 | 31.772 5 |
| 16 | 17.257 9 | 18.639 3 | 20.156 9 | 21.824 5 | 23.657 5 | 25.672 5 | 27.888 1 | 30.324 3 | 33.003 4 | 35.949 7 |
| 17 | 18.430 4 | 20.012 1 | 21.761 6 | 23.697 5 | 25.840 4 | 28.212 9 | 30.840 2 | 33.750 2 | 36.973 7 | 40.544 7 |
| 18 | 19.614 7 | 21.412 3 | 23.414 4 | 25.645 4 | 28.132 4 | 30.905 7 | 33.999 0 | 37.450 2 | 41.301 3 | 45.599 2 |
| 19 | 20.810 9 | 22.840 6 | 25.116 9 | 27.671 2 | 30.539 0 | 33.760 0 | 37.379 0 | 41.446 3 | 46.018 5 | 51.159 1 |
| 20 | 22.019 0 | 24.297 4 | 26.870 4 | 29.778 1 | 33.066 0 | 36.785 6 | 40.995 5 | 45.762 0 | 51.160 1 | 57.275 0 |
| 21 | 23.239 2 | 25.783 3 | 28.676 5 | 31.969 2 | 35.719 3 | 39.992 7 | 44.865 2 | 50.422 9 | 56.764 5 | 64.002 5 |
| 22 | 24.471 6 | 27.299 0 | 30.536 8 | 34.248 0 | 38.505 2 | 43.392 3 | 49.005 7 | 55.456 8 | 62.873 3 | 71.402 7 |
| 23 | 25.716 3 | 28.845 0 | 32.452 9 | 36.617 9 | 41.430 5 | 46.995 8 | 53.436 1 | 60.893 3 | 69.531 9 | 79.543 0 |
| 24 | 26.973 5 | 30.421 9 | 34.426 5 | 39.082 6 | 44.502 0 | 50.815 6 | 58.176 7 | 66.764 8 | 76.789 8 | 88.497 3 |
| 25 | 28.243 2 | 32.030 3 | 36.459 3 | 41.645 9 | 47.727 1 | 54.864 5 | 63.249 0 | 73.105 9 | 84.700 9 | 98.347 1 |
| 26 | 29.525 6 | 33.670 9 | 38.553 0 | 44.311 7 | 51.113 5 | 59.156 4 | 68.676 5 | 79.954 4 | 93.324 0 | 109.181 8 |
| 27 | 30.820 9 | 35.344 3 | 40.709 6 | 47.084 2 | 54.669 1 | 63.705 8 | 74.483 8 | 87.350 8 | 102.723 1 | 121.099 9 |
| 28 | 32.129 1 | 37.051 2 | 42.930 9 | 49.967 6 | 58.402 6 | 68.528 1 | 80.697 7 | 95.338 8 | 112.968 2 | 134.209 9 |
| 29 | 33.450 4 | 38.792 2 | 45.218 9 | 52.966 3 | 62.322 7 | 73.639 8 | 87.346 5 | 103.965 9 | 124.135 4 | 148.630 9 |
| 30 | 34.784 9 | 40.568 1 | 47.575 4 | 56.084 9 | 66.438 8 | 79.058 2 | 94.460 8 | 113.283 2 | 136.307 5 | 164.494 0 |

续附表三

| 期数 | 11% | 12% | 13% | 14% | 15% | 16% | 17% | 18% | 19% | 20% |
|---|---|---|---|---|---|---|---|---|---|---|
| 1 | 1.000 0 | 1.000 0 | 1.000 0 | 1.000 0 | 1.000 0 | 1.000 0 | 1.000 0 | 1.000 0 | 1.000 0 | 1.000 0 |
| 2 | 2.110 0 | 2.120 0 | 2.130 0 | 2.140 0 | 2.150 0 | 2.160 0 | 2.170 0 | 2.180 0 | 2.190 0 | 2.200 0 |
| 3 | 3.342 1 | 3.374 4 | 3.406 9 | 3.439 6 | 3.472 5 | 3.505 6 | 3.538 9 | 3.572 4 | 3.606 1 | 3.640 0 |
| 4 | 4.709 7 | 4.779 3 | 4.849 8 | 4.921 1 | 4.993 4 | 5.066 5 | 5.140 5 | 5.215 4 | 5.291 3 | 5.368 0 |
| 5 | 6.227 8 | 6.352 8 | 6.480 3 | 6.610 1 | 6.742 4 | 6.877 1 | 7.014 4 | 7.154 2 | 7.296 6 | 7.441 6 |
| 6 | 7.912 9 | 8.115 2 | 8.322 7 | 8.535 5 | 8.753 7 | 8.977 5 | 9.206 8 | 9.442 0 | 9.683 0 | 9.929 9 |
| 7 | 9.783 3 | 10.089 0 | 10.404 7 | 10.730 5 | 11.066 8 | 11.413 9 | 11.772 0 | 12.141 5 | 12.522 7 | 12.915 9 |
| 8 | 11.859 4 | 12.299 7 | 12.757 3 | 13.232 8 | 13.726 8 | 14.240 1 | 14.773 3 | 15.327 0 | 15.902 0 | 16.499 1 |
| 9 | 14.164 0 | 14.775 7 | 15.415 7 | 16.085 3 | 16.785 8 | 17.518 5 | 18.284 7 | 19.085 9 | 19.923 4 | 20.798 9 |
| 10 | 16.722 0 | 17.548 7 | 18.419 7 | 19.337 3 | 20.303 7 | 21.321 5 | 22.393 1 | 23.521 3 | 24.708 9 | 25.958 7 |
| 11 | 19.561 4 | 20.654 6 | 21.814 3 | 23.044 5 | 24.349 3 | 25.732 9 | 27.199 9 | 28.755 1 | 30.403 5 | 32.150 4 |
| 12 | 22.713 2 | 24.133 1 | 25.650 2 | 27.270 7 | 29.001 7 | 30.850 2 | 32.823 9 | 34.931 1 | 37.180 2 | 39.580 5 |
| 13 | 26.211 6 | 28.029 1 | 29.984 7 | 32.088 7 | 34.351 9 | 36.786 2 | 39.404 0 | 42.218 7 | 45.244 5 | 48.496 6 |
| 14 | 30.094 9 | 32.392 6 | 34.882 7 | 37.581 1 | 40.504 7 | 43.672 0 | 47.102 7 | 50.818 0 | 54.840 9 | 59.195 9 |
| 15 | 34.405 4 | 37.279 7 | 40.417 5 | 43.842 4 | 47.580 4 | 51.659 5 | 56.110 1 | 60.965 3 | 66.260 7 | 72.035 1 |
| 16 | 39.189 9 | 42.753 3 | 46.671 7 | 50.980 4 | 55.717 5 | 60.925 0 | 66.648 8 | 72.939 0 | 79.850 2 | 87.442 1 |
| 17 | 44.500 8 | 48.883 7 | 53.739 1 | 59.117 6 | 65.075 1 | 71.673 0 | 78.979 2 | 87.068 0 | 96.021 8 | 105.930 6 |
| 18 | 50.395 9 | 55.749 7 | 61.725 1 | 68.394 1 | 75.836 4 | 84.140 7 | 93.405 6 | 103.740 3 | 115.265 9 | 128.116 7 |
| 19 | 56.939 5 | 63.439 7 | 70.749 4 | 78.969 2 | 88.211 8 | 98.603 2 | 110.284 6 | 123.413 5 | 138.166 4 | 154.740 0 |
| 20 | 64.202 8 | 72.052 4 | 80.946 8 | 91.024 9 | 102.443 6 | 115.379 7 | 130.032 9 | 146.628 0 | 165.418 0 | 186.688 0 |
| 21 | 72.265 1 | 81.698 7 | 92.469 9 | 104.768 4 | 118.810 1 | 134.840 5 | 153.138 5 | 174.021 0 | 197.847 4 | 225.025 6 |
| 22 | 81.214 3 | 92.502 6 | 105.491 0 | 120.436 0 | 137.631 6 | 157.415 0 | 180.172 1 | 206.344 8 | 236.438 5 | 271.030 7 |
| 23 | 91.147 9 | 104.602 9 | 120.204 8 | 138.297 0 | 159.276 4 | 183.601 4 | 211.801 3 | 244.486 8 | 282.361 8 | 326.236 9 |
| 24 | 102.174 2 | 118.155 2 | 136.831 5 | 158.658 6 | 184.167 8 | 213.977 6 | 248.807 6 | 289.494 5 | 337.010 5 | 392.484 2 |
| 25 | 114.413 3 | 133.333 9 | 155.619 6 | 181.870 8 | 212.793 0 | 249.214 0 | 292.104 9 | 342.603 5 | 402.042 5 | 471.981 1 |
| 26 | 127.998 8 | 150.333 9 | 176.850 1 | 208.332 7 | 245.712 0 | 290.088 3 | 342.762 7 | 405.272 1 | 479.430 6 | 567.377 3 |
| 27 | 143.078 6 | 169.374 0 | 200.840 6 | 238.499 3 | 283.568 8 | 337.502 4 | 402.032 3 | 479.221 1 | 571.522 4 | 681.852 6 |
| 28 | 159.817 3 | 190.698 9 | 227.949 9 | 272.889 2 | 327.104 1 | 392.502 8 | 471.377 8 | 566.480 9 | 681.111 6 | 819.223 3 |
| 29 | 178.397 2 | 214.582 8 | 258.583 4 | 312.093 7 | 377.169 7 | 456.303 2 | 552.512 1 | 669.447 5 | 811.522 8 | 984.068 0 |
| 30 | 199.020 9 | 241.332 7 | 293.199 2 | 356.786 8 | 434.745 1 | 530.311 7 | 647.439 1 | 790.948 0 | 966.712 2 | 1 181.881 6 |

续附表三

| 期数 | 21% | 22% | 23% | 24% | 25% | 26% | 27% | 28% | 29% | 30% |
|---|---|---|---|---|---|---|---|---|---|---|
| 1 | 1.000 0 | 1.000 0 | 1.000 0 | 1.000 0 | 1.000 0 | 1.000 0 | 1.000 0 | 1.000 0 | 1.000 0 | 1.000 0 |
| 2 | 2.210 0 | 2.220 0 | 2.230 0 | 2.240 0 | 2.250 0 | 2.260 0 | 2.270 0 | 2.280 0 | 2.290 0 | 2.300 0 |
| 3 | 3.674 1 | 3.708 4 | 3.742 9 | 3.777 6 | 3.812 5 | 3.847 6 | 3.882 9 | 3.918 4 | 3.954 1 | 3.990 0 |
| 4 | 5.445 7 | 5.524 2 | 5.603 8 | 5.684 2 | 5.765 6 | 5.848 0 | 5.931 3 | 6.015 6 | 6.100 8 | 6.187 0 |
| 5 | 7.589 2 | 7.739 6 | 7.892 6 | 8.048 4 | 8.207 0 | 8.368 4 | 8.532 7 | 8.699 9 | 8.870 0 | 9.043 1 |
| 6 | 10.183 0 | 10.442 3 | 10.707 9 | 10.980 1 | 11.258 8 | 11.544 2 | 11.836 6 | 12.135 9 | 12.442 3 | 12.756 0 |
| 7 | 13.321 4 | 13.739 6 | 14.170 8 | 14.615 3 | 15.073 5 | 15.545 8 | 16.032 4 | 16.533 9 | 17.050 6 | 17.582 8 |
| 8 | 17.118 9 | 17.762 3 | 18.430 0 | 19.122 9 | 19.841 9 | 20.587 6 | 21.361 2 | 22.163 4 | 22.995 3 | 23.857 7 |
| 9 | 21.713 9 | 22.670 0 | 23.669 0 | 24.712 5 | 25.802 3 | 26.940 4 | 28.128 7 | 29.369 2 | 30.663 9 | 32.015 0 |
| 10 | 27.273 8 | 28.657 4 | 30.112 8 | 31.643 4 | 33.252 9 | 34.944 9 | 36.723 5 | 38.592 6 | 40.556 4 | 42.619 5 |
| 11 | 34.001 3 | 35.962 0 | 38.038 8 | 40.237 9 | 42.566 1 | 45.030 6 | 47.638 8 | 50.398 5 | 53.317 8 | 56.405 3 |
| 12 | 42.141 6 | 44.873 7 | 47.787 7 | 50.895 0 | 54.207 7 | 57.738 6 | 61.501 3 | 65.510 0 | 69.780 0 | 74.327 0 |
| 13 | 51.991 3 | 55.745 9 | 59.778 8 | 64.109 7 | 68.759 6 | 73.750 6 | 79.106 6 | 84.852 9 | 91.016 1 | 97.625 0 |
| 14 | 63.909 5 | 69.010 0 | 74.528 0 | 80.496 1 | 86.949 5 | 93.925 8 | 101.465 4 | 109.611 7 | 118.410 8 | 127.912 5 |
| 15 | 78.330 5 | 85.192 2 | 92.669 4 | 100.815 1 | 109.686 8 | 119.346 5 | 129.861 1 | 141.302 9 | 153.750 0 | 167.286 3 |
| 16 | 95.779 9 | 104.934 5 | 114.983 4 | 126.010 8 | 138.108 5 | 151.376 6 | 165.923 6 | 181.867 7 | 199.337 4 | 218.472 2 |
| 17 | 116.893 7 | 129.020 1 | 142.429 5 | 157.253 4 | 173.635 7 | 191.734 5 | 211.723 0 | 233.790 7 | 258.145 3 | 285.013 9 |
| 18 | 142.441 3 | 158.404 5 | 176.188 3 | 195.994 2 | 218.044 6 | 242.585 5 | 269.888 2 | 300.252 1 | 334.007 4 | 371.518 0 |
| 19 | 173.354 0 | 194.253 5 | 217.711 6 | 244.032 8 | 273.555 8 | 306.657 7 | 343.758 0 | 385.322 7 | 431.869 6 | 483.973 4 |
| 20 | 210.758 4 | 237.989 3 | 268.785 3 | 303.600 6 | 342.944 7 | 387.388 7 | 437.572 6 | 494.213 1 | 558.111 8 | 630.165 5 |
| 21 | 256.017 6 | 291.346 9 | 331.605 9 | 377.464 8 | 429.680 9 | 489.109 8 | 556.717 3 | 633.592 7 | 720.964 2 | 820.215 1 |
| 22 | 310.781 3 | 356.443 2 | 408.875 3 | 469.056 3 | 538.101 1 | 617.278 3 | 708.030 9 | 811.998 7 | 931.043 8 | 1 067.279 6 |
| 23 | 377.045 4 | 435.860 7 | 503.916 6 | 582.629 8 | 673.626 4 | 778.770 7 | 900.199 3 | 1 040.358 3 | 1 202.046 5 | 1 388.463 5 |
| 24 | 457.224 9 | 532.750 1 | 620.817 4 | 723.461 0 | 843.032 9 | 982.251 1 | 1 144.253 1 | 1 332.658 6 | 1 551.640 0 | 1 806.002 6 |
| 25 | 554.242 2 | 650.955 1 | 764.605 4 | 898.091 6 | 1 054.791 2 | 1 238.636 3 | 1 454.201 4 | 1 706.803 1 | 2 002.615 6 | 2 348.803 3 |
| 26 | 671.633 0 | 795.165 3 | 941.464 7 | 1 114.633 6 | 1 319.489 0 | 1 561.681 8 | 1 847.835 8 | 2 185.707 9 | 2 584.374 1 | 3 054.444 3 |
| 27 | 813.675 9 | 971.101 6 | 1 159.001 6 | 1 383.145 7 | 1 650.361 2 | 1 968.719 1 | 2 347.751 5 | 2 798.706 1 | 3 334.842 6 | 3 971.777 6 |
| 28 | 985.547 9 | 1 185.744 0 | 1 426.571 9 | 1 716.100 7 | 2 063.951 5 | 2 481.586 0 | 2 982.644 4 | 3 583.343 8 | 4 302.947 0 | 5 164.310 9 |
| 29 | 1 193.512 9 | 1 447.607 7 | 1 755.683 5 | 2 128.964 8 | 2 580.939 4 | 3 127.798 4 | 3 788.958 3 | 4 587.680 1 | 5 551.801 6 | 6 714.604 2 |
| 30 | 1 445.150 7 | 1 767.081 3 | 2 160.490 7 | 2 640.916 4 | 3 227.174 3 | 3 942.026 0 | 4 812.977 1 | 5 873.230 6 | 7 162.824 1 | 8 729.985 5 |

## 附表四：年金现值系数表$(P/A, i, n)$

| 期数 | 1% | 2% | 3% | 4% | 5% | 6% | 7% | 8% | 9% | 10% |
|---|---|---|---|---|---|---|---|---|---|---|
| 1 | 0.990 1 | 0.980 4 | 0.970 9 | 0.961 5 | 0.952 4 | 0.943 4 | 0.934 6 | 0.925 9 | 0.917 4 | 0.909 1 |
| 2 | 1.970 4 | 1.941 6 | 1.913 5 | 1.886 1 | 1.859 4 | 1.833 4 | 1.808 0 | 1.783 3 | 1.759 1 | 1.735 5 |
| 3 | 2.941 0 | 2.883 9 | 2.828 6 | 2.775 1 | 2.723 2 | 2.673 0 | 2.624 3 | 2.577 1 | 2.531 3 | 2.486 9 |
| 4 | 3.902 0 | 3.807 7 | 3.717 1 | 3.629 9 | 3.546 0 | 3.465 1 | 3.387 2 | 3.312 1 | 3.239 7 | 3.169 9 |
| 5 | 4.853 4 | 4.713 5 | 4.579 7 | 4.451 8 | 4.329 5 | 4.212 4 | 4.100 2 | 3.992 7 | 3.889 7 | 3.790 8 |
| 6 | 5.795 5 | 5.601 4 | 5.417 2 | 5.242 1 | 5.075 7 | 4.917 3 | 4.766 5 | 4.622 9 | 4.485 9 | 4.355 3 |
| 7 | 6.728 2 | 6.472 0 | 6.230 3 | 6.002 1 | 5.786 4 | 5.582 4 | 5.389 3 | 5.206 4 | 5.033 0 | 4.868 4 |
| 8 | 7.651 7 | 7.325 5 | 7.019 7 | 6.732 7 | 6.463 2 | 6.209 8 | 5.971 3 | 5.746 6 | 5.534 8 | 5.334 9 |
| 9 | 8.566 0 | 8.162 2 | 7.786 1 | 7.435 3 | 7.107 8 | 6.801 7 | 6.515 2 | 6.246 9 | 5.995 2 | 5.759 0 |
| 10 | 9.471 3 | 8.982 6 | 8.530 2 | 8.110 9 | 7.721 7 | 7.360 1 | 7.023 6 | 6.710 1 | 6.417 7 | 6.144 6 |
| 11 | 10.367 6 | 9.786 8 | 9.252 6 | 8.760 5 | 8.306 4 | 7.886 9 | 7.498 7 | 7.139 0 | 6.805 2 | 6.495 1 |
| 12 | 11.255 1 | 10.575 3 | 9.954 0 | 9.385 1 | 8.863 3 | 8.383 8 | 7.942 7 | 7.536 1 | 7.160 7 | 6.813 7 |
| 13 | 12.133 7 | 11.348 4 | 10.635 0 | 9.985 6 | 9.393 6 | 8.852 7 | 8.357 7 | 7.903 8 | 7.486 9 | 7.103 4 |
| 14 | 13.003 7 | 12.106 2 | 11.296 1 | 10.563 1 | 9.898 6 | 9.295 0 | 8.745 5 | 8.244 2 | 7.786 2 | 7.366 7 |
| 15 | 13.865 1 | 12.849 3 | 11.937 9 | 11.118 4 | 10.379 7 | 9.712 2 | 9.107 9 | 8.559 5 | 8.060 7 | 7.606 1 |
| 16 | 14.717 9 | 13.577 7 | 12.561 1 | 11.652 3 | 10.837 8 | 10.105 9 | 9.446 6 | 8.851 4 | 8.312 6 | 7.823 7 |
| 17 | 15.562 3 | 14.291 9 | 13.166 1 | 12.165 7 | 11.274 1 | 10.477 3 | 9.763 2 | 9.121 6 | 8.543 6 | 8.021 6 |
| 18 | 16.398 3 | 14.992 0 | 13.753 5 | 12.659 3 | 11.689 6 | 10.827 6 | 10.059 1 | 9.371 9 | 8.755 6 | 8.201 4 |
| 19 | 17.226 0 | 15.678 5 | 14.323 8 | 13.133 9 | 12.085 3 | 11.158 1 | 10.335 6 | 9.603 6 | 8.950 1 | 8.364 9 |
| 20 | 18.045 6 | 16.351 4 | 14.877 5 | 13.590 3 | 12.462 2 | 11.469 9 | 10.594 0 | 9.818 1 | 9.128 5 | 8.513 6 |
| 21 | 18.857 0 | 17.011 2 | 15.415 0 | 14.029 2 | 12.821 2 | 11.764 1 | 10.835 5 | 10.016 8 | 9.292 2 | 8.648 7 |
| 22 | 19.660 4 | 17.658 0 | 15.936 9 | 14.451 1 | 13.163 0 | 12.041 6 | 11.061 2 | 10.200 7 | 9.442 4 | 8.771 5 |
| 23 | 20.455 8 | 18.292 2 | 16.443 6 | 14.856 8 | 13.488 6 | 12.303 4 | 11.272 2 | 10.371 1 | 9.580 2 | 8.883 2 |
| 24 | 21.243 4 | 18.913 9 | 16.935 5 | 15.247 0 | 13.798 6 | 12.550 4 | 11.469 3 | 10.528 8 | 9.706 6 | 8.984 7 |
| 25 | 22.023 2 | 19.523 5 | 17.413 1 | 15.622 1 | 14.093 9 | 12.783 4 | 11.653 6 | 10.674 8 | 9.822 6 | 9.077 0 |
| 26 | 22.795 2 | 20.121 0 | 17.876 8 | 15.982 8 | 14.375 2 | 13.003 2 | 11.825 8 | 10.810 0 | 9.929 0 | 9.160 9 |
| 27 | 23.559 6 | 20.706 9 | 18.327 0 | 16.329 6 | 14.643 0 | 13.210 5 | 11.986 7 | 10.935 2 | 10.026 6 | 9.237 2 |
| 28 | 24.316 4 | 21.281 3 | 18.764 1 | 16.663 1 | 14.898 1 | 13.406 2 | 12.137 1 | 11.051 1 | 10.116 1 | 9.306 6 |
| 29 | 25.065 8 | 21.844 4 | 19.188 5 | 16.983 7 | 15.141 1 | 13.590 7 | 12.277 7 | 11.158 4 | 10.198 3 | 9.369 6 |
| 30 | 25.807 7 | 22.396 5 | 19.600 4 | 17.292 0 | 15.372 5 | 13.764 8 | 12.409 0 | 11.257 8 | 10.273 7 | 9.426 9 |

续附表四

| 期数 | 11% | 12% | 13% | 14% | 15% | 16% | 17% | 18% | 19% | 20% |
|---|---|---|---|---|---|---|---|---|---|---|
| 1 | 0.9009 | 0.8929 | 0.8850 | 0.8772 | 0.8696 | 0.8621 | 0.8547 | 0.8475 | 0.8403 | 0.8333 |
| 2 | 1.7125 | 1.6901 | 1.6681 | 1.6467 | 1.6257 | 1.6052 | 1.5852 | 1.5656 | 1.5465 | 1.5278 |
| 3 | 2.4437 | 2.4018 | 2.3612 | 2.3216 | 2.2832 | 2.2459 | 2.2096 | 2.1743 | 2.1399 | 2.1065 |
| 4 | 3.1024 | 3.0373 | 2.9745 | 2.9137 | 2.8550 | 2.7982 | 2.7432 | 2.6901 | 2.6386 | 2.5887 |
| 5 | 3.6959 | 3.6048 | 3.5172 | 3.4331 | 3.3522 | 3.2743 | 3.1993 | 3.1272 | 3.0576 | 2.9906 |
| 6 | 4.2305 | 4.1114 | 3.9975 | 3.8887 | 3.7845 | 3.6847 | 3.5892 | 3.4976 | 3.4098 | 3.3255 |
| 7 | 4.7122 | 4.5638 | 4.4226 | 4.2883 | 4.1604 | 4.0386 | 3.9224 | 3.8115 | 3.7057 | 3.6046 |
| 8 | 5.1461 | 4.9676 | 4.7988 | 4.6389 | 4.4873 | 4.3436 | 4.2072 | 4.0776 | 3.9544 | 3.8372 |
| 9 | 5.5370 | 5.3282 | 5.1317 | 4.9464 | 4.7716 | 4.6065 | 4.4506 | 4.3030 | 4.1633 | 4.0310 |
| 10 | 5.8892 | 5.6502 | 5.4262 | 5.2161 | 5.0188 | 4.8332 | 4.6586 | 4.4941 | 4.3389 | 4.1925 |
| 11 | 6.2065 | 5.9377 | 5.6869 | 5.4527 | 5.2337 | 5.0286 | 4.8364 | 4.6560 | 4.4865 | 4.3271 |
| 12 | 6.4924 | 6.1944 | 5.9176 | 5.6603 | 5.4206 | 5.1971 | 4.9884 | 4.7932 | 4.6105 | 4.4392 |
| 13 | 6.7499 | 6.4235 | 6.1218 | 5.8424 | 5.5831 | 5.3423 | 5.1183 | 4.9095 | 4.7147 | 4.5327 |
| 14 | 6.9819 | 6.6282 | 6.3025 | 6.0021 | 5.7245 | 5.4675 | 5.2293 | 5.0081 | 4.8023 | 4.6106 |
| 15 | 7.1909 | 6.8109 | 6.4624 | 6.1422 | 5.8474 | 5.5755 | 5.3242 | 5.0916 | 4.8759 | 4.6755 |
| 16 | 7.3792 | 6.9740 | 6.6039 | 6.2651 | 5.9542 | 5.6685 | 5.4053 | 5.1624 | 4.9377 | 4.7296 |
| 17 | 7.5488 | 7.1196 | 6.7291 | 6.3729 | 6.0472 | 5.7487 | 5.4746 | 5.2223 | 4.9897 | 4.7746 |
| 18 | 7.7016 | 7.2497 | 6.8399 | 6.4674 | 6.1280 | 5.8178 | 5.5339 | 5.2732 | 5.0333 | 4.8122 |
| 19 | 7.8393 | 7.3658 | 6.9380 | 6.5504 | 6.1982 | 5.8775 | 5.5845 | 5.3162 | 5.0700 | 4.8435 |
| 20 | 7.9633 | 7.4694 | 7.0248 | 6.6231 | 6.2593 | 5.9288 | 5.6278 | 5.3527 | 5.1009 | 4.8696 |
| 21 | 8.0751 | 7.5620 | 7.1016 | 6.6870 | 6.3125 | 5.9731 | 5.6648 | 5.3837 | 5.1268 | 4.8913 |
| 22 | 8.1757 | 7.6446 | 7.1695 | 6.7429 | 6.3587 | 6.0113 | 5.6964 | 5.4099 | 5.1486 | 4.9094 |
| 23 | 8.2664 | 7.7184 | 7.2297 | 6.7921 | 6.3988 | 6.0442 | 5.7234 | 5.4321 | 5.1668 | 4.9245 |
| 24 | 8.3481 | 7.7843 | 7.2829 | 6.8351 | 6.4338 | 6.0726 | 5.7465 | 5.4509 | 5.1822 | 4.9371 |
| 25 | 8.4217 | 7.8431 | 7.3300 | 6.8729 | 6.4641 | 6.0971 | 5.7662 | 5.4669 | 5.1951 | 4.9476 |
| 26 | 8.4881 | 7.8957 | 7.3717 | 6.9061 | 6.4906 | 6.1182 | 5.7831 | 5.4804 | 5.2060 | 4.9563 |
| 27 | 8.5478 | 7.9426 | 7.4086 | 6.9352 | 6.5135 | 6.1364 | 5.7975 | 5.4919 | 5.2151 | 4.9636 |
| 28 | 8.6016 | 7.9844 | 7.4412 | 6.9607 | 6.5335 | 6.1520 | 5.8099 | 5.5016 | 5.2228 | 4.9697 |
| 29 | 8.6501 | 8.0218 | 7.4701 | 6.9830 | 6.5509 | 6.1656 | 5.8204 | 5.5098 | 5.2292 | 4.9747 |
| 30 | 8.6938 | 8.0552 | 7.4957 | 7.0027 | 6.5660 | 6.1772 | 5.8294 | 5.5168 | 5.2347 | 4.9789 |

续附表四

| 期数 | 21% | 22% | 23% | 24% | 25% | 26% | 27% | 28% | 29% | 30% |
|---|---|---|---|---|---|---|---|---|---|---|
| 1 | 0.8264 | 0.8197 | 0.8130 | 0.8065 | 0.8000 | 0.7937 | 0.7874 | 0.7813 | 0.7752 | 0.7692 |
| 2 | 1.5095 | 1.4915 | 1.4740 | 1.4568 | 1.4400 | 1.4235 | 1.4074 | 1.3916 | 1.3761 | 1.3609 |
| 3 | 2.0739 | 2.0422 | 2.0114 | 1.9813 | 1.9520 | 1.9234 | 1.8956 | 1.8684 | 1.8420 | 1.8161 |
| 4 | 2.5404 | 2.4936 | 2.4483 | 2.4043 | 2.3616 | 2.3202 | 2.2800 | 2.2410 | 2.2031 | 2.1662 |
| 5 | 2.9260 | 2.8636 | 2.8035 | 2.7454 | 2.6893 | 2.6351 | 2.5827 | 2.5320 | 2.4830 | 2.4356 |
| 6 | 3.2446 | 3.1669 | 3.0923 | 3.0205 | 2.9514 | 2.8850 | 2.8210 | 2.7594 | 2.7000 | 2.6427 |
| 7 | 3.5079 | 3.4155 | 3.3270 | 3.2423 | 3.1611 | 3.0833 | 3.0087 | 2.9370 | 2.8682 | 2.8021 |
| 8 | 3.7256 | 3.6193 | 3.5179 | 3.4212 | 3.3289 | 3.2407 | 3.1564 | 3.0758 | 2.9986 | 2.9247 |
| 9 | 3.9054 | 3.7863 | 3.6731 | 3.5655 | 3.4631 | 3.3657 | 3.2728 | 3.1842 | 3.0997 | 3.0190 |
| 10 | 4.0541 | 3.9232 | 3.7993 | 3.6819 | 3.5705 | 3.4648 | 3.3644 | 3.2689 | 3.1781 | 3.0915 |
| 11 | 4.1769 | 4.0354 | 3.9018 | 3.7757 | 3.6564 | 3.5435 | 3.4365 | 3.3351 | 3.2388 | 3.1473 |
| 12 | 4.2784 | 4.1274 | 3.9852 | 3.8514 | 3.7251 | 3.6059 | 3.4933 | 3.3868 | 3.2859 | 3.1903 |
| 13 | 4.3624 | 4.2028 | 4.0530 | 3.9124 | 3.7801 | 3.6555 | 3.5381 | 3.4272 | 3.3224 | 3.2233 |
| 14 | 4.4317 | 4.2646 | 4.1082 | 3.9616 | 3.8241 | 3.6949 | 3.5733 | 3.4587 | 3.3507 | 3.2487 |
| 15 | 4.4890 | 4.3152 | 4.1530 | 4.0013 | 3.8593 | 3.7261 | 3.6010 | 3.4834 | 3.3726 | 3.2682 |
| 16 | 4.5364 | 4.3567 | 4.1894 | 4.0333 | 3.8874 | 3.7509 | 3.6228 | 3.5026 | 3.3896 | 3.2832 |
| 17 | 4.5755 | 4.3908 | 4.2190 | 4.0591 | 3.9099 | 3.7705 | 3.6400 | 3.5177 | 3.4028 | 3.2948 |
| 18 | 4.6079 | 4.4187 | 4.2431 | 4.0799 | 3.9279 | 3.7861 | 3.6536 | 3.5294 | 3.4130 | 3.3037 |
| 19 | 4.6346 | 4.4415 | 4.2627 | 4.0967 | 3.9424 | 3.7985 | 3.6642 | 3.5386 | 3.4210 | 3.3105 |
| 20 | 4.6567 | 4.4603 | 4.2786 | 4.1103 | 3.9539 | 3.8083 | 3.6726 | 3.5458 | 3.4271 | 3.3158 |
| 21 | 4.6750 | 4.4756 | 4.2916 | 4.1212 | 3.9631 | 3.8161 | 3.6792 | 3.5514 | 3.4319 | 3.3198 |
| 22 | 4.6900 | 4.4882 | 4.3021 | 4.1300 | 3.9705 | 3.8223 | 3.6844 | 3.5558 | 3.4356 | 3.3230 |
| 23 | 4.7025 | 4.4985 | 4.3106 | 4.1371 | 3.9764 | 3.8273 | 3.6885 | 3.5592 | 3.4384 | 3.3254 |
| 24 | 4.7128 | 4.5070 | 4.3176 | 4.1428 | 3.9811 | 3.8312 | 3.6918 | 3.5619 | 3.4406 | 3.3272 |
| 25 | 4.7213 | 4.5139 | 4.3232 | 4.1474 | 3.9849 | 3.8342 | 3.6943 | 3.5640 | 3.4423 | 3.3286 |
| 26 | 4.7284 | 4.5196 | 4.3278 | 4.1511 | 3.9879 | 3.8367 | 3.6963 | 3.5656 | 3.4437 | 3.3297 |
| 27 | 4.7342 | 4.5243 | 4.3316 | 4.1542 | 3.9903 | 3.8387 | 3.6979 | 3.5669 | 3.4447 | 3.3305 |
| 28 | 4.7390 | 4.5281 | 4.3346 | 4.1566 | 3.9923 | 3.8402 | 3.6991 | 3.5679 | 3.4455 | 3.3312 |
| 29 | 4.7430 | 4.5312 | 4.3371 | 4.1585 | 3.9938 | 3.8414 | 3.7001 | 3.5687 | 3.4461 | 3.3317 |
| 30 | 4.7463 | 4.5338 | 4.3391 | 4.1601 | 3.9950 | 3.8424 | 3.7009 | 3.5693 | 3.4466 | 3.3321 |

# 参考文献

[1] 荆新,王化成,刘俊彦.财务管理学[M].北京:中国人民大学出版社,2015.
[2] 何瑛.上市公司财务管理案例[M].北京:经济管理出版社,2016.
[3] 刘春华,刘静中.财务管理[M].大连:大连出版社,2017.
[4] 涂必胜.财务管理[M].杭州:浙江工商大学出版社,2016.
[5] 王棣华.财务管理案例精析[M].北京:中国市场出版社,2014.
[6] 郭素娟,于涵.财务管理[M].北京:中国财政经济出版社,2014.
[7] 黄佑军.财务管理实务[M].北京:人民邮电出版社,2016.
[8] 蒋红芸,康玲.财务管理[M].北京:人民邮电出版社,2015.
[9] 马忠.公司财务管理[M].北京:机械工业出版社,2015.
[10] 王化成.财务管理[M].北京:中国人民大学出版社,2017.
[11] 王士伟.财务管理[M].北京:中国财政经济出版社,2013.
[12] 陈玉菁.财务管理实务与案例[M].北京:中国人民大学出版社,2015.
[13] 刘娥平.企业财务管理[M].北京:北京大学出版社,2014.
[14] 马小会,蔡永鸿.财务管理学[M].北京:清华大学出版社,2016.
[15] 傅丹,姜毅.财务管理实训教程[M].大连:东北财经大学出版社,2017.